Erdkunde 9/10

**Realschule und differenzierende
Schulformen Nordrhein-Westfalen**

TERRA

Klett-Perthes Verlag
Gotha und Stuttgart

Inhalt
Erdkunde 9/10

1	**Welt im Wandel**	**4**
	Europa verändert die Welt	6

2	**Europa**	**8**
	Europa – Vielfalt und Einheit	10
	Vielfalt der Landschaften	12
	Vielfalt des Klimas	14
	Warmwasserheizung Europas	16
	Auf dem Weg zum Vereinten Europa	18
	Ein Kartogramm erstellen und auswerten	20
	Eine Befragung durchführen	22
	Gleiche Lebensverhältnisse schaffen	24
	Wandel in der Agrarpolitik	26
	EUREGIO – Europa im Kleinen	28
	TERRA **Training**	30

3	**Standort Europa**	**32**
	Starlight Express statt Zechenbahn	34
	Von „Ruhris" und „Touris" – Imagewandel im Ruhrgebiet	36
	Airport City – die Stadt neben der Stadt	38
	Smartville – Fabrik der Zukunft	40
	Im Land der Millionen Handys	42
	Cité de l´Europe – Geschäfte am Tunnel	44
	Ein Wirkungsschema erstellen	46
	TERRA **Training**	48

4	**Polen – eine Raumanalyse**	**50**
	Polens Bauern und die EU	52
	Industrie im Wandel	54
	Problemfall Umwelt	56
	Tourismus – Lichtblick für die Wirtschaft	58
	Prima Klima durch Jugendaustausch	60
	TERRA **Training**	62

5	**Raumentwicklung**	**64**
	Ein neues Gewerbegebiet entsteht	66
	Arbeitsplätze durch Motorenlärm?	68
	Eine Statistik auswerten	70
	In Meck-Pomm tut sich was!	72
	Und alles wegen der Kohle!	74
	Raumordnung in den Niederlanden	78
	Italien – zwei Paar Schuhe im Stiefel	80
	TERRA **Training**	82

6 Städte neu denken   **84**
Entlastung für Paris   86
Verstopfungsgebühr für London   88
Die Schule öffnen: Feldarbeit   90
Stadterneuerung in Leipzig   92
Nachhaltige Stadtentwicklung
in Freiburg   96
Stadtplanung in Hamburg   100
Der Traum des Scheichs   102
Zukunftswerkstatt:
Für alle, die noch Träume haben   104
TERRA **Training**   106

8 Die Welt im 21. Jahrhundert   **128**
Spielt unser Wetter verrückt?   130
„Treibhaus" Erde   132
Rohstoffe – die endliche Geschichte   134
Chancen durch erneuerbare Energien   136
Natur statt Asphalt   138
„Wachset und mehret euch"   140
Alle Menschen würden satt –
Eine Computerpräsentation anfertigen   142
Unsere Zukunft – was ist zu tun?   144
TERRA **Training**   146

7 Globalisierung – Chance und Risiko   **108**
Eine Hose erobert die Welt   110
Maquiladoras – moderne Sklaverei   112
Erdöl – Schmiermittel
der Globalisierung   114
Vernetzte Welt   116
Welthandel – total global?   118
Eine Karikatur auswerten   120
Fernweh – (k)ein Thema!   122
Shanghai – Boomtown Chinas   124
TERRA **Training**   126

9 Anhang   **148**
TERRA **Lexikon**   148
Teste dich selbst – Lösungen   153
Klimastationen   154
Sachverzeichnis   158
Bild- und Grafikernachweis   160
Quellennachweis   161
Kartengrundlagen   161
Strukturdaten ausgewählter Länder

Welt im Wandel

Unsere Welt ist einem ständigen Wandel unterworfen. Ihr heutiges Erscheinungsbild, ob in unserem Nahraum oder in entfernten Gebieten, hat seine Wurzeln in der Vergangenheit. Und wie sie in Zukunft aussehen wird, daran sind wir entscheidend mitbeteiligt ...

Welt im Wandel

① Schuluniformpflicht in Kenia – für Eltern oft nicht zu bezahlen

Kaum zu glauben
Das berühmteste chinesische Bier, das Tsingtau-Bier, hat seine Ursprünge in der ehemaligen deutschen Germania Brauerei.

In Südafrika gibt es 11 Amtssprachen, darunter Afrikaans, das seinen Ursprung im Niederländischen hat, und Englisch.

Amtssprache: offizielle Sprache in einem Staat, z. B. bei Behörden und Gerichten oder einer internationalen Organisation.

Europa verändert die Welt

Europa – der Nabel der Welt? Keineswegs, denn die Wiege der Menschheit stand wahrscheinlich in Ostafrika. In Äthiopien fand man das etwa 3,2 Millionen Jahre alte Skelett von Lucy, dem ältesten bekannten Hominiden, also aufrecht gehenden Vormenschen. Hochkulturen wie in Ägypten, Mesopotamien, China, Kleinasien oder im Hochland von Peru existierten zu Zeiten, als Europa noch „schlummerte". Die Inkas hatten schon Beamte und ein komplett ausgebautes Straßensystem, die Hethiter auf dem Gebiet der heutigen Türkei sagenhafte Kunstwerke – zu bestaunen im Museum zu Ankara.
Als Europäer die Neue Welt, wie man das von Kolumbus wieder entdeckte Amerika bezeichnete, für sich erforschten, begann eine Besiedlung außerhalb Europas. Der Einfluss der Engländer findet sich z. B. noch im Namen „Neuenglandstaaten", wie sechs Bundesstaaten an der Nordostküste der USA genannt werden.

Sprachen sprechen Bände!
Die Verbreitung der Sprachen über den Erdball gibt ein beeindruckendes Zeugnis vom Entdecker- und Eroberungsverhalten der Europäer. Am Ende des 19. Jahrhunderts ermöglichte technischer Fortschritt in Europa die Erforschung bis dahin noch unbekannter Gebiete in anderen Erdteilen. Der daraufhin einsetzende Kolonialismus übte einen nachhaltigen Einfluss auf das Erscheinungsbild der heutigen und damit zukünftigen Welt aus. Ein Wettrennen um das Ansammeln von Kolonien, deren Rohstoffe man ausbeutete und die als Absatzmärkte einen unschätzbaren Wert hatten, erfasste die europäische Welt, die USA und Japan.
Ein gutes Beispiel ist Südamerika. Von Südeuropa ging die Kolonialisierung der leicht zugänglichen Küsten und wirtschaftlich interessanten Gebiete wie Südostbrasilien aus. Hier wurde gerodet, besiedelt, gebaut und verkehrsmäßig erschlossen. Die Menschen in diesen Gebieten übernahmen vielfach die romanischen Sprachen (Spanisch, Portugiesisch, Französisch). Die Anpassung der einheimischen Bevölkerung an die Sprech-, Denk- und Lebensweise der Eroberer nennt man **Akkulturation**. Im schwer zugänglichen Landesinneren dagegen dominieren die Indianersprachen. In der Verbreitung der Sprachen spiegeln sich naturräumliche Gegebenheiten wider. So folgten die Siedler oft den bequemen Flussläufen und mieden unwegsame Gebirge. Auf diese Weise wurden natürliche „Sprachgrenzen" durch die Besiedlung und Eroberung geschaffen. Auch der Himalaya stellt eine solche Sprachgrenze dar.

Das Ende der Kolonialzeit
Noch 1914 befand sich über die Hälfte der Weltbevölkerung unter direktem kolonialen Einfluss. Nach dem Zweiten Weltkrieg erfolgte eine weitgehende **Entkolonialisierung**, d. h. Entlassung der Kolonien in die Unabhängigkeit. Mit der Entlassung der vormals portugiesischen Kolonien Angola und Mo-

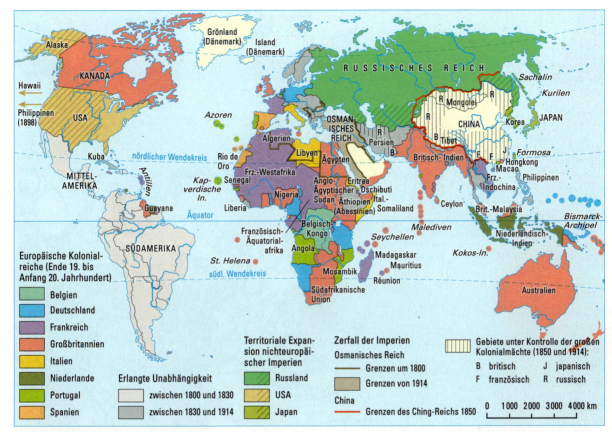

❷ Kolonialreiche um 1914

sambik 1975 war die Epoche der Entkolonialisierung abgeschlossen. Die ehemaligen Kolonialstaaten waren zwar nun formal unabhängig, aber wegen der geschaffenen Strukturen (künstliche Grenzen, mangelhafte Infrastruktur, einseitige wirtschaftliche Orientierung etc.) blieben kulturelle und wirtschaftliche Abhängigkeiten bestehen. Die Kolonialmächte brachten nicht nur ihre Sprache, sondern schafften andere Herrschaftsverhältnisse, die sich teilweise heute noch in ehemaligen Kolonien wiederfinden. So manche Staaten, deren Namen uns aus dem Atlas vertraut und selbstverständlich erscheinen, gab es vor einiger Zeit noch gar nicht oder wird es in absehbarer Zeit vielleicht nicht mehr geben. Die Staatenwelt erlebte in den letzten Jahrzehnten eine chaotische Entwicklung. Allein seit 1975 entstanden 38 Staaten neu.

1 Arbeite mit Karte 2.
Stelle in einer Tabelle die Kolonialmächte und ihre wichtigsten Kolonien nach Kontinenten geordnet zusammen.

2 a) Beschreibe die Rolle Europas bei der Veränderung der Welt.
b) Erläutere die Verbreitung der Sprachen.

3 Suche im Atlas geographische Namen, die auf die europäische Entdecker- und Kolonialisierungsgeschichte hinweisen.

4 Suche
a) nach Erklärungen für die Kuriositäten aus den Kaum-zu-glauben-Texten.
b) nach Zusammenhängen zwischen Foto 1 und der Tatsache, dass Kenia heute ein Entwicklungsland ist.

Kaum zu glauben

In 60 außereuropäischen Staaten herrscht Linksverkehr.

In der Karibik kann man auf einigen Inseln mit dem Euro als Landeswährung bezahlen.

Die Insel Principe (port.: Prinz) erhielt ihren Namen zu Ehren eines portugiesischen Prinzen.

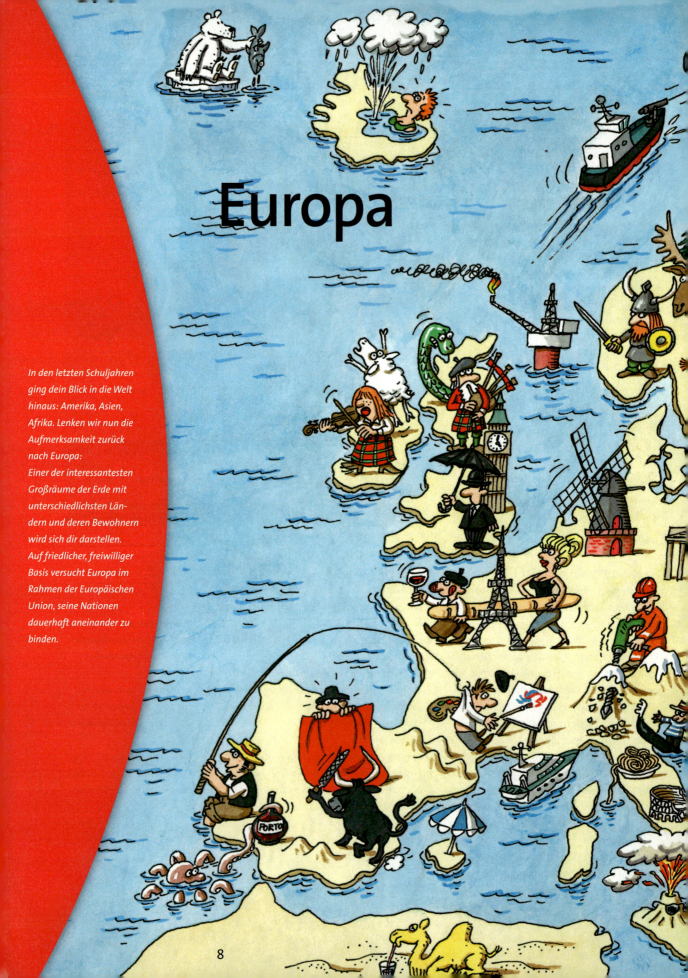

Europa

In den letzten Schuljahren ging dein Blick in die Welt hinaus: Amerika, Asien, Afrika. Lenken wir nun die Aufmerksamkeit zurück nach Europa:
Einer der interessantesten Großräume der Erde mit unterschiedlichsten Ländern und deren Bewohnern wird sich dir darstellen. Auf friedlicher, freiwilliger Basis versucht Europa im Rahmen der Europäischen Union, seine Nationen dauerhaft aneinander zu binden.

Europa

① Schüler der Klasse 9a der Realschule Olpe-Drolshagen nach den Ferien

Europa – Vielfalt und Einheit

② *Guten Tag! Buon giorno! Hello! Goddag! Dzien´dobry! Óla! Dobry den! Bonjour! ¡Hola! Hej! Kalo´mesime´ri! Goede Dag! Zdravstvuyte! Hyvää päivää!*

(Das war Deutsch, Niederländisch, Russisch, Italienisch, Dänisch, Polnisch, Portugiesisch, Tschechisch, Französisch, Englisch, Schwedisch, Griechisch, Finnisch, Spanisch.)

Alle Engländer tragen Melone und die Spanier sehen aus wie Toreros! Solche vorgefertigten Bilder und eingefahrenen Vorstellungen, sogenannte Klischees, die fast nie der Wirklichkeit entsprechen, hat man häufig im Kopf. Wie unsere europäischen Nachbarn wirklich sind, erfährt man am besten aus eigener Anschauung.

Vielfalt
Ein Grund für die Entstehung solcher verzerrter Vorstellungen ist die Unterschiedlichkeit der Menschen in Europa. Unser Kontinent zeichnet sich durch eine große Vielfalt der Kulturen aus. Selten trifft man auf einem solch kleinen Raum Menschen so unterschiedlicher politischer, religiöser und kultureller Herkunft.

Diese Unterschiede haben in der Geschichte unseres Kontinents oft zu Streitigkeiten geführt, die im schlimmsten Fall in Kriege, zweimal sogar Weltkriege, ausgeartet sind. Dass Konflikte bis in die Gegenwart andauern, zeigen die traurigen Beispiele aus Irland und vom Balkan.

Doch die Vielfalt sollten wir nicht als Ärgernis, sondern vielmehr als bestaunenswertes Gut unseres Kontinents begreifen. Nicht umsonst bereisen viele Millionen Menschen – auch aus anderen Kontinenten – jährlich Europa: Hier suchen und finden sie diese Vielfalt.

Gemeinsames kulturelles Erbe
Bei aller Verschiedenartigkeit prägen auch gemeinsame Wurzeln unseren Kontinent. Das sind zum einen das Christentum als gemeinsame Religion und die europäischen Sprachen, die überwiegend ihren Ursprung

❸ *Barock in London: Saint Paul's Cathedral*

❹ *Barock in Wien: Karlskirche*

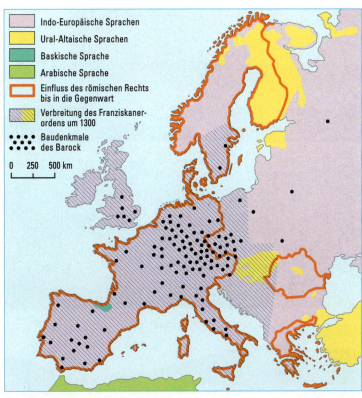

❺ *Beispiele für gemeinsames kulturelles Erbe*

im Indoeuropäischen haben. Zum anderen verbindet das gemeinsame kulturelle Erbe der Antike: Von den Griechen stammen die Ideen von Demokratie und freiem Denken, von den Römern die Grundlagen unseres Rechtssystems, der wissenschaftlichen Ordnungssysteme und unserer Zivilisation. So hat sich unser heutiger Kalender aus dem von Julius Cäsar eingeführten römischen Kalender entwickelt. Das Wort (lat. calendae = erster Tag des Monats, Monat) findet sich unter anderem im englischen „calender", französischen „calendrier" oder spanischen „calendario" wieder. Aus vielen gemeinsamen Grundlagen hat sich im Laufe der Zeit das heutige Europa mit seinem Gemisch aus Völkern, Sprachen, Literaturen, Weltanschauungen und Brauchtümern entwickelt.

1 Die Karikaturen auf der Auftaktseite stellen Klischees über Menschen verschiedener europäischer Nationalitäten dar.
a) Benenne die dargestellten Nationalitäten.
b) Erläutere die karikierten Klischees. Welche entsprechen deinem Bild, welche nicht?
c) Sammelt Klischees anderer Nationen über Deutsche.
d) Diskutiert darüber, welche Folgen die Verwendung von Klischees haben kann.

2 Ordne den Begrüßungsformeln (2) die richtige Sprache zu. Gibt es sprachliche Gemeinsamkeiten?

3 a) Nenne mithilfe einer Atlaskarte die Sprachen, die sich aus dem Indoeuropäischen herleiten lassen.
b) Wo gibt es innerhalb eines Staates mehrere Sprachen? Welche Probleme können dadurch entstehen?
c) Wo wird eine Sprache in mehreren Staaten gesprochen? Welche Chancen ergeben sich daraus?

4 Erläutere anhand des Textes, der Karte 5 und der Fotos 3 und 4 Beispiele für gemeinsames kulturelles Erbe in Europa.

5 Bereite ein Referat über ein europäisches Land und dessen kulturelle Besonderheiten vor.

Lesetipp

Tariq Ali: Im Schatten des Granatapfelbaumes

Europa

❶ Vulkan Heimaey auf Island

❷ Nördliche Dwina

❸ Thüringer Wald

❹ Comer See

❺ Spanische Meseta

❻ Straße von Gibraltar

Vielfalt der Landschaften

Europa aus dem Weltraum: Schnee im Norden und auf den Gebirgen! Dass Europa als Kontinent gilt und nicht nur als Halbinsel von Asien, hat kulturelle und geschichtliche Hintergründe.
Im Norden, Süden und Westen ist unser Kontinent von Meeren begrenzt. Nach Osten hin wird die Grenze grob durch das Uralgebirge markiert.
Eine vielfältige Gliederung in Halbinseln, Inseln, große Ebenen und Tiefländer, Mittel- und Hochgebirgslandschaften kennzeichnet

Der Name **Europa** stammt von phönizischen Seefahrern. „Ereb" (Land des Sonnenuntergangs) nannten sie die Küste Griechenlands im Westen der Ägäis. Die Küste im Osten hieß „aszu" (Land der aufgehenden Sonne). Daraus wurde Asien. Afrika hieß „Libyen". Das Weltbild der Antike kannte also nur drei Kontinente.

Die heutigen Küstenformen entstanden dadurch, dass sich nach der letzten Eiszeit durch das Abschmelzen des Eises der Meeresspiegel hob und die Küstenbereiche überflutete.

Zungenbecken sind durch Erosionstätigkeit des Eises geschaffene wannenartige Hohlformen, die von Seiten- und Endmoränen umgeben sind. Sie füllten sich häufig nach dem Abschmelzen des Eises mit Wasser. Solche **Zungenbeckenseen** sind z. B. der Starnberger oder der Comer See.

unseren Kontinent. Unterschiedlichste endogene und exogene Kräfte prägten sein heutiges Bild. Ein Beispiel ist seine Überformung durch die Eiszeiten. Die von Skandinavien und den Gebirgen wie den Alpen vorrückenden Eisschilde bedeckten weite Regionen. Nach seinem Abschmelzen hinterließ das Eis in gleicher Abfolge aufeinander folgende Landschaftsformen, die so genannte **glaziale Serie**: im Norden Mitteleuropas die Grundmoränen, Endmoränen, Sander und Urstromtäler, im Alpenrandgebiet Zungenbecken, Endmoränen und Schotterfelder.

1 Arbeite mit Foto 6 und dem Atlas.
 a) Verfolge und beschreibe Europas Grenzen.
 b) Erstelle eine Kartenskizze Europas mit markanten Merkmalen wie Inseln und Halbinseln, Meere, Seen, Mittel- und Hochgebirge, Flüsse.
 c) Für deine „Karte im Kopf": Nenne und beschreibe Teilräume mit einer besonders markanten Form.

2 Arbeite mit den Fotos 1–5.
 a) Nenne jeweils die landschaftsprägenden Elemente. Erkläre deren Entstehung.
 b) Nenne Regionen Europas, die von Vulkanismus oder Eiszeiten geprägt wurden.

3 „Europa – Landschaften voller Gegensätze." Erläutere mithilfe der Materialien.

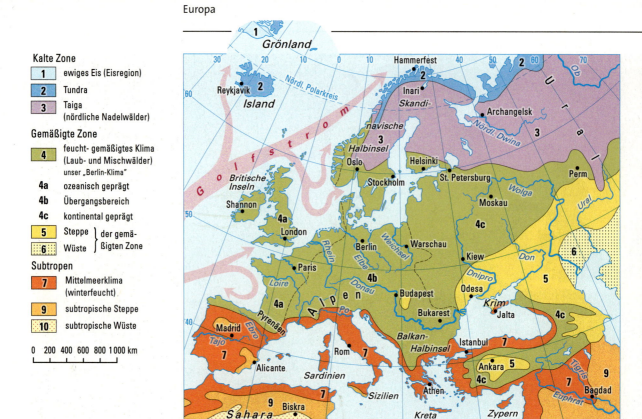

① **Klimazonen und Klimaregionen in Europa**

Vielfalt des Klimas

Von Norden nach Süden

An einem frühen Märzmorgen schließt Sven Kaurismääki in Inari im Norden Finnlands fröstelnd seine dünne Sommerjacke und besteigt bei minus 20 °C ein Flugzeug nach Helsinki. Von dort fliegt er weiter nach Athen in Griechenland, wo ihn frühlingshafte 15 °C begrüßen.

Inari und Athen liegen zwar beide in Europa, gehören aber zwei unterschiedlichen Klimazonen an. In Inari in der Kalten Zone erreichen die Temperaturen selbst im Sommer oft nicht mehr als 10 °C. Athen hingegen liegt im Bereich des **Mittelmeerklimas**, wo gewöhnlich sogar im Winter das Thermometer nicht unter die 0°C-Grenze sinkt. Wegen der heißen und trockenen Sommer suchen jedes Jahr viele Touristen die Mittelmeerküste auf. Während das Mittelmeergebiet im Sommer unter dem Einfluss der subtropischen Hochdruckzone liegt, verlagern sich in den Wintermonaten die Westwinde mit dem Sonnenstand nach Süden. Sie erreichen somit die Mittelmeerregion und bringen starke Niederschläge.

Von Westen nach Osten

Anfang März in Shannon in Irland: Wie schon den ganzen Winter über liegt die Temperatur über 0 °C. Jenny Joyce wird von ihrer Freundin angerufen, die gerade beruflich in Moskau unterwegs ist und sich über den eisigen Frost beklagt.

Shannon und Moskau weisen, obwohl sie auf etwa gleicher geographischer Breite liegen, ausgeprägte klimatische Unterschiede auf. Verantwortlich dafür ist die Entfernung beider Orte zum Atlantik. Große Wassermassen wirken ausgleichend auf benachbarte Landgebiete. Denn die Energie, die während der warmen Jahreszeit zur Erwärmung des Wassers verbraucht wird, führt zu einer Abkühlung der unteren Schichten der Atmosphäre. In der kühleren Jahreszeit dagegen

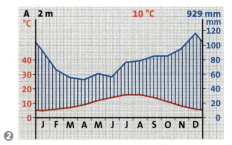
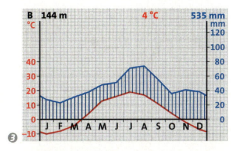
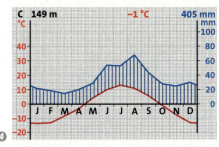
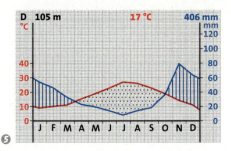

⑥ In Westirland

ßen Landmassen Osteuropas herrschende **Kontinentalklima** weist stärkere jährliche und tägliche Temperaturschwankungen auf. Weitere Merkmale sind warme Sommer, kalte bis sehr kalte Winter und geringe Jahresniederschläge.

1 Karte 1: Nenne für jede Klimazone drei europäische Länder.
2 Klimadiagramme 2 und 3: Die Klimastationen A und B liegen nahezu auf demselben Breitenkreis. Ordne die Diagramme den Orten Shannon und Moskau zu. Begründe.
3 Ordne die Klimadiagramme 4 und 5 den Orten Inari und Athen zu. Begründe.
4 Erläutere Tabelle 7.
5 Die Kalte Zone reicht auf der Ostseite Skandinaviens weiter nach Süden als auf der Westseite. Woran liegt das?
6 Foto 6 zeigt eine Auswirkung der klimatischen Besonderheit Europas. Erkläre diese.

⑦ **Mittlere Januar- und Julitemperaturen auf 52,5°N**

Station	Januar	Juli
Shannon	4,9 °C	15,5 °C
London	3,4 °C	16,5 °C
Utrecht	1,7 °C	17,0 °C
Berlin	−0,2 °C	18,7 °C
Moskau	−10,0 °C	16,0 °C

wird die in den Wassermassen gespeicherte Wärme an die Atmosphäre wieder abgegeben. Starke Winde, lange und kühle Sommer sowie milde Winter sind Kennzeichen dieses **ozeanischen Klimas**. Beeinflusst wird vor allem Westeuropa durch den Golfstrom, der seinen Ursprung in äquatorialen Breiten hat.
Nach Osten hin lässt der Einfluss des Atlantiks nach. Die Temperaturunterschiede zwischen Sommer und Winter nehmen zu, die Niederschläge ab. Dieses über den gro-

Europa

Warmwasserheizung Europas

Tipp
Im Atlas kannst du dich über weitere Meeresströmungen informieren.

Ein Strom ohne Bett, ohne Quelle und ohne Mündung. Ein Strom, der mehr Wasser führt als alle anderen Flüsse zusammen! Ein Strom, der den Norden und Westen Europas in ein Wärmebad taucht! Das ist der **Golfstrom**, ein warmer Meeresstrom, der tropisches Wasser bis weit nach Nordnorwegen führt.

Und das verdanken wir ihm: im Meer badende Briten und auf gleicher geographischer Breite Eisberge vor Kanadas Küste. Während auf der Halbinsel Labrador im Nordosten Kanadas die Durchschnittstemperatur unter 0°C liegt und die Vegetation auf Flechten, Moose und Nadelbäume beschränkt ist, blühen bei Hamburg Obstbäume und grast Vieh auf saftigen Weiden. Und selbst Häfen nördlich des nördlichen Polarkreises wie Narvik bleiben im Winter eisfrei!

Woher stammt nun das warme Wasser? Der NO-Passat treibt den aus der Nähe des Äquators stammenden Äquatorialstrom durch die Karibik in die Straße von Yucatan. Die Meerenge beschleunigt die Wassermassen und drückt sie im Uhrzeigersinn in den Golf von Mexiko. Hier heizt sich das Wasser noch mehr auf. Durch eine weitere Meerenge, die Floridastraße, fließt der Golfstrom nun zunächst an der amerikanischen Küste entlang bis hinauf nach North Carolina. Dort trifft er bei Kap Hatteras auf große untermeerische Felsen, die wie eine Barriere wirken. Sie lenken den Strom mit einer Breite von 50 Kilometern in den offenen Atlantik ab. Zu diesem Zeitpunkt ist er trotz seiner Breite noch gebündelt, ein Zustand, den er nach etwa 1 500 Kilometern verliert. Er fächert auf und es zeigen sich Verzweigungen, die als Golfstromausläufer bezeichnet werden. Man spricht jetzt auch vom „Golfstromsystem". Die mitgeführte Menge an warmem Wasser beträgt in der Nähe von Neufundland bis zu 150 Millionen Kubikmeter pro Sekunde, wobei die warmen Wassermassen bis in eine Tiefe von 1 500 Meter unter dem Meeresspiegel reichen.

Von Florida aus nutzen viele Tiere den Golfstrom, um auf den Atlantik hinaus zu gelangen. Schildkröten, Delfine, Fischschwärme, Rochen und Unmengen von Plankton lassen sich mitziehen.

In den Weiten des Atlantiks trifft der Strom irgendwann auf die Inselgruppe der Azoren, eine Kette aus vulkanischen Felssäulen, die vom Meeresboden über die Wasseroberfläche hinausragen. Den vulkanischen Ursprung der Inseln kann man am Meeresboden beobachten. In Tiefen von 2 000 Metern stoßen dort Schlote, die sogenannten Black Smokers, heiße, dunkle Wolken aus, die das Wasser erhitzen und damit den Golfstrom zusätzlich aufheizen. Selbst im heißen Wasser an den Black Smokers leben Garnelen und Muscheln.

Auf dem Weg nach Europa teilt sich der Golfstrom: Einzelströmungen fließen nach Süden ab in Richtung Spanien und Frankreich. Die Hauptströmung aber bahnt sich ihren Weg an Irland und Großbritannien vorbei weiter nach Skandinavien. Und selbst hier, nach einer Reise quer über den Atlantik mit einer Dauer von 4–5 Monaten, führt er genügend große Mengen an Wärme mit sich, um an der Inselgruppe der Lofoten vor der Küste Nordnorwegens Korallenstöcke entstehen zu lassen, wie man sie sonst nur in tropischen Meeren findet. Und auf Spitzbergen sorgt er

dafür, dass die Insel wenigstens im Sommer etwas grün wird.
Und nun, mehrere tausend Kilometer vom Ausgangspunkt der Reise entfernt, stößt man auf den Motor, der diese riesige Wasserpumpe in Gang hält. Die wichtigste Rolle für die Entstehung von Strömungen spielen Temperatur und Salzgehalt des Wassers. Sie bestimmen eine wesentliche Eigenschaft: die Dichte und damit das Gewicht der Wassermasse. Kaltes, salzreiches Wasser hat eine größere Dichte, ist also schwer, warmes im Vergleich dazu leichter. Wenn sich das salzhaltige Atlantikwasser im Nordpolarmeer abkühlt, sinkt es zwischen Spitzbergen und Grönland 2 000 Meter ab und fließt auf dem Meeresgrund wieder nach Süden. In das entstandene „Wasserloch" können warme, leichte Wassermassen aus dem Golf von Mexiko an der Oberfläche nachströmen. Das „abgestürzte" Wasser jedoch setzt seine Reise mit 100 Metern pro Tag durch den Atlantik in Richtung Antarktis fort, umrundet sie und strömt weiter in den Pazifik. Dort erwärmt es sich wieder, steigt auf und wird an der Oberfläche vom Wind in den Atlantik und wieder in die Karibik getrieben. Hier schließt sich der Kreislauf endgültig.
Das Ganze mutet wie ein riesiges ozeanisches Förderband an, das Energiemengen aus den tropischen Meeren nach Europa transportiert. Die Menge entspricht etwa 300 Millionen Kilowattstunden pro Sekunde. Rechnet man dies um, entspricht die Leistung, die der Golfstrom in einer Sekunde abgibt, in etwa der von einer Million Großkraftwerken.
Bis ein Wassertropfen den gesamten Weg aus dem Golf von Mexiko bis wieder dorthin zurück hinter sich gebracht hat, vergehen 1 000 Jahre!
Bleibt nur die Frage: Was passiert, wenn der Golfstrom versiegt? Eines ist sicher: Es würde kälter in Europa; vielleicht so kalt, dass unsere Lebensbedingungen sich drastisch ändern würden. Wie es dann in weiten Teilen unseres Kontinents aussehen könnte, sieht man heutzutage schon in Labrador …

Europa

1 *Auf einem Gleis nach Europa*

Auf dem Weg zum Vereinten Europa

¡Holá! Anfangs war Denise (16) begeistert, als ihre Familie beschloss, von Köln nach Spanien zu ziehen. Doch je näher der Abschied von den Freundinnen rückte, desto unheimlicher wurde ihr der Gedanke, sich in einer neuen Umgebung mit einer fremden Sprache zurechtfinden zu müssen. Zum Glück hatte sie in der Volkshochschule an einem Spanischkurs teilgenommen.

Dann ging alles sehr schnell: Kein Grenzbeamter stoppte ihre Fahrt, kein Zöllner kontrollierte den Möbelwagen mit der Wohnungseinrichtung. Problemlos hatte die Familie vorher in Alicante ein Haus erwerben und einen Handwerksbetrieb für Elektrotechnik gründen können. Werkzeuge, Einrichtung und einen Teil des Warenbestandes importierten ihre Eltern ohne Schwierigkeiten aus Deutschland.

Die Kölner Schulzeugnisse gelten auch in Spanien. So begann Denise in Alicante eine Ausbildung zur Bankkauffrau, wodurch ihr die Sprache rasch geläufig wurde. Freundinnen hatte sie ebenso schnell gefunden.

Nach der Ausbildung wird Denise in ihrer Bank bleiben. Wegen ihrer Sprachkenntnisse ist sie hier willkommen, da zahlreiche Geldgeschäfte mit Deutschland abgewickelt werden. Mit dem ersten „richtigen" Verdienst will sie dann den Führerschein machen. Ihre Eltern haben nämlich versprochen, ihr zum 18. Geburtstag ein Gebrauchtfahrzeug zu schenken. Doch die Steuern und Versicherungsbeiträge für das Auto muss sie selber tragen.

Ob Denise nach Deutschland zurückkehren wird, weiß sie noch nicht. Warum auch? Schließlich besitzt sie in Alicante fast die gleichen Rechte wie ihre spanischen Nachbarn. Die Europäische Union ermöglicht ihr sogar, an den spanischen Kommunalwahlen teilzunehmen. Und der Euro gilt auch hier.

② Aus einem Europa-Lexikon

Binnenmarkt
Raum ohne einschränkende Binnengrenzen, in dem die vier Freiheiten herrschen: freier Personenverkehr, freier Warenverkehr, freier Dienstleistungsverkehr und freier Kapitalverkehr. In der EU 1993 vollendet.

Europäische Gemeinschaft (EG)
1967 erfolgte Vereinigung der Institutionen von Montanunion, EWG und EURATOM durch gemeinsame Organe.

Europäische Atomgemeinschaft (EURATOM)
Bündnis zur friedlichen Nutzung der Kernenergie durch gemeinsame Forschung und einheitliche Sicherheitsnormen.

Euro
Seit dem 1.1.2002 ist der Euro in 12 EU-Staaten alleiniges Zahlungsmittel.

Europäische Integration
Prozess der voranschreitenden europäischen Einigung zur Friedenssicherung.

Europäische Union (EU)
Politischer und wirtschaftlicher Zusammenschluss der Mitgliedsstaaten der EG. Ziele: Weiterentwicklung der europäischen Integration über eine reine Wirtschaftsgemeinschaft hinaus durch neue Felder der gemeinsamen Politik wie Währungsunion, Verbraucher- und Umweltschutz, Gesundheitswesen, Bildung, Sozialpolitik, Unionsbürgerschaft, Außen- und Sicherheitspolitik, Asyl- und Einwanderungspolitik, polizeiliche und justizielle Zusammenarbeit.

Europäische Wirtschaftsgemeinschaft (EWG)
Überstaatliche Gemeinschaft zur europäischen Integration. Ziele: Binnenmarkt, Zollunion, gemeinsame Agrarpolitik (GAP).

Maastrichter Vertrag
Bezeichnung für den am 7.2.1992 in Maastricht unterzeichneten und am 1.11.1993 in Kraft getretenen Vertrag über die Europäische Union (EU).

Montanunion
Von Belgien, Deutschland, Frankreich, Italien, Luxemburg und den Niederlanden am 18.4.1951 in Paris vereinbarte Organisation zur Errichtung eines gemeinsamen Marktes für Kohle und Stahl.

Römische Verträge
Am 25.3.1957 von den sechs Montanunionstaaten unterzeichnete Verträge über die Gründung der EWG und der EURATOM, seit 1.1.1958 in Kraft.

Währungsunion
Zusammenschluss von Staaten zur Bildung eines gemeinsamen Währungsgebietes mit einheitlicher Währung und Währungspolitik.

Zollunion
Zusammenschluss von Staaten zu einem gemeinsamen Zollgebiet ohne Binnenzölle, das von einer gemeinschaftlichen Zollgrenze umschlossen wird. Die Außenzölle gegenüber Drittstaaten werden unter den Mitgliedsländern nach einem einheitlichen Schlüssel verteilt.

Surftipp
http://europa.eu.int
(Offizielles Portal der EU)

1 Arbeite mit Grafik 1 und dem Lexikon 2.
   a) Fertige einen Vortrag „Von der Montanunion zur EU" an. Erstelle dazu eine Karte „Etappen der europäischen Integration". Benutze die vorgegebenen Farben.
   b) Man spricht von einer Nord-, einer Süd-, einer Ost- und einer West-Erweiterung der EU. Was ist damit gemeint und wann fanden diese Phasen statt?

2 a) Erläutere an Beispielen, was Denise die vier Freiheiten im Binnenmarkt ermöglichen.
   b) Erkundige dich bei deinen Eltern, was sich seit ihrer Kindheit durch den Binnenmarkt für sie verändert hat, und gib an, was damals für Denise nicht möglich gewesen wäre.

TERRAMethode

Europa

Ein Kartogramm erstellen und auswerten

Europäische Staaten als Lebens- und Wirtschaftsraum locken viele Ausländer an. Sie werden als Arbeitskräfte gebraucht, stellen die Staaten jedoch auch vor vielfältige Probleme. Ein Kartogramm ermöglicht einen schnellen Überblick über den Ausländeranteil in verschiedenen Staaten.

Die Arbeit mit Karten und Diagrammen kennst du. Was aber ist ein Kartogramm? Gemeint ist eine Mischform zwischen Karte und Diagramm.
Statistische Zahlen, z. B. aus Klimatologie, Wirtschaft, Verwaltung und Politik, lassen sich auf diese Weise übersichtlich und schnell erfassen.

Ein Kartogramm auswerten
1. Schritt: Überblick verschaffen
Welches Thema steht im Mittelpunkt? Welcher Raum ist dargestellt?

2. Schritt: Inhalt beschreiben
Welche Informationen kannst du dem Kartogramm entnehmen? Gibt es Werte, die besonders ins Auge stechen?

3. Schritt: Zusammenhänge erkennen und begründen
Gibt es Zusammenhänge zwischen den Sachverhalten? Welche Ursachen kannst du formulieren? Braucht man zur genaueren Auswertung weitere Informationen?

Ein Kartogramm erstellen
1. Schritt: Thema finden
Welches Thema soll das Kartogramm behandeln? Auf welchen geographischen Raum soll es sich beziehen?
In unserem Beispiel ist es der Pkw-Bestand in ausgewählten europäischen Staaten.

2. Schritt: Daten sammeln
Dann suchst du nach Zahlen, die zum Thema passen. Quellen für solche Daten können Medien (Zeitungen, Lexika, Fachbücher, Internet), aber auch eigene Befragungen sein. Doch Vorsicht! Aktualität und Glaubwürdigkeit der Daten müssen gegeben sein und bei Zweifeln überprüft werden.

3. Schritt: Daten sortieren
Nun wandelst du die Daten in Symbole für ein Kartogramm um.
Das vorliegende Beispiel arbeitet mit zwei Zahlenwerten: Pkw-Anzahl insgesamt (in 1 000) und Pkw-Anzahl pro 100 Einwohner. Bei der grafischen Umsetzung dieser Zahlen musst du dir Folgendes überlegen:
– *Welcher Wert soll eine Flächenmarkierung in der Karte erhalten? Dafür fasst du Staaten zu logischen Gruppen zusammen. Weise jeder Gruppe eine Farbe zu.*
  Es sollten nicht mehr als fünf Gruppen entstehen.
– *Welches Symbol eignet sich für die anderen Werte (Kreis- oder Säulendiagramm, Piktogramm)?*

4. Schritt: Kartogramm zeichnen
Besorge dir eine Kartengrundlage oder zeichne eine Kartenskizze.
Gestalte die Flächen farbig.
Überlege, welcher Maßstab und welche Größe für die Symbole günstig sind. Zeichne die Symbole auf ein Blatt Papier (gegebenenfalls Millimeterpapier). Schneide sie aus und klebe sie in die Karte.
Beschrifte das Kartogramm.
Mit entsprechender Software kannst du diese Arbeiten auch am Computer ausführen.

1 Werte Kartogramm 1 aus.

2 a) Zeichne zu Tabelle 2 ein Kartogramm. Wähle als Darstellungsart für die absoluten Zahlen (Pkw in 1 000) verschieden eingefärbte Flächen und für den Anteil pro 100 Einwohner Symbole unterschiedlicher Größe. Beachte dazu die oben angegebenen Schritte.
b) Interpretiere anschließend dein Kartogramm schriftlich.

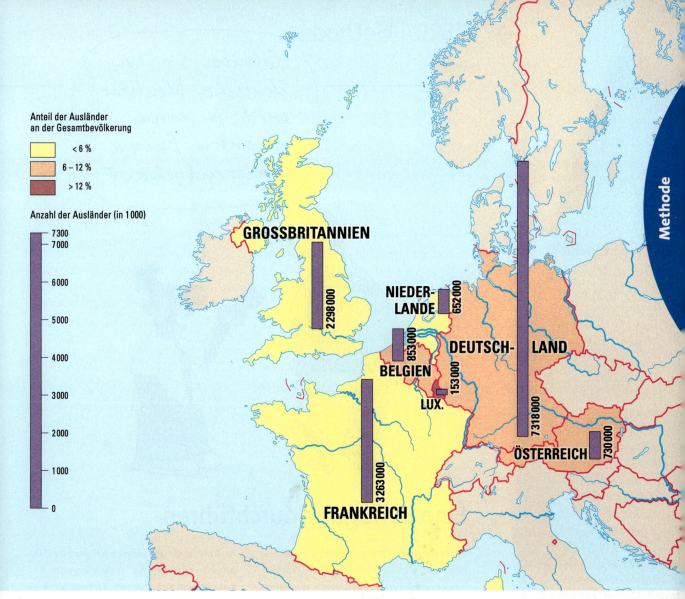

❶ Kartogramm: Ausländische Wohnbevölkerung in ausgewählten Staaten Mittel- und Westeuropas

❷ **Pkw-Bestand in ausgewählten europäischen Staaten**

Staat	in 1 000	pro 100 EW
Belgien	4 613	45
Dänemark	1 895	35
Deutschland	42 426	51
Frankreich	31 562	53
Großbritannien	23 440	39
Liechtenstein	22	67
Luxemburg	266	59
Niederlande	6 400	40
Österreich	4 010	49
Polen	9 980	26
Schweiz	3 498	48
Slowakische Republik	1 340	25
Tschechische Republik	3 730	36

Surftipps

www.destatis.de
  (Statistisches Bundesamt Deutschland)
www.europa.eu.int/comm/eurostat
  (Statistisches Amt der EU)
www.eu-datashop.de
  (Statistisches Bundesamt; Europäischer Datenservice)

TERRAMethode

Europa

Mit einer Befragung stellen Meinungsforscher fest, wie die Menschen über ein bestimmtes Problem denken. Sie arbeiten oft im Auftrag von Politikern und Wirtschaftsunternehmen. Man kann die Ergebnisse einer Befragung in Diagrammen darstellen und mit ihrer Hilfe die richtigen Schlüsse ziehen.

Eine Befragung durchführen

Zur Frage, wie sich Europa zukünftig entwickeln soll, gibt es unterschiedliche Vorstellungen und Erwartungen. Doch wie sehen die verschiedenen Meinungen aus?

Eine Befragung durchführen
1. Schritt: Fragebogen erstellen
Entscheidet zunächst, wen ihr befragen wollt. Es ist wichtig festzulegen, wie groß der Kreis der Befragten sein soll: Menschen aus ganz Deutschland, in einer Fußgängerzone oder Gruppen innerhalb eurer Schule. Dadurch können sich die Ergebnisse trotz gleicher Fragen deutlich unterscheiden.
Überlegt dann, welche Fragen ihr stellen wollt. Achtet dabei auf verständliche Formulierungen. Ordnet anschließend die Fragen, z. B. nach Sachgebieten.

Nun müsst ihr den Fragebogen gestalten: Ihr braucht Kästchen für Antworten zum Ankreuzen und Platz für frei verfasste Antworten. Achtung: Denkt daran, dass die Antworten statistisch ausgewertet werden müssen und deshalb der Fragebogen hauptsächlich Ankreuzantworten (ja, nein, ...) enthalten muss.
Schließlich tippt ihr den Fragebogen und kopiert ihn in genügender Anzahl.

2. Schritt: Befragung durchführen
Legt fest, wo und wann ihr die Befragung durchführt.
Eine Befragung ist nur dann aussagekräftig, wenn genügend Personen daran teilgenommen haben. Um viele Menschen befragen zu können, teilt ihr euch in Gruppen auf.

3. Schritt: Ergebnisse auswerten
Zunächst zählt ihr die Kreuze bei den Auswahlfragen aus und tragt sie in eine Auswer-

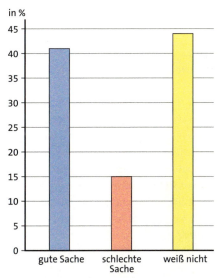

❷ Auswertung zu Frage 1

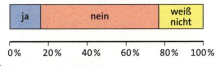

❸ Auswertung zu Frage 2

❹ Auswertung zu Frage 3

Wie denken Sie über die Europäische Union (EU)?

1. Ist die Mitgliedschaft Deutschlands in der EU Ihrer Meinung nach ...
   ❑ eine gute Sache   ❑ eine schlechte Sache   ❑ weiß nicht

2. Fühlen Sie sich über die Bedeutung der EU ausreichend informiert?
   ❑ ja   ❑ nein   ❑ weiß nicht

3. Sollten Ihrer Meinung nach noch mehr Staaten in die EU aufgenommen werden?
   ❑ ja   ❑ nein   ❑ weiß nicht

4. Was erwarten Sie von der EU?
   ....
   ....

❺ Umfrage in der Fußgängerzone in einer deutschen Großstadt

Gesamtzahl der Fragebögen: 86

Frage			
1	gute Sache: 41% ⦀⦀ ⦀⦀ ⦀⦀ ⦀⦀ ⦀⦀ ⦀⦀ ⦀⦀	schlechte Sache: 15% ⦀⦀ ⦀⦀ ⦀⦀	weiß nicht: 44% ⦀⦀ ⦀⦀ ⦀⦀ ⦀⦀ ⦀⦀ ⦀⦀ ⦀⦀ ⦀⦀ |||
2	ja: 16% ⦀⦀ ⦀⦀ ⦀⦀⦀	nein: 61% ⦀⦀ ⦀⦀ ⦀⦀ ⦀⦀ ⦀⦀ ⦀⦀ ⦀⦀ ⦀⦀ ⦀⦀ ⦀⦀ ⦀⦀ ||	weiß nicht: 23% ⦀⦀ ⦀⦀ ⦀⦀ ⦀⦀
3	ja: 45% ⦀⦀ ⦀⦀ ⦀⦀ ⦀⦀ ⦀⦀ ⦀⦀ ⦀⦀ ⦀⦀⦀⦀	nein: 26% ⦀⦀ ⦀⦀ ⦀⦀ ⦀⦀ ⦀⦀ ||	weiß nicht: 29% ⦀⦀ ⦀⦀ ⦀⦀ ⦀⦀ ⦀⦀
4	Reisen ohne Kontrollen, überall dasselbe Geld, man darf in jedem Land arbeiten, viele neue Freunde			

❻ Auswertungstabelle

tungstabelle ein. Freie Antworten werden in Sinngruppen geordnet und zusammenfasst. Nun berechnet ihr die Anteile der verschiedenen Antworten an der Gesamtzahl der Befragten und tragt die Prozentzahl ebenfalls in die Tabelle ein.

Für die Präsentation der Ergebnisse eignen sich vor allem einfache Diagramme.

Schließlich könnt ihr die Ergebnisse erklären und vielleicht auch mit anderen Befragungen zum selben Thema vergleichen.

1 Auf dieser Seite werden die Resultate einer Befragung zur Europäischen Union gezeigt. Führt an eurem Schulort dieselbe Befragung durch und vergleicht die Ergebnisse.

2 Führt an eurer Schule eine Befragung zum Thema „Zukünftige Gestalt der Europäischen Union" durch oder wählt ein anderes Thema.

Surftipps

www.eukommission.de
(Vertretung der Europäischen Kommission in Deutschland), weiter unter „Dokumentation" zu „Umfragen"

Europa

Gleiche Lebensverhältnisse schaffen

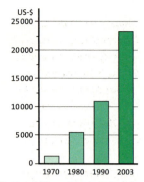

❶ *Entwicklung des BSP pro Kopf in Irland*

Bruttosozialprodukt (BSP)
Summe des Wertes der produzierten Güter, der Dienstleistungen und der sonstigen Einkommen in einem Staat. Teilt man diese Zahl durch die Einwohnerzahl des Landes, erhält man das BSP pro Kopf.

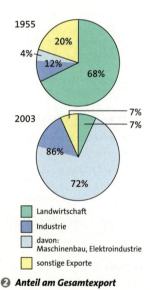

❷ *Anteil am Gesamtexport Irlands*

Bis zum Beitritt zur Europäischen Gemeinschaft gehörte Irland zu den „Armenhäusern" Europas. Eine Ursache hierfür war die wirtschaftlich unattraktive Randlage in Europa, eine andere die Geschichte. Denn bis 1921 war Irland eine vernachlässigte britische Provinz, die von der Landwirtschaft geprägt war. Wegen der geringen Industrialisierung und der hohen Arbeitslosigkeit wanderten jedes Jahr mehr als 30 000 Menschen ab.

Heute gehört Irland dank der EU-Maßnahmen zur Verbesserung der Lebensverhältnisse, **Strukturhilfen** genannt, zu den Ländern mit dem höchsten Wirtschaftswachstum. Mit Fördergeldern der Europäischen Union lockt die staatliche „Industrial Development Authority" (IDA Ireland) ausländische Betriebe mit hochwertigen Arbeitsplätzen ins Land, baut das Straßennetz aus, verbessert die Energieversorgung und sorgt für ein Bildungssystem, das der Hightech-Industrie gut ausgebildete Fachkräfte zur Verfügung stellt.

Wegen dieser **Beschäftigungspolitik**, der niedrigen Löhne und der geringen Steuern siedelten sich in Irland viele internationale Unternehmen an. So entstanden vor allem im Elektronik- und Computerbereich zahlreiche neue Arbeitsplätze. Doch die Entscheidungen in diesen Betrieben werden zumeist weiterhin in den Ländern getroffen, in denen sich die Unternehmensführung befindet. Die wirtschaftliche Entwicklung beschränkt sich vor allem auf den Großraum Dublin und die wenigen größeren Städte. Der ländliche Raum profitiert bisher kaum. Daher wandern viele Menschen in die Städte ab – aber im Gegensatz zu früher bleiben sie in Irland.

❸ **Deutsches Reisebüro errichtete Service Center in Galway**
DER, viertgrößter Reiseveranstalter in Deutschland, errichtete 1997 in Galway an der Westküste Irlands eine Zentrale für Teleservice und die Bearbeitung laufender Geschäftsvorgänge.
Haupteinsatzgebiet des DER-Servicezentrums ist der deutsche Markt. Zu den Arbeitsabläufen gehören u. a. Rechnungsbearbeitung und Reisekostenabwicklung. Ferner werden Anrufe beantwortet, die bei deutschen DER-Reisebüros auflaufen und dort wegen Überlastung nicht entgegengenommen werden können. Sie werden nach Irland weitergeleitet und von hier aus direkt bearbeitet.

❹ **Intel baut Chip-Fabrik in Irland**
(April 2002) Im Juni 2000 begann Intel mit dem Bau einer Chipfabrik in Irland, beendete aber 2001 den Bau der Fabrikationsstätte auf Grund der schlechten wirtschaftlichen Entwicklung. Nun wurden die Bauarbeiten am 2-Milliarden-US-Dollar-Projekt wieder aufgenommen.
Ab 2004 sollen in Leixlip Halbleiter-Komponenten gefertigt werden. Im Gegensatz zu dem ursprünglich geplanten 12 000 m² Reinraum soll die neue Chipfabrik bei Fertigstellung über fast viermal mehr Fläche verfügen. In ihr sollen dann rund 1 000 Menschen arbeiten.

❺ **Beschäftigung in Irland nach Sektoren**

	Landwirtschaft	Industrie	Dienstleistung
1983	17%	31%	52%
2000	8%	29%	64%

24

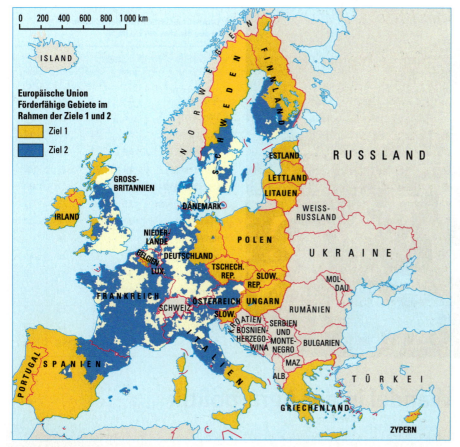

6 *Fördergebiete der EU im Jahr 2005*

7 **Drei Ziele der EU-Strukturhilfe**
Ziel 1: Förderung der Regionen, in denen die Wirtschaftsleistung je Einwohner unter 75 % des EU-Durchschnitts liegt oder die extrem dünn besiedelt sind. Die EU gibt zwei Drittel der benötigten Entwicklungsgelder.
Ziel 2: Umstellung von Regionen mit einzelnen Problemen, z. B. in der Fischerei, in „alten" Industriegebieten oder in städtischen Problemvierteln.
Ziel 3: für alle EU-Staaten gilt: Anpassung und Modernisierung der Bildungs- und Ausbildungspolitik, Förderung der Beschäftigung

EU-Förderprogramme

Die Europäische Union ist eine Solidargemeinschaft, in der wohlhabendere Staaten den schwächeren helfen, ihren Rückstand aufzuholen. Hierfür stehen unterschiedliche Strukturhilfen zur Verfügung, z. B. für die Schaffung und den Erhalt von Arbeitsplätzen, für die berufliche Aus- und Fortbildung, für die Chancengleichheit von Männern und Frauen auf dem Arbeitsmarkt, für die Verbesserung der Infrastruktur und für den Umweltschutz.

Das Beispiel Irland zeigt, wie ein Land mit Strukturhilfemitteln innerhalb weniger Jahrzehnte den Übergang von einem agrarisch geprägten zu einem modernen Industriestaat schaffen kann. Insbesondere die zehn im Jahr 2004 beigetretenen Mitglieder der EU erhoffen für sich eine ähnliche Entwicklung.

1 Überprüfe den Erfolg der Strukturhilfe in Irland mithilfe der Materialien 1–5.
2 Arbeite mit Karte 6.
  a) Beschreibe die Verteilung der Ziel 1- und Ziel 2-Gebiete in Europa.
  b) Nenne Regionen in Deutschland, die Strukturhilfen erhalten.
  c) Vergleiche Irland mit den im Jahr 2004 beigetretenen Mitgliedern der EU und erläutere deren Erwartungen (Strukturdaten im Anhang).

Lesetipps
Heinrich Böll:
  Irisches Tagebuch
Frank McCourt:
  Die Asche meiner Mutter

Europa

❶ Bauern-Demonstration

❸ Landwirtschaftliche Betriebsgrößen in den Staaten der EU (in %)

	1993		2000	
	unter 5 ha	über 50 ha	unter 5 ha	über 50 ha
Belgien	35	7	31	12
Dänemark	3	22	3	31
Deutschland	32	11	25	17
Finnland	34	3	11	14
Frankreich	28	24	29	30
Griechenland	76	0,4	77	0,5
Großbritannien	15	33	23	32
Irland	10	12	8	17
Italien	77	2	78	2
Luxemburg	26	34	22	42
Niederlande	34	6	31	8
Österreich	35	6	36	4
Portugal	78	2	79	2
Schweden	15	17	12	23
Spanien	58	7	58	8

Wandel in der Agrarpolitik

❷ „Die EU macht uns Kleinbauern kaputt!" Man sieht Herrn Wagner an, dass er vor Zorn seine Fäuste in den Hosentaschen ballt. Im vorigen Jahr musste er seinen 39 Hektar großen Betrieb aufgeben. Nun stehen die Ställe leer, die Flächen wurden an die Nachbarn verpachtet, die Maschinen so weit es ging verkauft. „Der Erlös hat noch nicht einmal die Schulden bei der Bank gedeckt", grollt Herr Wagner. Zur Zeit der EG sei alles viel besser gewesen. Damals habe die EG Getreide, Schweinefleisch und Milch zu einem Garantiepreis gekauft. „Wir erhielten für Weizen doppelt so viel wie heute. Da konnten wir gut kalkulieren. Wenn die Kosten stiegen, erhöhten wir einfach die Produktion, denn die EG nahm uns ja alles ab. Doch diese Zeiten sind vorbei. Die Kosten laufen uns davon, aber die EU gibt uns immer weniger! Unsere Einkommen schwanken so stark, dass wir nun kaum noch kalkulieren können.

Heute müsste man darum immer größere Flächen bewirtschaften, doch ich fühle mich dafür zu alt. Z.B. mein Nachbar: Er hat 160 ha unter dem Pflug und sitzt Tag und Nacht auf dem Trecker. Freizeit kennt der nicht mehr. Wie bei ihm sieht es bei vielen aus. Mit Lebensqualität hat das nichts mehr zu tun!"

Diese Art von Sorgen kennt Landwirt Ebert nicht. 1997 verkaufte er seinen Hof in der Warburger Börde und erwarb in Mecklenburg-Vorpommern eine ehemalige Agrargenossenschaft. „Mein heutiger Betrieb ist fast 20mal so groß wie der alte. Ich habe 424 ha Weizen und 215 ha Zuckerrüben angebaut, außerdem 148 ha Kartoffeln und 63 ha Zwiebeln für die Chips- und Püreeherstellung. Durch die großen Flächen sind meine Maschinen voll ausgelastet. Ja, die Weltmarktpreise vor allem für Zucker sind sogar niedriger als das, was ich erhalte. Die EU sorgt dafür, dass ich gut auskomme!"

4 Gemeinsame Agrarpolitik der EG

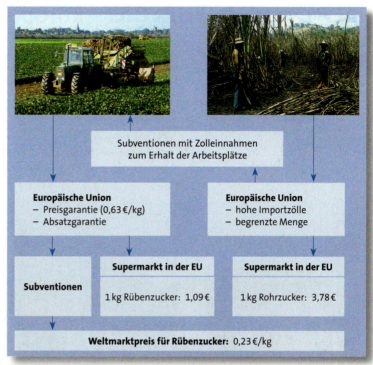

5 EU-Zuckermarktordnung

Um weitere Überschüsse zu verhindern, schaffte die EU – außer bei Zucker – die Unterstützung von Erzeugnissen, **Subvention** genannt, ab. Die Landwirte erhalten nun für ihre Produkte einen Preis, der sich am Weltmarktpreis orientiert, zusätzlich aber auch je Hektar Ackerfläche eine feste Summe als direkte Einkommenshilfe. Zudem müssen 10 % der Ackerflächen dauerhaft stillgelegt werden, was ebenfalls subventioniert wird. Weil die Produktion nicht mehr gefördert wird, mussten vor allem Kleinbauern aufgeben, während großflächige Betriebe mit hohen festen Einnahmen rechnen können. Dieser Trend ist vor allem in den landwirtschaftlich geprägten Staaten stark zu spüren, die im Jahr 2004 Mitglieder der EU geworden sind. Doch nicht nur Produktion und Handel mit landwirtschaftlichen Erzeugnissen sind Arbeitsfelder der **Gemeinsamen Agrarpolitik** (GAP). Zu ihren Zielen gehören heute auch Verbraucherschutz, Umweltschonung, Tierschutz, Entwicklung des ländlichen Raumes und Pflege der Kulturlandschaft.

1 Vergleiche die Agrarpolitik von EG und EU.
a) Erstelle eine Grafik zur Agrarpolitik der EU (vgl. Grafik 4).
b) Erkläre die Unzufriedenheit der Bauern mit der Europäischen Union. Benutze dazu auch Tabelle 3.

2 Erläutere am Beispiel des Zuckermarktes (Grafik 5), wie und warum die Landwirtschaft in der EU unterstützt wird, und nenne Folgen dieser Agrarpolitik.

3 Ermittle die EU-Länder, die von der Gemeinsamen Agrarpolitik besonders betroffen sind (Anhang).

Surftipps
www.bauernverband.de
www.zuckerverbaende.de
(Wirtschaftliche Vereinigung Zucker; Verein der Zuckerindustrie)

EUREGIO – Europa im Kleinen

Seit dem Wiener Kongress im Jahre 1815 trennt eine Grenze das Gebiet um Kerkrade (NL) und Herzogenrath (D), das sieben Jahrhunderte lang zusammengehörte und in dem der gleiche Dialekt gesprochen wird. Optisch ist es keine richtige Grenze, denn sie verläuft mitten auf der Nieuwstraat/Neustraße, früher durch einen kleinen Betonsockel markiert, sodass es eine niederländische und eine deutsche Fahrbahn gab.

1992 wurden in Maastricht die Grenzen des Europäischen Binnenmarktes geöffnet. 1998 gründeten Herzogenrath und Kerkrade Eurode, häufig als erste europäische Stadt bezeichnet. Seitdem treten die Gemeinderäte unter wechselndem Vorsitz zusammen und beschließen grenzüberschreitende Projekte, mit denen die Barriere nationaler Rechtsvorschriften überwunden werden soll. Radrennen, Seniorenveranstaltungen, Feuerwehrübungen werden gemeinsam durchgeführt, deutsche Grundschüler lernen Niederländisch, in den Kerkrader Basisscholen wird Deutsch unterrichtet. Seit 1995 ist die Nieuwstraat/Neustraße wieder eine verbindende Straße mit nur einer Fahrbahn, die manchmal auf deutscher, manchmal auf niederländischer Seite verläuft, mit Kreisverkehren mitten auf der Grenze und mit dem Vorzeigeprojekt der bisherigen Zusammenarbeit, dem Eurode Business Center.

Das Eurode Business Center (EBC)

Das EBC ist das erste auf einer Staatsgrenze liegende Dienstleistungszentrum in Europa. Partner dieses bisher einmaligen Projektes sind die Stadt Herzogenrath und die Gemeinde Kerkrade sowie eine deutsche und eine niederländische Entwicklungsbank. Seit der Eröffnung im Jahr 2001 arbeiten hier über 30 Unternehmen mit mehr als 130 Angestellten, die von diesem internationalen Standort aus den europäischen Markt bedienen wollen. Hier haben Unternehmen aus der Informationstechnologie, aus dem Telekommunikations- und Multimediabereich sowie Forschungs- und Entwicklungsabteilungen international ausgerichteter Firmen, Anwaltskanzleien und andere Dienstleistungsfirmen sowie eine deutsch-niederländische Polizeiwache ihren Sitz.

❶ *Das EBC auf der deutsch-niederländischen Grenze und die EUREGIO Maas-Rhein*

Dass Europa noch viele Tücken hat, wird im EBC deutlich. Ein deutsches Unternehmen liefert den Strom und müsste eigentlich eine Ausfuhrgenehmigung für den niederländischen Gebäudeteil besitzen. Eine niederländische Anwaltskanzlei, die im deutschen Teil untergebracht ist, musste noch ein Büro auf der niederländischen Seite hinzumieten, um nicht die Zulassung für die Niederlande zu verlieren. Wenn auf der Neustraße ein Unfall geschieht, weiß niemand, ob nun die deutsche oder die niederländische Polizei zuständig ist. All diese Probleme werden nach Brüssel berichtet, damit bei der Konstruktion eines großen Europas ähnliche Pannen vermieden werden.

Avantis, ein europäischer Standort
Nur wenige Kilometer südlich bildet Avantis den ersten grenzüberschreitenden Wissenschafts- und Wirtschaftspark, speziell für Hightech-Unternehmen mit Forschungs- und Entwicklungskompetenz. Wohnen und Einkaufen jenseits der Grenze ist für die Bürger der Region schon lange selbstverständlich. Nun wird der europäische Gedanke auch bei der Ansiedlung von Firmen weitergeführt. Das 100 ha große Gebiet liegt zu 60% auf deutscher und zu 40% auf niederländischer Seite. Die Städte Aachen und Heerlen nutzen gemeinsam diese Grenzlage, die bis 1992 eher hinderlich war. Wie im EBC telefonieren die hier ansässigen Unternehmen in beide Staaten zum Inlandtarif, innerhalb des Parks sogar zum Nulltarif.

EUREGIO Maas-Rhein
EBC und Avantis bilden nur zwei Beispiele für die Kooperation in einer **EUREGIO**. Damit werden Regionen bezeichnet, die grenzüberschreitende Zusammenarbeit auf eine vertragliche Basis gestellt und Aufgaben übernommen haben, die für die Menschen in Grenzregionen wirtschaftliche, kulturelle und soziale Kontakte erleichtern.

❷ *Die EUREGIOs an den Grenzen Deutschlands*

1 Beschreibe die Lage von EBC und Avantis und nenne die Besonderheiten dieser Lage.
2 Warum ist es für einen Unternehmer interessant, sich in einem grenzüberschreitenden Gewerbepark anzusiedeln? Begründe.
3 Überprüfe den Text auf die Verwirklichung der Hauptaufgaben der EUREGIOs. Fertige eine Liste an.
4 Nenne fünf EUREGIOs, an denen mehr als zwei Staaten beteiligt sind.
5 Internet-Recherche: Informiert euch über eine EUREGIO und untersucht, wie dort die Hauptaufgaben erfüllt werden.

❸ *Hauptaufgaben der EUREGIOs*
Förderung und Verbesserung von
– Zusammenarbeit auf kulturellem Gebiet
– wirtschaftlicher Entwicklung im Grenzgebiet
– kommunaler Zusammenarbeit
– gegenseitigem Verständnis über die Grenzen hinweg
– grenzüberschreitender Mobilität

→ TERRATraining

Europa

Wichtige Begriffe
Befragung
Beschäftigungspolitik
Binnenmarkt
EUREGIO
Europäische Integration
Europäische Union (EU)
Gemeinsame Agrarpolitik
Glaziale Serie
Golfstrom
Kartogramm
Kontinentalklima
Mittelmeerklima
Ozeanisches Klima
Strukturhilfe
Subvention
Zungenbeckensee

❶

1 Topografie Europas
Benenne in Karte 4
a) die Hauptstädte 1 – 40 und die dazugehörigen Staaten
b) die Flüsse a – p
c) die Inseln a – f
d) die Meere und Nebenmeere A – F

2 Klassenquiz: Wer kennt Europa?
Gruppenarbeit: Legt Quizkarten zur Lage europäischer Hauptstädte an, z. B. Welche Hauptstadt liegt an der Seine? Tauscht eure Karten mit denen einer anderen Gruppe und führt ein Quiz durch.

3 Europareise
Birthe, Melina und Lucille wollen in den Sommerferien mit dem Zug durch Europa fahren. Dabei haben sie drei Strecken zur Auswahl.

Strecke 1: Köln – Berlin – Prag – Warschau – St. Petersburg – Moskau
Strecke 2: Köln – Brüssel – Paris – Tours – Bordeaux – San Sebastian – Madrid – Lissabon
Strecke 3: Köln – Freiburg - Basel – Mailand – Genua – Rom

Arbeitet in Gruppen:
a) Nennt die Staaten und Landschaften, die durchfahren und die Flüsse, die überquert werden.
b) Sucht in verschiedenen Quellen nach Sehenswürdigkeiten, die in den Reiseplan aufgenommen werden können.
c) Messt die Streckenlängen.

4 Heiß oder kalt?
Arbeite mit den Klimadiagrammen 2 und 3.
a) Ordne ein Klimadiagramm dem Mittelmeerklima zu. Begründe deine Wahl.
b) Ordne das andere Klimadiagramm einer europäischen Klimaregion zu. Begründe.

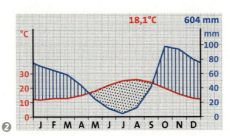

❷

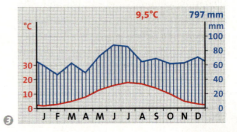

❸

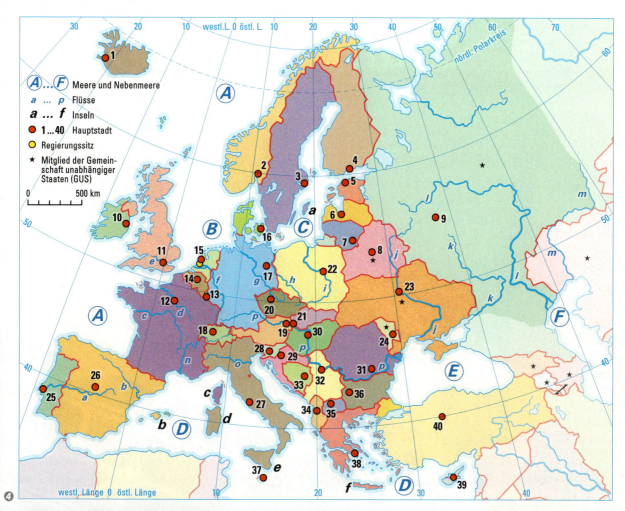

5 Wer wird Europäer?
6 – 9 – 10 – 12 – 15 – 25 – ???
Nenne die Gründungsstaaten der EWG und die jeweils hinzugekommenen Staaten. Stelle Vermutungen an, in welche Richtung sich die EU in Zukunft erweitern könnte.

6 Europa ohne uns
Liste die Namen der europäischen Staaten auf, die nicht Mitglied der EU sind.

7 Gesucht!
Suche die Namen der zwei Hauptstädte der EU und sammle Informationen zu ihrer jeweiligen Funktion. Ordne Foto 5 zu.

Teste dich selbst
mit den Aufgaben 4 und 6.

Training

Standort Europa

Der Flughafen in Frankfurt/Main: Ein Standort mitten in Europa und Beispiel für die regionale und globale Nutzungsverflechtung eines Raumes. Industrie- und Dienstleistungsbetriebe siedeln sich im Raum nicht willkürlich an. Sie benötigen optimale Bedingungen für Produktion und Vermarktung. Dieser Themenblock zeigt moderne Wege der Standortwahl und Standortnutzung in Europa auf.

① Bochum 1960

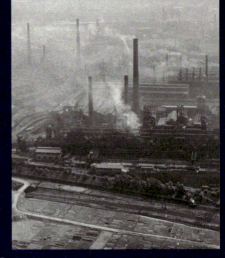

④ Stahlwerk des „Bochumer Vereins" 1934

② „Rusty": seit 1988 in Bochum „auf der Schiene"

Starlight Express statt Zechenbahn

„Du bist keine Schönheit, vor Arbeit ganz grau" – so beschreibt der Rocksänger Herbert Grönemeyer seine Heimat im Song „Bochum". Aber das Gesicht der Ruhrgebietsstadt hat sich in den letzten Jahren stark verändert. Das einst von der **Montanindustrie**, also von Bergbau, Eisen- und Stahlindustrie geprägte Bochum befindet sich in einem starken Strukturwandel.

Rasante Fahrt auf acht Rollen

Seit 1988 ist das berühmte Musical „Starlight Express" in Bochum zu Hause, das in der Welt erfolgreichste an einem Standort. Jährlich bestaunen rund 670 000 Besucher die rasante Vorführung. Besonders günstig ist dabei die Lage direkt am Autobahnkreuz A 40 / A 43. In unmittelbarer Nachbarschaft befinden sich das „Ruhrstadion" des VfL Bochum sowie seit 2003 der „RuhrCongress Bochum", in dem Tagungen und Großveranstaltungen abgehalten werden. Durch diese überregional bedeutenden Anziehungspunkte stiegen die jährlichen Übernachtungszahlen in Bochum zwischen 1988 und 2003 um 220 % auf über 411 000.

„Beschäftigungsmotor" Opel

1960 erfolgte eine für Bochum glückliche Standortwahl: Auf zwei benachbarten stillgelegten Schachtanlagen siedelte sich ein Zweigwerk der Adam Opel AG an. 1962 lief der erste Opel Kadett vom Band. Die Stadt bot dem Autokonzern damals eine ideale **Infrastruktur**: Tausende arbeitslose Bergleute und Stahlarbeiter suchten nach neuer Beschäftigung. Günstige Verkehrsanbindungen, ausreichend Wohnraum und gute medizinische und schulische Versorgung der Mitarbeiterfamilien waren vorhanden. Die Sicherung von Bergschäden, also durch Bergbau verursachte Folgeschäden, führte beim Werksbau zu hohen Mehrkosten, die größtenteils die Stadt und das Land Nordrhein-Westfalen übernahmen. Man baute sogar ein neues Autobahnteilstück. Opel wurde

③ Beschäftigte nach Sektoren im Ruhrgebiet

1976 — Primärer Sektor 8400 — Sekundärer Sektor 1 046 800 — Tertiärer Sektor — davon: Handel und Verkehr 347 800

2002 — Primärer Sektor 10 800 — Sekundärer Sektor 500 400 — Tertiärer Sektor — davon: Handel und Verkehr 377 000

❺ Gelände des ehemaligen „Bochumer Vereins" 2002   ❻ Bochum 2001

mit zeitweise bis zu 19 000 Mitarbeitern Bochums größter neuer Arbeitgeber. Zulieferbetriebe siedelten sich an. Über 20 Mio. Autos wurden bis heute produziert. Doch die Krise in der Automobilbranche lässt die Beschäftigtenzahl auch bei Opel stark schrumpfen.

Forschung und Hightech im „Revier"

Auch die moderne Wissenschaft macht vor Bochums Toren nicht halt. 1965 wurde die Ruhr-Universität als erste Hochschule im Ruhrgebiet eröffnet. Weitere Hoch- und Fachhochschulen folgten in Dortmund, Essen, Duisburg, Hagen und Witten. Statt 10 000, wie ursprünglich geplant, sind heute über 29 000 Studierende in Bochum eingeschrieben. 6 400 Professoren, Wissenschaftler und Angestellte haben ihren Arbeitsplatz an der Ruhr-Universität gefunden. Das benachbarte Technologiezentrum bietet Studienabsolventen innovative Arbeitsfelder vor allem in der Hightech-Industrie. Außerdem verfügt Bochum über vier Fachhochschulen.

Voll im Wandel

Ein Strukturwandel von der Montan- zur Dienstleistungsregion vollzieht sich in Bochum wie im gesamten Ruhrgebiet. Nach dem Kohleboom in den frühen 1950er Jahren folgte die Kohlenkrise ab 1959. Niedrige Öl- und Erdgaspreise sowie Billigkohle aus dem Ausland ließen die Nachfrage nach heimischer Kohle stark sinken. Viele Berg- sowie Stahl- und Walzwerke im Ruhrgebiet mussten schließen. So wurden alle 22 Bochumer Schachtanlagen bis 1973 stillgelegt. Nur noch ein Stahlwerk produziert heute mit etwa 2 300 Mitarbeitern. Dadurch gingen der Stadt zehntausende Arbeitsplätze im sekundären Sektor verloren. An die Stelle weniger Großbetriebe der Montanindustrie traten viele kleinere Firmen und Betriebe vor allem aus dem tertiären Sektor. Im Verlauf eines so genannten **Flächenrecyclings** haben sich auf den ehemaligen Bergwerks- und Stahlindustrieflächen zahlreiche Industrie- und Gewerbeparks angesiedelt, in denen auch Fitnesscenter und Diskotheken zu finden sind. Nach amerikanischem Vorbild sind außerdem Einkaufszentren auf der „grünen Wiese" entstanden wie z. B. der „Ruhrpark" an der Grenze zu Dortmund.

1 Untersuche die Karten 1 und 6 auf Merkmale des Strukturwandels.
2 Vergleiche die Fotos 4 und 5.
3 Analysiere die Beschäftigtenentwicklung im Ruhrgebiet (Grafiken 3).
4 Welche infrastrukturellen Vorteile bietet Bochum für Neuansiedlungen von Industrie und Gewerbe (Text und Internet)?

Standort Europa

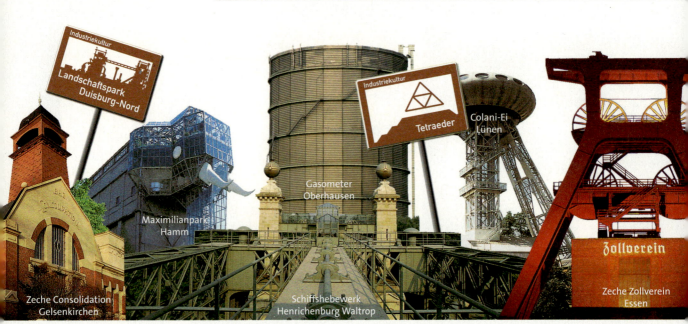

❶ Ausgewählte Sehenswürdigkeiten auf der „Route Industriekultur" (www.route-industriekultur.de)

Von „Ruhris" und „Touris" – Imagewandel im Ruhrgebiet

❷ „Was fällt Ihnen zum Begriff Ruhrgebiet ein?"
Nennungen von „Ruhris"...

Kohle, Bergbau	31 %
Grünflächen	18 %
Industrie	14 %
Heimat, Herkunft	11 %
Ballungsraum	8 %
Attraktiver Lebensraum	8 %

... und „Touris"

Kohle, Bergbau	49 %
Industrie	18 %
Städtenennungen	14 %
Ballungsraum	11 %
Kohlenpott	10 %
Fußball	7 %

Surftipps
www.rvr-online.de
  (Regionalverband Ruhr)
www.emscherlandschaftspark.de

Kunst und Klassik in alten Industrieanlagen, wer hätte das vor 50 Jahren im Ruhrgebiet gedacht!? Statt ausgediente Anlagen nach der Stilllegung abzureißen, haben es Fachleute und Liebhaber geschafft, viele „Relikte des Industriezeitalters" für die Bevölkerung zu erhalten und umzufunktionieren: Der Oberhausener Gasometer fungiert als riesige Ausstellungshalle in direkter Nachbarschaft zum Einkaufszentrum „CentrO". Die Zeche Zollverein in Essen ist Weltkulturerbe und Standort des Designzentrums NRW, von Musikveranstaltungen und Künstlerateliers. Der Landschaftspark Nord auf dem Gelände des ehemaligen Krupp-Stahlwerkes in Duisburg dient als „Tummelplatz" für Taucher, Kletterer und „Nachtschwärmer". Nur drei Beispiele, die die vielfältigen Facetten des Strukturwandels im Ruhrgebiet aufzeigen.

Industrie zum Anfassen
Als „roten Faden" durch die Region hat der Kommunalverband Ruhrgebiet (KVR) 1999 die 400 km lange „Route Industriekultur" gelegt. Braun-weiße Vekehrsschilder weisen an den Autobahnen und innerorts auf die Industriedenkmäler, Arbeitersiedlungen, Aussichtspunkte und Museen hin. Neue Rad- und Wanderwege führen ebenfalls an ihnen vorbei. Auswärtige Touristen können abwechslungsreiche „Ruhr-Touren" mit Hotelübernachtungen buchen – auch Grund einer Steigerungsrate der Ruhrgebietsbesucher seit 1987 um 90 %.

Natur und Freizeit im Ruhrgebiet
Neben der „Route Industriekultur" bietet die „Route der Industrienatur" interessante Einblicke anderer Art. Auf den Flächen der ehemaligen Anlagen der Montanindustrie erobern seltene und teilweise exotische Pflanzen und Tiere das Terrain zurück. Daneben finden sich im Ruhrgebiet zahlreiche weitere Freizeit- und Erholungsmöglich-

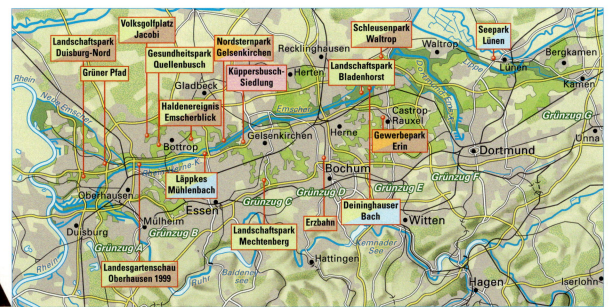

③ Der „Emscher Landschaftspark" mit einigen ausgewählten Projekten

keiten für „Ruhris" und „Touris": Die fünf Revierparks am Rande der großen Ruhrstädte sowie die fünf Stauseen entlang der Ruhr und bei Haltern bieten vielfältige Sport- und Freizeitmöglichkeiten. Auf einer Bergehalde bei Bottrop befindet sich die Skihalle „Alpincenter", in der man sogar im Sommer auf einer 640 m langen Indoor-Skipiste seine Schwünge ziehen kann. Fußballstadien wie das Dortmunder „Westfalenstadion" oder die „Arena Auf Schalke" haben sich zu großen Veranstaltungszentren entwickelt, in denen neben Sportereignissen auch Pop- und Klassikkonzerte stattfinden.

Leben und Arbeiten im „Emscher Park"
Als „Emscher Landschaftspark" verknüpfen der KVR und die Emschergenossenschaft seit 1989 zusammen mit 17 Emscherstädten und zwei Kreisen die Bereiche Umwelt, Wirtschaft und Kultur. Grundlage ist ein breites Grünflächensystem, das sich vom östlichen Bergkamen bis hin zum westlichen Duisburg erstreckt und sieben regionale Grünzüge miteinander vernetzt. Die Emscher wird darin zweigeteilt und erhält als renaturierter Bach einerseits und als Abwasserrohr andererseits ein neues Image. Unter dem Motto „Arbeiten im Park" arbeiten die Menschen in durchgrünten Gewerbe- und Industrieparks und wohnen in deren Nähe. Alte Industrieanlagen erfahren eine **Umnutzung** und ehemalige Bergarbeiter- und Industriewohnsiedlungen werden modernisiert. Alle diese Qualitätsverbesserungen im Bereich Wohnen, Freizeit, Erholung und reichhaltige Bildungsangebote steigern als sogenannte **weiche Standortfaktoren** die Qualität und Attraktivität eines Raumes. Neuansiedlungen von Betrieben basieren u. a. auf diesen Merkmalen, da zufriedene Mitarbeiter höheren wirtschaftlichen Erfolg versprechen. Das alte Image des Ruhrgebietes als „dreckiger Kohlenpott" soll allmählich aus den Köpfen der Menschen verschwinden.

1 Recherchiere und beschreibe ausgewählte Stationen der „Route Industriekultur".
2 Beschreibe ein Projekt des „Emscher Landschaftsparks" in einem Referat oder Artikel (Karte 3 und Internet).
3 Schreibe auf, welches Publikum bei den Veranstaltungen im Ruhrgebiet jeweils angesprochen wird (Auflistung 4).
4 Beschreibe den Imagewandel, der sich im Ruhrgebiet vollzogen hat.

④ Auszug aus einem Veranstaltungskalender

Ruhr Triennale
Museumsnacht
Theaternacht
„Extraschicht" – Nacht der Industriekultur
Klavierfestival Ruhr
Ruhr-Marathon
Aida-Musical Essen
Straßenfest „Bochum total"
6-Tage-Rennen Dortmund
Kurzfilmtage Oberhausen

① Flughafen und „Mainhattan" (Skyline von Frankfurt / Main)

Airport City – die Stadt neben der Stadt

② **FRA in Zahlen**
- 1936 eröffnet
- 300 Flugziele in 110 Ländern
- über 150 Fluggesellschaften (Stammsitz von Lufthansa)
- 4 000 m Rollbahn
- 60 km Gepäckförderbänder
- 15 000 Koffer pro Stunde
- über 126 000 t Luftpost pro Jahr
- Ausbildungsstandort
- Beschäftigte   63 000
  davon tätig bei
  FRAPORT AG: über 13 000
  (aus 80 Nationalitäten)
  Deutsche Post AG: 3 000
  Flughafenfeuerwehr: 180
  Flughafenpfarrer: 2

Wenn Frau Schulte morgens mit dem Zug zur Arbeit fährt, ist sie nicht allein: 63 000 „Arbeitskollegen" und Tausende von Fluggästen haben mit ihr jeden Tag dasselbe Ziel: den Frankfurter Flughafen (FRA). Frau Schulte arbeitet hier seit über 20 Jahren als Fluglotsin im Tower. „Auch damals war hier schon einiges los, aber was sich in den letzten Jahren getan hat, ist wirklich grandios," sagt sie, bevor sie im Flughafengebäude verschwindet.

Standort Flughafen
1 250 Starts und Landungen lotst sie mit ihren Kolleginnen und Kollegen jeden Tag sicher über die Rollbahnen. 48,5 Mio. Passagiere nutzten den Flughafen allein im Jahr 2002. Über das gut ausgebaute Autobahnnetz, per Bahn und Hochbahn können sie diese „Stadt neben der Stadt" jederzeit erreichen. 1999 wurde dafür eigens ein neuer ICE-Bahnhof am Flughafen in Betrieb genommen. 14 500 Parkplätze in Parkhäusern und Tiefgaragen stehen an beiden Terminals zur Verfügung.

Neben dem Passagierverkehr landen tagsüber und auch nachts Fracht- und Postmaschinen, die am Frachtterminal „Cargo-City" abgefertigt werden.
Auf der Liste der führenden Flughäfen ist Frankfurt am Main die „Luftfracht-Drehscheibe Nummer 1" in Europa und nach London-Heathrow die „Nummer 2" im Passagierverkehr. Jährlich klettern die Transportzahlen von Passagieren und Gütern unaufhaltsam nach oben. 120 Geschäfte sowie zahlreiche Restaurants und Bars bieten den Passagieren die Möglichkeit, in dieser „Airport City" zu verweilen. Insgesamt 460 Betriebe und Firmen bieten Arbeitsplätze vor allem im tertiären Sektor an. 2001 wurde die FRAPORT AG Eigentümerin des Flughafens und ging als Arbeitgeberin von über 13 000 Mitarbeiterinnen und Mitarbeitern als erster deutscher Flughafen an die Börse.

Wirtschaftszentrum Frankfurt
Für Frankfurt hat der Flughafen eine wirtschaftlich enorm große Bedeutung. Günstige Verkehrsanbindungen sind für die Bankenmetropole und den Börsensitz im Zentrum Europas unerlässlich. Hier kreu-

3 Protestplakat gegen den Flughafenausbau

4 Wachstumsprognose FRA

	2003	2015 (Prognose)
Passagiere	48,4 Mio.	81 Mio.
Flugzeugbewegungen	459 000	656 000
Luftfracht	1,55 Mio. t	2,75 Mio. t

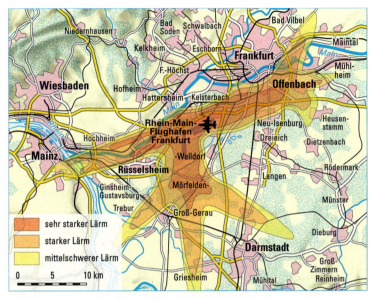

5 Lärmbelastung durch eine neue Landebahn im Nordwesten

zen sich Autobahnen, Binnenschifffahrtslinien und Fernbahnstrecken. Aus der historischen Krönungs-, Handels- und Messestadt hat sich Frankfurt nach dem Zweiten Weltkrieg zu einem Finanz- und Dienstleistungszentrum von Weltrang entwickelt. Heute ist die Main-Metropole als Sitz von 368 Banken, darunter 230 ausländische und die Europäische Zentralbank, sowie der viertgrößten Aktienbörse der Welt einer der führenden Finanzstandorte Europas. Die Skyline mit ihren Wolkenkratzern ähnelt amerikanischen Großstädten. Mit rund 570 000 Arbeitsplätzen hat Frankfurt fast so viele Beschäftigte wie Einwohner (650 000). Durch die große Angebotspalette weist die Stadt eine weit unter dem bundesdeutschen Durchschnitt liegende Arbeitslosenquote auf.

Viel Ärger um Lärm

Aber es gibt auch eine Kehrseite der Medaille: Durch die ständig steigenden Flugzahlen und weitere Flugplatzerweiterungen sind Mensch und Natur in Mitleidenschaft gezogen. Neben den neu gebauten Start- und Landebahnen sowie den Flughafengebäuden hat gerade die Ansiedlung von Betrieben im Flughafenumfeld einen starken **Landschaftsverbrauch** zur Folge. Jüngster Streitpunkt dieses Wachstums ist der für 2006 geplante Bau der Startbahn im Nordwesten. Zahlreiche Bürgerinitiativen aus betroffenen Nachbarstädten haben sich gebildet und machen ihrem Unmut Luft. Sie beanstanden in erster Linie den permanenten Fluglärm sowie die Abgase, die sowohl der Natur als auch der Gesundheit vieler Anwohner schaden. Sie fordern daher den Verzicht des weiteren Ausbaus und ein absolutes Nachtflugverbot.

1 Beschreibe mithilfe von Atlas, Foto 1 und Karte 5 die Lage des Flughafens zum Stadtgebiet.
2 Erstelle zu Tabelle 4 ein Säulendiagramm und werte es aus.
3 Diskutiert in der Klasse „Pro" und „Kontra" des geplanten Startbahnbaus (Plakat 3 und Karte 5).
4 Analysiere die Beschäftigtenzahlen für Frankfurt und Deutschland (Auflistung 6).
5 Erstelle eine Kartenskizze zum Luftbild auf den Seiten 32/33.

6 Beschäftigte nach Sektoren in Frankfurt 2001 (Vergleich Deutschland)

Primärer Sektor	0,2 %
	(1,2 %)
Sekundärer Sektor	13,5 %
	(35,0 %)
Tertiärer Sektor	86,3 %
	(63,8 %)

Surftipps
www.frankfurt.de
www.fraport.de
www.startbahn.de
(Seite zum Flughafenausbau)

Standort Europa

❷ *Smartville bei Sarreguemines / Hambach*

Kaum zu glauben
Im Verlauf einer Schicht werden alle „smart"-Modelle, die nach dem Zusammenbau Mängel aufweisen, in der Mitte des Fabrikkreuzes, dem „Bistro", aufgereiht. Die Mitarbeiter sollen so den Erfolg bzw. Misserfolg ihrer Arbeit vor Augen geführt bekommen und zu weiterer Qualitätsverbesserung angespornt werden.

Smartville – Fabrik der Zukunft

Quer einparken? Keine Staus mehr in den Innenstädten? Der Schweizer „swatch"-Uhrenhersteller Nicolas Hayek hatte zu Beginn der 1990er Jahre eine Vision. Hatte er zunächst den Uhrenmarkt revolutioniert, entwickelte er nun zusammen mit dem deutschen DaimlerChrysler-Konzern als finanzstarkem Partner den „smart". Dieses Kompaktauto sollte nicht nur klein, sondern auch umweltschonend, Benzin sparend und vor allem kostengünstig sein. Hohe Ziele, die die 1994 neu gegründete MCC smart GmbH später nur zum Teil verwirklichen konnte. Denn tatsächlich erreichten die Anschaffungskosten des „smart" bald die Höhe eines normalen Kleinwagens.

Deutsche Investoren in Lothringen
Produziert wird der „Winzling" seit 1997 im neuartigen Industriepark „Smartville" bei Hambach im französischen Lothringen. Ähnlich wie im Ruhrgebiet befindet sich diese ehemalige Kohle- und Stahlregion in einem strukturellen Umbruch. Tausende Arbeitsplätze sind durch die Kohlenkrise in den 1960er Jahren auch hier verloren gegangen. Viele Lothringer pendeln täglich zur Arbeit ins benachbarte Luxemburg oder nach Deutschland.

Vorhandene **harte Standortfaktoren** machen die Region dabei aber auch für Neuansiedlungen attraktiv: Es gibt niedrige Lohnkosten und Steuerentlastungen, billiges Bauland, gute Verkehrsanbindungen durch Autobahnen und Eisenbahnlinien, eine hohe Zahl hoch qualifizierter, arbeitsloser Arbeitskräfte, eine gesetzlich erlaubte „7-Tage-Woche" und geringe Probleme in der Verständigung, da die Menschen hier oft zweisprachig aufwachsen. Zahlreiche deutsche Firmen, z. B. aus der Papier- und Nahrungsmittel-

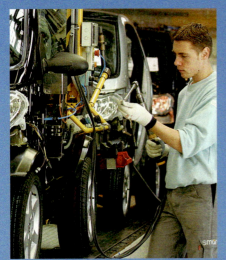

❸ Werksmontage des „smart"

❹ Ausländische Investitionen in Lothringen

Franz. Département	Zahl der Betriebe		Arbeitskräfte		Anteil der Beschäftigten in der Industrie (in %)	
	1980	1997	1980	1997	1980	1997
Meurthe-et-Moselle	49	103	5466	10540	8,5	33,4
Meuse	11	40	1647	3608	8,9	31,6
Moselle	94	202	17760	22899	21,0	41,2
Vosges	33	77	8434	12653	13,8	34,5
Lothringen gesamt	187	422	33307	49700	14,6	36,8

industrie, haben daher in Lothringen Fuß gefasst, produzieren hier und investieren in die französische Region.

Smartville entsteht
Genauso DaimlerChrysler: 75 % der Kosten für die neue Produktionsstätte Smartville trug 1997 der Stuttgarter Konzern, 25 % übernahm die SOFIREM, eine französische Gesellschaft zur Unterstützung des Strukturwandels in Bergbauregionen. Aufgrund der günstigen Standortfaktoren entschied man sich trotz weiterer, auch deutscher Konkurrenten für den Standort Hambach.
Der „smart" wird im Fabrikkreuz aus etwa 400 einzelnen Modulen zusammengebaut, die von elf auf dem Gelände ansässigen Systempartnern produziert und **Just in Sequence** direkt in der richtigen Reihenfolge geliefert werden. Andere Partner liefern von außerhalb Just in Time, also zum richtigen Zeitpunkt, wie z. B. Mercedes den Motor aus seinem Berliner Werk. Die Vergabe der Fertigung an andere Firmen nennt man **Outsourcing**. Auf Montagebändern, die alle vier Teilbereiche des Fabrikkreuzes durchziehen, ist ein Fahrzeug in nur 4½ Stunden zusammengebaut – eine Weltrekordzeit! Im Zweischichtsystem können die eigenständigen Sechser-Teams täglich bis zu 750 Fahrzeuge in den unterschiedlichsten Modellvarianten produzieren.

Erfolg auf „breiter Spur"
Vier Jahre nach der Markteinführung lief Mitte 2003 der fünfhunderttausendste „smart" vom Band. Im selben Jahr kam die „smart roadster"-Produktion dazu. Neben den rund 1900 Arbeitsplätzen in Smartville erfolgten mehrere Tausend Neueinstellungen bei Zulieferern und Logisitkunternehmen. Außerdem sind 750 teilweise hoch qualifizierte Arbeitsplätze in der deutschen „smart"-Zentrale in Renningen bei Stuttgart entstanden.
Die ehemalige Montanregion Lothringen hat nicht zuletzt wegen Smartville einen positiven Wirtschaftsanschub erhalten und entpuppt sich mehr und mehr als attraktiver Standort im „Herzen Europas".

❺ Smartville in Zahlen
– 800 Mitarbeiter bei MCC France
– 1100 Mitarbeiter bei den Systempartnern
– 31 Jahre Durchschnittsalter
– 61 % unter 26 Jahren
– 81 % vorher arbeitslos (26 % davon Langzeitarbeitslose)
– 25 % Frauen
– 95 % Franzosen, 5 % Deutsche
– etwa 10000 neue Arbeitsplätze in Europa durch Vertrieb und Produktion

1 Beschreibe den Montageablauf eines „smart" und benenne die Partner mithilfe von Foto 2.
2 Erläutere die modernen Produktionsmethoden in Smartville.
3 Analysiere die Entwicklung der Region Lothringen unter Berücksichtigung von Smartville.
4 Vergleiche die Entwicklung Lothringens mit der des Ruhrgebietes.

Standort Europa

❶

❹ Nokia-Hauptsitz in Espoo

Im Land der Millionen Handys

Finnland – das Land der Trolle, Wälder und Seen, das Land der Skispringer, Langläufer und Autorennfahrer. Oft wird der skandinavische Staat mit diesen einseitigen Klischees verbunden. Doch das naturreiche und bevölkerungsarme Finnland ist mehr: Seit Anfang der 1990er Jahre hat sich Finnland zu einem innovativen Wirtschaftsstandort gemausert.

Hightech und Tradition

Wesentliches Zugpferd ist dabei die finnische Hightech-Industrie. Rund ein Drittel des Gesamtexports finnischer Produkte stammen heute aus der Computer- und Telekommunikationsbranche. Eine Vielzahl der größten Unternehmen Finnlands gehört der **IT-Branche**, also der Informations-Technologie-Branche, an. Zwar bestimmt und stärkt der Export von Gütern der traditionellen Forst-, Papier- und Metallindustrie bis heute die Wirtschaft des nordischen Landes zu über 60 %, doch das Vorrücken des Elektronikmarktes ist unaufhaltsam. Die hohen Arbeitslosenzahlen der 1990er Jahre von zeitweise bis zu 20 % konnten so zwar nur bedingt aufgefangen werden, doch die hohen Exportgewinne, insbesondere nach dem EU-Beitritt 1995, ließen die Auslandsverschuldung des Landes innerhalb weniger Jahre stark sinken.

Silicon Valley des Nordens

In der Region von Oulu nur 190 km südlich des Polarkreises ist eines von elf so genannten „Silicon Valleys" Finnlands entstanden. Als staatlich finanziell unterstütztes „Expertenzentrum" forschen hier überwiegend Universitätsabsolventen in modernen Technologieparks an neuen Hightech-Produkten. Die Stadt bemüht sich, durch entsprechende Kulturangebote hoch qualifizierte Arbeitskräfte anzulocken.

14 bis 16 Flüge verbinden Oulu täglich mit der Hauptstadt Helsinki. Ein sechssprachiger Kindergarten und Englischunterricht ab der dritten Grundschulklasse verdeutlichen die Internationalität dieses Ortes.

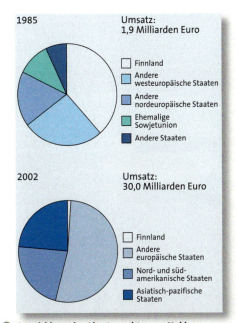

⑤ *Entwicklung des Absatzmarktes von Nokia*

der Wettbewerb auf dem Mobilfunkmarkt. Das Unternehmen konzentrierte sich nun ausschließlich auf diese Branche und erweiterte seine Aktivitäten europa- und später weltweit. Mit großem Erfolg: Mittlerweile stammt rund ein Drittel aller weltweit verkauften Handys aus Finnland. In neun Ländern, so z. B. in Mexiko, Südkorea und auch in Deutschland (u. a. in Bochum), gibt es inzwischen Produktionsstandorte.

1 Nenne Faktoren, die die Standortwahl der IT-Branche in Finnland begünstigen.
2 Beschreibe, wie sich die Produktion und der Absatzmarkt von Nokia verändert haben.
3 Recherchiere: Aus welchen Ländern und Kontinenten stammen die einzelnen Konkurrenten (Auflistung 7)?
4 Wie stellst du dir die Zukunft der Handybranche vor?

Kaum zu glauben
Heute besitzt Finnland die weltweit größte Handy- und Internetzugangsdichte.

⑦ **Marktanteile
der Handyhersteller 2001**

Nokia	36,2 %
Motorola	15,7 %
Ericsson	8,3 %
Siemens	7,6 %
Alcatel	3,5 %
Philips	2,2 %
Gesamt	73,5 %

Nokias Weg zur Weltspitze

Hinter dem wirtschaftlichen Aufschwung Finnlands steckt maßgeblich der Name des weltweit größten Handyherstellers: Nokia. Spötter bezeichnen Finnland deshalb auch als „NOKIAland".

Seinen Anfang nahm das Unternehmen 1865 in der Nähe von Tampere als typische kleine Papiermühle. Holz- und Wasserreichtum der finnischen Wälder waren ideale Standortfaktoren. Papiererzeugnisse wurden damals u. a. nach Russland und Großbritannien exportiert. Nach dem Zusammenschluss mit anderen Firmen zu Beginn des 20. Jahrhunderts wurde die Produktionspalette erweitert, zunächst um Gummistiefel. Später wurde das Angebot um die Herstellung von Autoreifen und Telefonkabeln ergänzt.

Da Finnland als dünn besiedelter Raum auf besonders gute Telekommunikation angewiesen ist, beschäftigte man sich in den 1980er Jahren mit der Entwicklung erster, zunächst noch sehr unhandlicher Funk- und Mobiltelefone. Außerdem stellte die Firma Computer, Monitore und Fernseher her. Durch die freie Wahl von Netzanbietern und ein einheitliches Netzsystem entbrannte ab den 1990er Jahren

⑥

Standort Europa

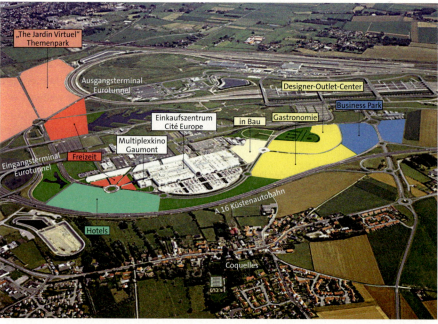

❸ Cité de l´Europe bei Coquelles

Cité de l´Europe – Geschäfte am Tunnel

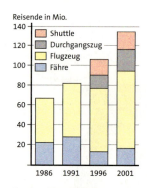

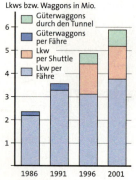

❷ Entwicklung des Kanalverkehrs

„Zum ersten Mal seit der Eiszeit ist England wieder mit dem Kontinent verbunden", bejubelte 1994 die Tunnelgesellschaft ihr „Jahrhundertbauwerk", den Eurotunnel. Seitdem verbinden drei 50,5 km lange Röhren unter dem Ärmelkanal Großbritannien mit Frankreich und so mit dem europäischen Festland. Nach jahrhundertelangen Planungen hatte man 1990 endlich den Durchbruch geschafft, 22 km von der englischen Küste entfernt und 50 m unter dem Meeresspiegel.

Geschwindigkeit ist Trumpf
Heute kann man dank des Tunnels in nur 1¾ Stunden die Strecke zwischen den Metropolen London und Paris mit dem Hochgeschwindigkeitszug „Eurostar" zurücklegen. Weitere Passagiershuttles durchqueren mehrmals pro Stunde den Tunnel, nachts fahren Güterzüge. Neben den Bahnfahrern benutzen zahlreiche Autofahrer, die die Wetterabhängigkeit der altbewährten Fähren fürchten, den Shuttlezug zwischen Coquelles (F) und Folkstone (GB). Auch trotz längerer Fahrzeiten bevorzugen weiterhin viele Reisende die frische Seeluft während einer Fährüberfahrt.

Shopping am Kanal
In den Jahren 1995 bis 2000 passierten über 15 Mio. Pkw und viele Millionen Bahnfahrer den Eurotunnel – ein Wirtschaftspotenzial, das man sich zumindest in Frankreich nicht entgehen lassen will. Auf einer 76,5 ha großen Fläche direkt neben dem französischen Terminal in Coquelles entsteht seit 1990 ein riesiges Zentrum, die „Cité de l´Europe", mit Gewerbeflächen, Hotels und einem Freizeitpark. Wie im Mittelalter, als sich wegen der **Verkehrsgunst** Städte und Händler häufig an Flussübergängen ansiedelten, hat sich die „Cité de l´Europe" an den Tunnelausgang „geschmiegt", um Käufer förmlich abzufangen. Touristen und Geschäftsreisende, die den Shuttlezug mit ihrem Auto gerade verlassen haben, können hier nach Herzenslust shoppen und verschiedene Angebote aus dem Freizeitbereich wahrnehmen.

❹ Die **„Blaue Banane"** ist eine Kernregion innerhalb Europas, die herausragende wirtschaftliche, kulturelle und politische Bedeutung besitzt. Sie reicht von London über Rotterdam, Amsterdam, das Ruhrgebiet, die Rheinschiene, Süddeutschland bis nach Norditalien um Mailand herum. In diesem Nord-Süd-Korridor konzentrieren sich die wichtigsten Industrieregionen, Dienstleistungszentren und auch Institutionen der EU. Er stellt ein großes Absatzpotenzial dar, bietet gute infrastrukturelle Bedingungen, eine Branchenkonzentration und gute Anbindungen ans Kommunikationsnetz. Interessanterweise ist Paris darin nicht enthalten, was sich durch den Einfluss des Eurotunnels in Zukunft ändern kann.

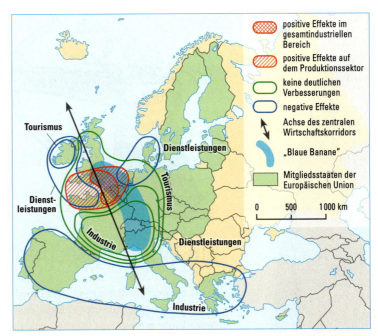

❺ *Mögliche Auswirkungen des Kanaltunnels auf die wirtschaftliche Entwicklung Europas*

1995 wurde das zweistöckige Einkaufszentrum „Cité Europe" eröffnet. Kostenlose Parkplätze machen den Besuch besonders attraktiv und ziehen täglich über 27 000 Besucher an, die meisten aus Großbritannien.

Hoffnungsschimmer einer Krisenregion

In unmittelbarer Nähe der „Cité de l´Europe" sollen sich auf 630 ha weitere Industrie- und Gewerbebetriebe ansiedeln. Für die krisengeschüttelte Wirtschaft Nordfrankreichs stellt diese Planung einen wichtigen Hoffnungsschimmer dar. Seit vielen Jahren kämpfen hier unterschiedliche Branchen wie die Stahl- und Werftindustrie, der Kohlenbergbau und die Textilindustrie ums Überleben. Steigende Arbeitslosigkeit und Armut in der Bevölkerung führten dazu, dass vor allem jüngere Leute in die großen Städte wie Le Havre oder Paris abwandern. Die von der französischen Regierung und der EU zur Verfügung gestellten Fördermittel zur Ansiedlung von modernen Industrieparks und Dienstleistungsunternehmen sollen dieser Landflucht Einhalt gebieten. Auch die Tourismusbranche entlang der französischen Kanalküste verspricht sich wirkungsvolle Zugewinne.

Der Eurotunnel hat für Frankreich also nicht nur ein verkehrstechnisches Problem gelöst, sondern zudem langfristige Investitionen und Erschließungen im Einzugsgebiet des Tunnels ermöglicht. Ein Heranrücken an die mitteleuropäischen Wirtschaftszentren scheint somit zumindest auf französischer Seite möglich zu sein. In England ist man mit Investitionen zur Zeit noch zurückhaltender.

1 Beschreibe die Angebote der „Cite de l´Europe" und liste die neu entstandenen Arbeitsplätze auf.
2 Beschreibe die Entwicklung des Kanalverkehrs zwischen 1986 und 2001 (Grafik 2).
3 Europa wächst zusammen. Erläutere, wie sich der Eurotunnel auf die Wirtschaft Europas auswirken kann (Karte 5).

❻ *„Cité Europe" in Zahlen*
- 73 000 m² Verkaufsfläche
- 120 Geschäfte
- 13 Superstores
- 20 Restaurants
- 1 Multiplexkino mit 12 Leinwänden und 2 500 Sitzplätzen
- täglich meist bis 22 Uhr geöffnet
- 4 150 freie Parkplätze
- 50 Busparkplätze
- 10 Mio. Besucher (2003)

Surftipps
www.eurotunnel.com
www.cite-europe.com

TERRA**Methode**

Standort Europa

Ein Wirkungsschema erstellen

Die Zusammenhänge von Ursache, Folge und Wirkung sind häufig nicht so einfach in Worten auszudrücken. Denn zahlreiche Faktoren, Bedingungen und Prozesse greifen ineinander oder laufen parallel ab.
Das Wirkungsschema hilft, Raumstrukturen, Entwicklungen, Zusammenhänge und Verflechtungen in ihrer Gesamtheit darzustellen.

Strukturwandel im Ruhrgebiet: Das ist ein so vielschichtig ablaufender Prozess, dass er sich kaum mit wenigen Worten erklären lässt. Mit einem logisch aufgebauten Wirkungsschema bringst du eine sichtbare Ordnung in die komplexen Zusammenhänge.

Ein Wirkungsschema erstellen
1. Schritt: Thema formulieren
Lege das Thema deines Wirkungsschemas fest, z. B. Strukturwandel im Ruhrgebiet.

2. Schritt: Material auswerten und Schlüsselbegriffe sammeln
Werte Material zu diesem Thema aus , z. B. die Seiten 34–36 und gegebenenfalls weitere Quellen. Sammle Schlüsselbegriffe und schreibe sie auf Karteikärtchen, z. B. Montanindustrie, Stilllegung/Schließungen, Billigkohle, Umnutzung, ungenutzte Flächen, freie Industriegebäude, Technologiepark, Industriedenkmal, Steinkohle …

3. Schritt: Schlüsselbegriffe nach Unterthemen ordnen
Ordne die Schlüsselbegriffe nach Unterthemen bzw. Leitfragen.
Zum Thema Strukturwandel im Ruhrgebiet etwa: Wie war die Ausgangssituation? (Antwortbeispiel: Montanindustrie) Was führte zu Veränderungen? (z. B. Billigkohle) Welche Auswirkungen hatten diese? (z. B. Stilllegungen/Schließungen) Welche Lösungen wurden gefunden? (z. B. Umnutzung)

4. Schritt: Schlüsselbegriffe thematisch auf Präsentationsmedium anordnen
Stelle die geordneten Schlüsselbegriffe übersichtlich auf einer festen Pappe oder an der Tafel zusammen.

5. Schritt: Wirkungszusammenhänge darstellen
Stelle nun die Wirkungszusammenhänge durch Pfeile dar. Wähle evtl. verschiedene Formen oder Strichstärken, um eine andere Bedeutungsqualität zu verdeutlichen, z. B. für Billigkohle als von außen wirkender Faktor. Durch Doppelpfeile lassen sich auch gegenseitige Verflechtungen darstellen.

6. Schritt: Wirkungsschema präsentieren
Präsentiere das Wirkungsschema deinen Mitschülern und Mitschülerinnen. Diskutiert in der Klasse die Ergebnisse.
Tipp: Mit entsprechender Software lässt sich ein Wirkungsschema auch am Computer herstellen.

1 Erstelle ein Wirkungsschema zum Thema „Strukturwandel in Lothringen".

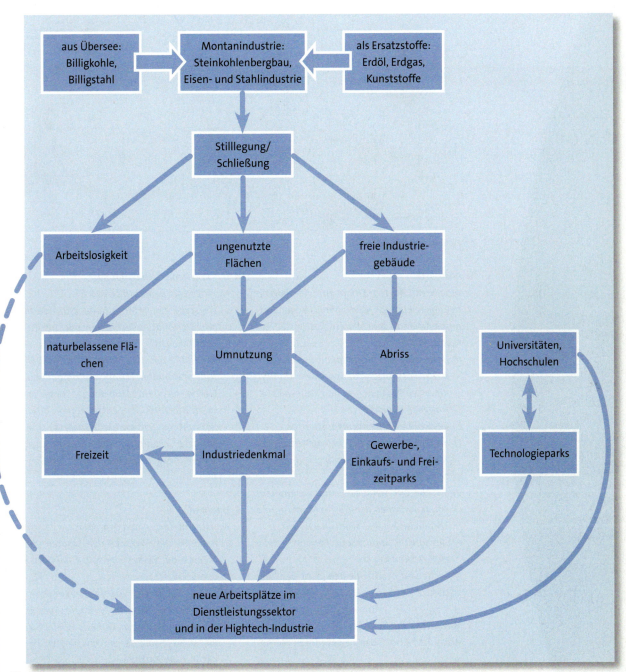

❷ *Strukturwandel im Ruhrgebiet*

TERRATraining

Standort Europa

❶ Europas „Rostgürtel"

Wichtige Begriffe
Flächenrecycling
harte Standortfaktoren
Infrastruktur
IT-Branche
Just in Sequence
Landschaftsverbrauch
Montanindustrie
Outsourcing
Strukturwandel
Umnutzung
Verkehrsgunst
weiche Standortfaktoren
Wirkungsschema

1 Rostgürtel
Arbeite mit Karte 1. Einige altindustrialisierte Gebiete Europas haben ähnliche Standortprobleme. Man spricht vom „Rostgürtel" Europas.
a) Beschreibe die Ausdehnung des europäischen Rostgürtels. Benenne die Staaten, die Anteil daran haben, und die jeweils betroffenen Regionen.
b) Beschreibe Probleme im Rostgürtel.
c) Im Rostgürtel hat sich inzwischen einiges verändert. Wähle ein Beispiel aus und fertige ein Kurzreferat an.
d) Erstelle ein Schaubild, das Zusammenhänge zwischen der Werft-, Montan- und Textilindustrie übersichtlich darstellt.
e) „Rostgürtel" und „Blaue Banane" – stelle eine Verbindung her.
f) Suche und beschreibe den „Rust Belt" der USA.

2 Mutterland der Industrie
Werte Text 3 nach der dir bekannten Methode aus.

3 Strukturwandel im Ruhrgebiet
Foto 2, aufgenommen auf der ehemaligen Zeche Maximilian in Hamm, repräsentiert den Strukturwandel im Ruhrgebiet. Recherchiere und begründe die Aussage.

4 IT – Wer kennt sich damit aus?
Nur Richtiges gehört in dein Heft!
a) IT – steht für International Translation oder Information Technology oder Institute of Take-Off?
b) IT – wähle aus, was dazu gehört: Mobilfunk, Computertechnik, Automobilbau, Netzwerksystem, Möbelherstellung, Satellitentechnik, Fotoentwicklung, Chip-Produktion, Softwareentwicklung, Grafikdesign, Sanitärbereich, Pressedienst, Telefonanlagenbau, Call-Center, Straßenbau

5 Finnland
Arbeite mit Karte 4 und dem Atlas.
a) Benenne die angrenzenden Staaten, die Meere und Meeresteile sowie die Flüsse und Seen.
b) Ordne die „Silicon Valleys" Finnlands Espoo, Helsinki, Joensuu, Jyväskylä, Kuopio, Lappeenranta, Nokia, Oulu, Tampere, Turku, Vaasa jeweils der entsprechenden Signatur in der Karte zu.
c) Formuliere Aussagen zu Finnlands weiteren wirtschaftlichen Standbeinen.
d) Beschreibe die Unterschiede in der Bevölkerungsdichte Finnlands und vergleiche damit die räumliche Verteilung der wirtschaftlichen Schwerpunkte des Landes.

❷

6 Weich oder hart?

Ordne in eine Tabelle nach harten und weichen Standortfaktoren:
Image der Region, staatliche Förderung, günstige Verkehrslage, Rohstoffangebot, Arbeitskraftangebot, Fabrikgelände, Wohnqualität, Freizeitmöglichkeiten, Kulturangebot, Steuerentlastung, niedrige Lohnkosten, Nähe zum Absatzmarkt, Schulen

Teste dich selbst
mit den Aufgaben 4 und 6.

❸ **Where it all began ...**

Klassischer Tweed aus Old-England! Das ist auch heute noch eine Bezeichnung für weltweit bekannte Tuchqualität, aber ebenso die Erinnerung an ein Stück Weltgeschichte. Von England gingen Neuerungen aus, die die ganze Welt verändern sollten.

Das Dreieck Birmingham, Leeds, Liverpool war die Wiege der Industrialisierung. Hier entstand vor über 200 Jahren das älteste Industriegebiet der Welt. In der Nähe von Manchester angebauter Flachs und die Wolle heimischer Schafe lieferten den Rohstoff für eine aufblühende Textilindustrie. Durch bahnbrechende technische Erfindungen wie die der Dampfmaschine, der mechanischen Spinnmaschine und des dampfgetriebenen Webstuhls kam es zu einem Wandel in der Produktion. Die bisherige Handarbeit der Heimarbeiter wurde durch Maschinen verdrängt. Fabriken mit großen Maschinenhallen entstanden. Rohstoffe wie Baumwolle kamen zunehmend aus den Kolonien, die auch zu Absatzmärkten für die wachsende Produktion wurden. Manchester entwickelte sich zum Zentrum der Baumwollindustrie und Liverpool zum führenden Handelshafen. Westlich von Birmingham, um Sheffield und bei Cardiff, wo Eisen- und Kohlevorkommen nahe beieinander lagen, entstand eine blühende Eisen und Stahl erzeugende Industrie, die Grundlage für den Maschinenbau. Die Erfindung der Dampflokomotive und des Dampfschiffes schaffte neue leistungsfähige Transportmöglichkeiten.

Die Region boomte. Doch das war einmal ...

❹ *Einwohner und Wirtschaft Finnlands*

TERRAMethode
Polen – eine Raumanalyse

Polen – eine Raumanalyse

Mit einem Staat, einer Landschaft, einer Region, kurz: mit einem geographischen Raum kann man sich auf verschiedene Weisen vertraut machen. Zum einen lassen sich in einem länderkundlichen Kurs alle Elemente dieses Raumes analysieren.
Zum anderen lässt sich ein Raum auch auf eine ganz bestimmte Fragestellung (Leitfrage) hin analysieren. Dabei werden nicht alle Faktoren berücksichtigt, sondern nur die, die für die Beantwortung der Frage notwendig sind. Dieses leistet die Raumanalyse.

Polen gehört zu den Ländern, in denen es seit 1989 massive Veränderungen gegeben hat und aufgrund der 2004 erfolgten Mitgliedschaft in der EU weiter geben wird. Mithilfe einer Raumanalyse wird herausgearbeitet, wie diese Vorgänge das Leben der Menschen und ihre Umwelt betreffen.

Eine Raumanalyse durchführen
1. Schritt: Leitfrage formulieren

Für das vorliegende Kapitel „Polen – eine Raumanalyse" kann die Leitfrage so formuliert werden: „Vor welchen Veränderungen und Herausforderungen steht Polen aufgrund der Transformationsprozesse und im Hinblick auf die EU-Mitgliedschaft?"
– Überlege, welche geographischen Fachgebiete in diese Fragestellung hineinreichen und zur Beantwortung herangezogen werden müssen.
– Deine Aufgabe ist es, alle auf den Folgeseiten vorgestellten Materialien auf die Leitfrage hin zu überprüfen.

2. Schritt: Leitfrage analysieren

Analysiere die Fragestellung und überlege, welche Gebiete der Erdkunde eine Rolle spielen:
– Naturraum (Vegetation, Klima, Boden, Relief, geologischer Bau)
– Bergbau (Bodenschätze, Abbau)
– Landwirtschaft (Bodennutzung, Wirtschaftsformen)
– Industrie (Verteilung, Struktur)
– Verkehr (Straßen, Kanäle, Schienen, Verkehrsnetz)
– Bevölkerung (Dichte, Verteilung)
– Siedlungen (Größe, Anzahl, räumliche Verteilung)

Beziehe auch andere Fachgebiete in deine Überlegungen ein. Brauchst du geschichtliche Hintergründe? Können Informationen über die Kultur nötig sein?
Erstelle zu Beginn eine Mindmap, in deren Mitte die Leitfrage steht.

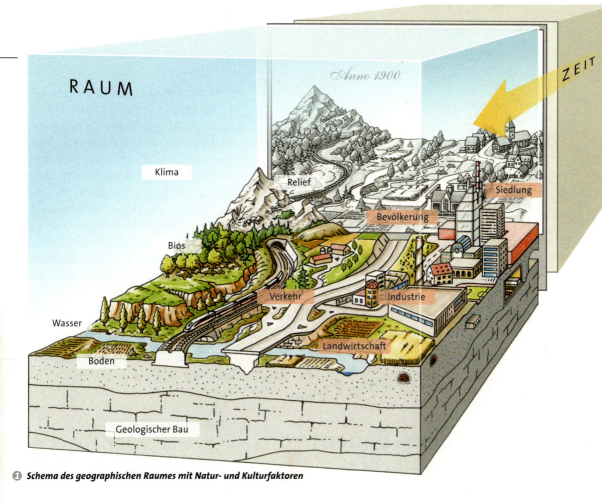

❶ **Schema des geographischen Raumes mit Natur- und Kulturfaktoren**

3. Schritt: Materialien beschaffen
Wie bei Referaten musst du Materialien beschaffen, die dir bei der Beantwortung der Leitfrage helfen können. Achte darauf, dass du neben Textmaterial auch Abbildungen, Statistiken und Fotos auswählst.

4. Schritt: Raum topografisch einordnen
Informiere dich zunächst allgemein über den zu analysierenden Raum: Lage, Nachbarstaaten, Landschaften (Tiefländer, Mittelgebirge, Hochgebirge), große Städte, große Flüsse. Stelle deine Informationen in einer Übersicht zusammen.

5. Schritt: Erschließungsfragen stellen
Formuliere Erschließungsfragen.
So z. B.: Unter Beachtung der oben formulierten Leitfrage kannst du im Hinblick auf die Industrie fragen: Gibt es Veränderungen bei der Produktion? Haben sich die Exportbedingungen verändert? Wie betreffen die Veränderungen die Menschen? Wirkt sich der Wandel positiv aus oder hat er negative Folgen? Welche Perspektiven gibt es für die Industrie?

6. Schritt: Ergebnisse formulieren und präsentieren
Beantworte nun die Leitfrage mithilfe der von dir ausgewählten Materialien und stelle Zusammenhänge her. Stelle dann deine Ergebnisse übersichtlich zusammen. Dazu gehört auch die Überlegung, welche Fotos, Grafiken und Tabellen zur Veranschaulichung beigefügt werden sollen.
Überlege, wie du deine Ergebnisse vorstellen möchtest: als Vortrag, schriftliche Ausarbeitung, PC-Präsentation, als Website. Achte darauf, dass die Übersichtlichkeit gewährleistet bleibt.

7. Schritt: Feedback einholen und Ergebnisse reflektieren
Betrachte deine Arbeit kritisch: Wurde die Leitfrage beantwortet? Was lässt sich für weitere Raumanalysen verbessern?

TERRAMethode

Polen – eine Raumanalyse

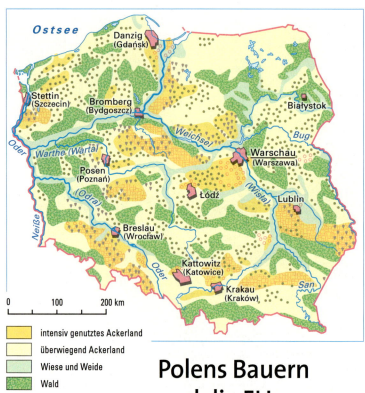

① Bodennutzung in Polen

Polens Bauern und die EU

„Nie dla U.E.!" – „Nein zur EU!": Dieser Slogan war während der Straßenblockaden und anderer Protestaktionen polnischer Landwirte oft zu hören, als sie gegen den EU-Beitritt aufbegehrten. Die Demonstrationen zeugen von den Ängsten, die Polens Bauern im Hinblick auf die Erweiterung der Europäischen Union haben. Sind diese Ängste berechtigt?

Stellenwert der Landwirtschaft

Wenn von Veränderungen die Rede ist, sind viele Bauern in Polen misstrauisch. Zu oft in den letzten 50 Jahren hat sich die Situation für sie zum Schlechteren gewendet. Mit dem Beitritt Polens zur EU steht die Landwirtschaft erneut vor einem Strukturwandel, dessen Ausgang für viele nicht kalkulierbar ist. Hinzu kommt, dass die Veränderungen eine große Menge von Menschen betrifft. Knapp ein Fünftel der Bevölkerung ist im Agrarsektor beschäftigt. Zählt man alle Haushalte zusammen, die Land für landwirtschaftliche Zwecke nutzen, kommt man auf etwa 30%. Auch der Verstädterungsgrad ist in Polen nicht hoch: Ende der 1990er Jahre lebten noch 78% der Bevölkerung auf dem Land.

Starke Gegensätze

Im Vergleich zur Landwirtschaft in den „alten" EU-Ländern sind deutliche Unterschiede zu verzeichnen. Sie betreffen die Struktur, die Produktivität und die Effizienz der Landwirtschaft. So gibt es in Polen rund eine Million Betriebe, die weniger als einen Hektar Betriebsfläche haben. Etwa die Hälfte aller Bauernhöfe dient hauptsächlich oder teilweise der Eigenversorgung. Solche Verhältnisse gehören in den EU-15-Staaten der Vergangenheit an.

Die Produktivität der polnischen Landwirtschaft ist insgesamt gering. Maschinen sind veraltet und können bei sinkenden Preisen nicht erneuert werden. Für den Einsatz von Pestiziden und Düngemitteln fehlt häufig Geld. Darin liegt aber auch eine Chance, denn viele Betriebe können so Produkte anbieten, die den Kriterien einer ökologisch ausgerichteten Landwirtschaft genügen. Die Nachfrage nach solchen Produkten ist in Westeuropa durchaus vorhanden.

1 Stelle dar, welchen Stellenwert der Agrarsektor innerhalb der polnischen Wirtschaft hat. Welcher Trend lässt sich ablesen?
2 Vor welchen Veränderungen und Herausforderungen stehen die Landwirtschaft und Polens Bauern aufgrund der Transformationsprozesse und im Hinblick auf die EU-Mitgliedschaft? Beziehe den Vergleich mit den 15 bisherigen EU-Staaten mit ein.

❷ Zwei Stimmen zum EU-Beitritt

Andrzej Olszak bewirtschaftet einen 5 ha großen Hof im Süden des Landes. Er baut Getreide und Gemüse an. Im Stall stehen acht Schweine und vier Rinder.

„Hören Sie auf mit der EU! Uns geht es jetzt schon schlecht genug. Schauen Sie sich doch um: Das bisschen reicht nicht mehr aus zum Leben. Einen Teil meiner Ernte verbrauche ich für die Familie. Ein wenig kann ich auf dem Markt anbieten. Die Preise verfallen, mein Einkommen ist in den letzten 10 Jahren um 60 % gefallen. Außer einem alten Trecker habe ich keine Maschinen. Ich müsste viel mehr anschaffen, um mithalten zu können. Kredite bekomme ich nicht. Wie soll ich da die Qualitätsanforderungen der EU erfüllen? Alternativen gibt es hier nicht. Also mache ich für meine Familie weiter. Eines weiß ich aber jetzt schon: Mein Sohn wird in die Stadt ziehen und einen anderen Beruf ergreifen als ich."

❸ Jacek Nakielski bewirtschaftet einen 30 ha großen Hof in der Nähe Warschaus und baut Getreide, Zuckerrüben und Gemüse an. Einen Teil der Fläche nutzt er zur Aufzucht von Rindern.

„Was die EU bringt? Ich verspreche mir schon einiges. Wir sind auf dem Weg zu einem modernen Betrieb. Ich habe zusammen mit den Nachbarbetrieben in neue Maschinen investiert und bin für den Wettbewerb gerüstet. Wenn wir unsere Produkte uneingeschränkt anbieten können, verspreche ich mir einen Verdienst, von dem ich leben kann. Auch an der Qualität haben wir gearbeitet. Das Fleisch meiner Rinder darf in die EU-Länder exportiert werden. Ich ziehe meine Tiere nach dem Maßgaben einer ökologischen Landwirtschaft auf. Das bringt unter dem Strich gute Preise.

Ich sehe auch beim Ackerbau gute Chancen, in Zukunft mehr Bioprodukte anbieten zu können. Unser Düngemittel- und Pestizideinsatz ist ohnehin nicht hoch."

❹ Entwicklung der Betriebsgrößen

Jahr	1–2 ha	2–5 ha	5–10 ha	10–15 ha	>15 ha
1988	19 %	35 %	29 %	11 %	6 %
1996	23 %	33 %	26 %	11 %	9 %
2000	24 %	33 %	24 %	10 %	10 %

❺ Landwirtschaftliche Strukturdaten 2000

Land	Anteil der landwirt. Nutzfläche an Gesamtfläche	Anteil der Landwirtschaft am BSP	Beschäftigte in der Landwirtschaft (anteilig an Erwerbstätigen)
Polen	58,8 %	3,9 %	18,8 %
2004 der EU beigetretene Staaten	54,1 %	34,5 %	22,0 %
EU-15	40,6 %	2,0 %	4,3 %

❻ „Während des landwirtschaftlichen Reformprozesses hat sich herausgestellt, dass der Markt zu einer Differenzierung der Betriebe hinsichtlich der Möglichkeiten der zukünftigen Entwicklung und der Verbindung mit dem Agrarmarkt geführt hat. Demgemäß können die bestehenden landwirtschaftlichen Betriebe in Polen in folgende Gruppen eingeteilt werden:
– Betriebe, die sich entwickeln (etwa 130 000). Sie sind hocheffizient und wirtschaftlich stark und liefern mehr als die Hälfte ihrer Produktion an den Markt. [...]
– Betriebe, die stagnieren (etwa 1 200 000–1 300 000). Einige Betriebe haben eine Chance, sich dank staatlicher Hilfe und der Initiative der Eigentümer zu entwickeln. [...]
– Betriebe, die wirtschaftlich schwach und im Niedergang begriffen sind (über 350 000). Sie werden zur Zeit vom Staat, hauptsächlich durch Sozialhilfen, unterstützt und produzieren nur auf der Ebene der Eigenversorgung. [...]"

Zur Erinnerung

1 Hektar (ha) = 100 x 100 m = 10 000 m² (entspricht etwa 1,5 Fußballfeldern)

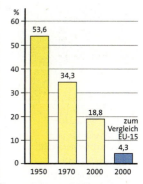

❼ Anteil der Beschäftigten in der Landwirtschaft Polens

TERRAMethode

Polen – eine Raumanalyse

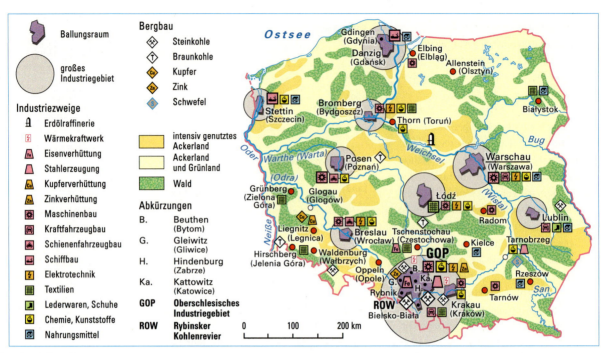

❶ *Industrie in Polen*

Industrie im Wandel

Durch den Zusammenbruch des kommunistischen Systems am Ende der 1980er Jahre und durch die damit beginnende Transformation von der Plan- zur Marktwirtschaft steht die polnische Wirtschaft vor großen Herausforderungen. Bis zur Angleichung an die Verhältnisse in den Ländern der EU-15 ist es noch ein weiter Weg.

Mittlerweile ist mit einer weitgehenden Privatisierung von Staatsbetrieben ein wesentlicher Schritt der Transformation erreicht. Im Bereich der Montanindustrie gibt es allerdings noch große Firmen, die im Besitz des Staates sind.

Vor Schwierigkeiten stehen besonders die altindustrialisierten Regionen mit Montan- und Textilindustrie, die sich durch folgende Merkmale auszeichnen: hohe Bevölkerungsdichte, hoher Anteil von Beschäftigten im sekundären Sektor und eine auf Industrie ausgerichtete Infrastruktur.

Die Überwindung dieser Strukturen stellt in den neuen Mitgliedsstaaten für den Staat, die Gesellschaft und die Menschen in den betroffenen Regionen eine Herausforderung, aber auch eine große Chance dar.

Polens EU-Beitritt erfolgte, als sein Transformationsprozess noch nicht ganz abgeschlossen war. Firmen, die gerade erst dabei waren, sich innerhalb des Landes eine Marktposition zu erobern, müssen sich nun auch der europäischen Konkurrenz stellen.

❷ *Export Polens 2002*

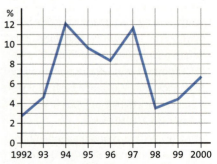

❸ *Anstieg der verkauften Industrieprodukte Polens im Vergleich zum Vorjahr*

Das Beispiel Oberschlesien

Tadeusz Kersinski ist 55 Jahre alt und war Stahlarbeiter. Bitter blickt er auf bessere Zeiten zurück: „Vor 30 Jahren hat das alles hier gebrummt. Stahl ohne Ende. Und im Vergleich zu anderen Arbeitern in Polen ging es uns gut. Und heute? Heute braucht man uns nicht mehr. Ich habe keine gute Ausbildung – war damals nicht nötig. Arbeiten reichte. Heute wollen sie Facharbeiter, Ingenieure. Ich kann da nicht mehr mithalten." Kersinski ist einer von vielen, die der Strukturwandel im Oberschlesischen Industriegebiet hart getroffen hat. Polens größtes Industriegebiet ist zugleich die bevölkerungsreichste Region. Auch wenn heute in diesem Raum noch viel produziert wird, stehen viele Menschen doch vor einer ungewissen Zukunft.

Bis 1989 wirtschafteten Staatsbetriebe ohne Rücksicht auf marktwirtschaftliche Grundsätze. Danach setzte ein rasanter Wandel ein. Teile der Betriebe wurden privatisiert, eigenverantwortliches Wirtschaften vorausgesetzt. Viele Fabriken arbeiteten nicht mehr wirtschaftlich, es kam zu zahlreichen Firmenpleiten und Zechenschließungen. Der Prozess hält noch an.

Weitere Schwierigkeiten dieses alten Industriegebietes sind:
– eine rückständige Verkehrsinfrastruktur
– Mängel im Hinblick auf moderne Telekommunikationsausstattung
– ein im Vergleich zu anderen Regionen rückständiges Bildungsniveau
– zahllose Bergschäden und starke Umweltbelastungen

Um die Modernisierung und damit eine Angleichung an die EU-Partnerländer voranzubringen, müssten dringend 1 bis 2 Mrd. Euro Kapital aufgewendet werden. Ohne Privatinvestoren aus dem Ausland ist das kaum möglich.

Hoffnung für Oberschlesien

Wird dieser in den Medien auch als „Katastrophengebiet" betitelte Raum den Anschluss an das moderne Europa schaffen?

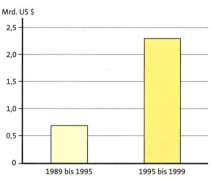

④ Ausländische Investitionen im Oberschlesischen Industriegebiet

Es gibt durchaus Ansätze zur Hoffnung. So ist ein starker Anstieg der Produktion von Konsumgütern zu beobachten. In einigen Bereichen wie bei der Herstellung von Baumaterialien oder Spezialbekleidungen (z. B. Schutzbekleidung) ist die Region wieder von landesweiter Bedeutung. Auch im Bereich der Umwelttechnik gibt es neue Impulse.

In der Stahlindustrie haben sich einige Betriebe entwickelt, die international konkurrenzfähig sind und moderne Produkte exportieren. Stark investiert hat die internationale Automobilindustrie. So steckte Fiat in den 1990er Jahren 1,3 Mrd. US Dollar in den Aufbau von Zweigstellen, Opel investierte in Gliwize (Gleiwitz) 500 Mio. US Dollar. Dies gab die Impulse für die Entwicklung von Zulieferindustrien und führte zur Schaffung von neuen Arbeitsplätzen.

1 Werte Karte 1 aus und erläutere den Stellenwert des Oberschlesischen Industriegebietes (GOP).

2 Vergleiche die Entwicklung Oberschlesiens mit der des Ruhrgebietes und Lothringens.

3 Vor welchen Veränderungen und Herausforderungen steht die Industrie Polens aufgrund der Transformationsprozesse und im Hinblick auf die EU-Mitgliedschaft?

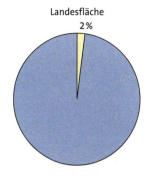
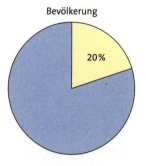
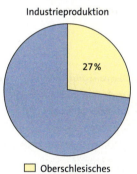
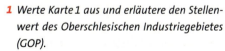

⑤ Anteil des Oberschlesischen Industriegebietes an Gesamtpolen 2002

⑥ Export von Gütern aus Polen (in Mrd. US $)

1990	14,8
1993	13,6
1995	25,0
1999	30,1

TERRAMethode

Polen – eine Raumanalyse

❶ Ökologisch bedrohte Gebiete

❸ Im Oberschlesischen Industriegebiet

❷ **Übergangsfristen zur Umsetzung von EU-Umweltrichtlinien (Auszug)**
- bis 2006: Reduzierung des Schwefelgehaltes in Flüssigtreibstoffen
- bis 2007: Richtlinie über gefährliche Substanzen in Oberflächengewässern
- bis 2007: Abfallverbringung (Glas, Papier, Plastik, Gebrauchtreifen)
- bis 2012: Deponierrichtlinie
- bis 2015: kommunale Abwasserrichtline

Problemfall Umwelt

Um die Natur in Polen ist es in weiten Teilen schlecht bestellt. Eine Bilanz der Umweltschäden ergab, dass etwa 10 % der Gesamtfläche, in denen ein Drittel der Bevölkerung lebt, zu „Gebieten ökologischer Bedrohung" gehören.

Lasten der Vergangenheit

Allzu sorglos war man im Zuge der Industrialisierung nach dem Zweiten Weltkrieg mit der Natur umgegangen. Luftbelastung, Wasserverschmutzung und Bodenverseuchungen wurden bei der wirtschaftlichen Entwicklung in Kauf genommen. Die Folgen heute sind fatal. So ist z. B. der Verschmutzungsgrad der Flüsse aufgrund fehlender Kläranlagen sehr hoch.

Beispiel Oberschlesisches Industriegebiet

Besonders stark sind die Umweltbelastungen im Oberschlesischen Industriegebiet. Die Luftbelastung erreichte in einigen Orten traurige Weltrekorde. Im Stadtgebiet von Zabrze „regneten" noch in den 1980er Jahren 1 000 bis 1 500 t Industriestaub jährlich auf einen Quadratkilometer nieder. Die Staub- und Gas-Emissionen im Gebiet um Katowice übertrafen den Landesdurchschnitt um fast das 20-fache.

Besonders kritisch ist der Zustand bei der Wasserversorgung. Schon von Natur aus gibt es Wasser nicht im Überfluss. Dazu kommt eine erhöhte Belastung durch ungeklärt eingeleitete Industrieabwässer. Das als Trinkwasser benötigte Oberflächenwasser wurde als gesundheitlich bedenklich eingestuft. Im Oberschlesischen Industriegebiet gibt es fast 50 % mehr Atemwegserkrankungen als im Landesdurchschnitt, die Krebsrate liegt um ein Drittel höher.

Die Umwelt fordert ihren Preis

Um die Umwelt für die Menschen wieder lebenswert zu machen, müssten nach Expertenberechnungen mindestens 80 Mrd. Euro aufgewendet werden. Diese Summen kann der polnische Staat nicht allein aufbringen. Polen hat mittlerweile zahlreiche europäische Abkommen unterzeichnet und wird finanziell unterstützt. Hinzu kommen Plä-

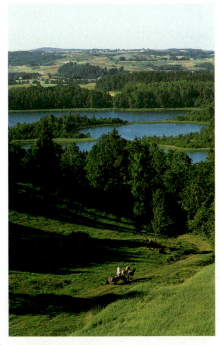

④ *Masurische Seenplatte*

⑤ *Generalplan der Ökoregion „Grüne Lunge"*

⑥ *Gesetzlich geschützte Gebiete von einzigartigem ökologischen Wert in Polen*

	1995	2000	2002
Gebiete in 1000 ha	8146,1	10163,8	10349,8
in % der Landesfläche	26,1	32,5	33,1

⑦ *Anzahl der Nationalparks in Polen*

	1995	2002
Nationalparks	20	23
Naturreservate	1122	1345
Parks	102	120

Emissionen
Ablassen oder Ausströmen fester, flüssiger oder gasförmiger Stoffe aus technischen Anlagen

ne, die Emissionen deutlich abzusenken und Verstöße gegen Umweltauflagen zu verfolgen und durch hohe Strafen zu ahnden.

„Grüne Lunge": intakte Umwelt erhalten

Nicht überall in Polen ist die Umweltsituation so katastrophal wie in Teilen des Südens und der Mitte. Von der Industrialisierung verschont blieb weitgehend der Nordosten, ein Gebiet, das 20 % Polens ausmacht.

Deshalb wurde für den Nordosten das Konzept „Grüne Lunge" ins Leben gerufen. Ziel ist es, die bestehenden Naturschutzgebiete zu erhalten, zu fördern und die Nutzung unter den Aspekt der Nachhaltigkeit zu stellen. Besonderes Augenmerk liegt auf der Schonung der landesweit bedeutenden Wasservorräte und der Waldbestände.

Ein Beispiel ist der Bialowieza-Nationalpark, eines der wenigen Urwaldgebiete Europas, welches von der UNESCO in den Rang eines „Weltreservats der Biosphäre" erhoben wurde. Bekannt geworden ist der Park durch die Wisente, die hier in freier Wildbahn leben. Hier wird die Natur weitgehend sich selbst überlassen. Ein Besuch ist nur unter strengen Auflagen möglich: Die gesondert markierten Wege dürfen nur zu Fuß in organisierten Gruppen unter der Leitung eines offiziellen Führers betreten werden.

1 Beschreibe die Umweltprobleme Polens.
2 Begründe die Übergangsfristen, die die EU Polen eingeräumt hat.
3 Erläutere mithilfe des Textes und der Karte 5 das Projekt „Grüne Lunge" und bewerte es.
4 Werte die Tabellen 6 und 7 aus.
5 Vor welchen Veränderungen und Herausforderungen steht der Umweltschutz aufgrund der Transformationsprozesse und im Hinblick auf die EU-Mitgliedschaft?

TERRAMethode
Polen – eine Raumanalyse

❶ Hohe Tatra

❹ Riesengebirge

Tourismus – Lichtblick für die Wirtschaft

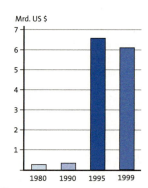

❷ Deviseneinnahmen Polens

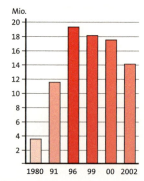

❸ Einreisende Touristen nach Polen

Für den Tourismus bedeutete der Umbruch 1989 einen starken Aufschwung. Mit dem Fall des „Eisernen Vorhangs" – so nannte man die Grenze zwischen den kommunistischen und den demokratischen Staaten – wurde Polen als Reiseland für alle Europäer interessant. Touristen aus Deutschland machen dabei mit etwa einem Drittel den größten Teil der Besucher aus.
Die Gründe der Besuche sind vielfältig: Touristen kommen in etwa zu gleichen Teilen zum Einkaufen, Ferien machen, geschäftlich oder um Verwandte und Freunde zu besuchen.

Europas Grenze hat Einfluss
Zukünftig, so die Prognosen, wird die Zahl der Touristen zwar nicht mehr wesentlich steigen, die Herkunftsländer der Besuchergruppen werden sich aber ändern.
Die östlichen Grenzen Polens sind mit dem Beitritt zugleich die Außengrenzen der EU. Das bedeutet, dass sie für die Besucher aus Russland, Weißrussland und der Ukraine weniger durchlässig werden. Somit entfällt ein großer Teil der Einkaufstouristen, von denen viele Händler im Grenzgebiet leben. Steigen wird dagegen die Anzahl der Urlauber aus den anderen EU-Staaten, wenngleich die Entfernungen aufgrund der peripheren Lage innerhalb der Europäischen Union für einige Länder groß sind.

❺ **Musik des Himmels, der Erde, des Wassers**
Masuren – das heißt Natur wie aus einem alten Bilderbuch: geheimnisvolle Wälder, erfrischende Seen, sanfte Hügel und verträumte Dörfer. Die erste Woche sind wir in einer kleinen, komfortablen, familiären Pension in Rydzewo, direkt am See mit eigenem Strand, untergebracht. Die zweite Woche verbringen wir in einer Pension in Muntowo direkt am Juksty-See (...). Die Schönheit und Ursprünglichkeit dieser Landschaft bietet eine traumhafte Kulisse für einen unvergesslichen Radurlaub.
Eine abwechslungsreiche Radtour in teilweise hügeligem Gelände, abseits der großen Straßen, auf kleinen Nebenstraßen, Wald- und Sandwegen (...)
Quelle: www.masuren.de

Hauptreiseziele sind die Strandbäder der Ostsee, die Seenplatte, die Karpaten und Sudeten sowie die historischen Städte. Auch die 23 Nationalparks locken große Touristenmengen an.

Erreichbarkeit verbessern
In der EU kümmert sich besonders die Arbeitsgruppe „Transport Infrastructure Needs Assessment (TINA)" um den Ausbau der Verkehrsnetze in den Beitrittstaaten. Den Bedarf für das im Vergleich zu den

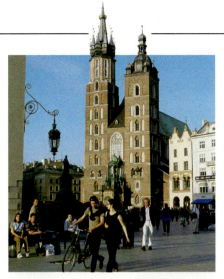
6 *Altstadt von Krakau: Weltkulturerbe*

8 *Wanderdünen im UNESCO-Schutzgebiet der Ostseeküste*

7 **Polens Städte – Magneten für den Fremdenverkehr**
Viele Touristen besuchen das Land nicht zuletzt wegen der Städte, deren Kernzonen aufwändig restauriert wurden, z. B.
- Warschau: Hauptstadt mit zahlreichen Museen und Sehenswürdigkeiten
- Krakau: alte Stadt an der Weichsel mit restaurierten Renaissance- und Barockbauten, viele historische Sehenswürdigkeiten
- Tschenstochau: Pilgerstadt mit Kirchen und Klöstern
- Danzig: Hafenstadt an der Ostsee
- Stettin: Polens „Tor zur Welt" mit vielen historischen Bauwerken, Schloss und Kathedrale

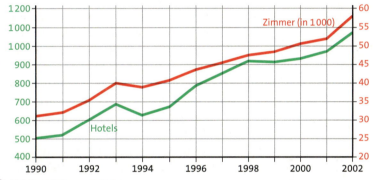
9 *Hotels und Zimmer in Polen*

EU-15-Staaten unterentwickelte Straßen- und Schienennetz Polens schätzt TINA auf 36,4 Mrd. Euro. Beihilfen der Europäischen Union gibt es, wenn Polen mindestens 1,5 % des BIP für die Verbesserung der Transportwege ausgibt. Dieser Verpflichtung kommt die Regierung nur zögerlich nach. Doch für einen wirtschaftlichen Aufschwung ist die Gewährleistung von Mobilität besonders bedeutsam. Hier haben die Transformationsstaaten, die neu zur EU hinzugekommen sind, noch Nachholbedarf.

1 Arbeite mit den Materialien: Mit welchen Angeboten wirbt Polen um Touristen?
2 Beschreibe mithilfe der Materialien, wie sich der Fremdenverkehr seit 1990 entwickelt hat.
3 Zeige auf, warum die EU dem Ausbau der Verkehrsinfrastruktur so hohe Bedeutung beimisst.
4 Beschaffe zum Thema „Städtetourismus" zu den in Text 7 genannten Städten Material für die Gestaltung einer Wandzeitung.
5 Atlasarbeit: Errechne die Entfernung von Düsseldorf nach Bialystok. Welche Urlaubsregionen sind ähnlich weit von Düsseldorf entfernt?
6 Erläutere die Chancen aus dem Transformationsprozess und der EU-Mitgliedschaft für den Fremdenverkehrssektor.

TERRAMethode

Polen – eine Raumanalyse

Prima Klima durch Jugendaustausch

Schul- und Städtepartnerschaften bilden ein wichtiges Element der Völkerverständigung. Gerade die historisch nicht vorbelastete junge Generation kann leichter vorurteilsfrei neue Kontakte knüpfen und emotionale Grenzen überschreiten, die durch eine teilweise blutige Vergangenheit entstanden sind. Regierungen von zwei Staaten schließen zu diesem Zweck Freundschafts- und Kooperationsverträge, aber dadurch kommen sich die Menschen der verschiedenen Nationen noch nicht näher. Solche Staatsverträge müssen deshalb auf verschiedenen Ebenen mit Leben erfüllt werden. Auf der Landkreis- und Städteebene geht man Partnerschaften ein, um sich in Verwaltungsfragen zu unterstützen oder sich gegenseitig zu helfen. Vereine suchen nach Partnern in anderen Ländern, weil sie über gemeinsame Interessen zur Völkerverständigung beitragen möchten. Schulen schließen sich mit europäischen Partnerschulen zusammen, um neben der sprachlichen Ausbildung durch Besuche und Gegenbesuche oder per e-mail auch interkulturelle Erfahrungen sammeln zu können. Nach den sehr guten deutsch-französischen Schüleraustauschprojekten wird dieses Beispiel nun auf den deutsch-polnischen Bereich ausgedehnt. Die ersten Erfolge sind vielversprechend.

Schnell aufgetaut trotz Schnee und Eis
Eine 20stündige Zugfahrt, ein wenig bekanntes Ziel – für die 12 Mädchen und Jungen ist ihre erste Reise nach Polen von Beginn an aufregend. Im Rahmen der seit 2001 bestehenden Partnerschaft zwischen dem Rhein-Erftkreis und dem Kreis Bielsko-Biala nehmen sie an einem Austauschprogramm teil und haben so die Gelegenheit, erstmalig Kontakte zum Nachbarland zu knüpfen. Das, was die 13- bis 17-jährigen Jugendlichen erleben, übertrifft alle ihre Erwartungen.

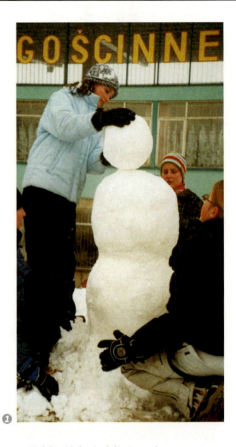

❶

In Bielsko-Biala sind die Besucher zusammen mit polnischen Jugendlichen untergebracht. „Es ist toll, wie die Teilnehmer versuchen, sich zu verständigen", so die Meinung. Ein wenig Englisch, ein wenig Deutsch und ein bisschen Hilfe der sprachkundigen Betreuer – nach kurzer Zeit klappt die Kommunikation, wenn auch manchmal „mit Händen und Füßen". Man tauscht sich über Popmusik aus und natürlich ist Fußball ein Thema. Es gibt viele Gemeinsamkeiten. So stellen die Jugendlichen fest, dass sie ganz ähnliche Zeitschriften lesen: Die typischen Teenie- und Fußballblätter haben ihre Pendants auch in Polen.

„Endlich mal richtiger Winter"
Für die nicht gerade schneeverwöhnten Rheinländer ist es ideal, dass es im Kreis Bielsko-Biala aufgrund der Nachbarschaft zu den Beskiden hervorragende Wintersportmöglichkeiten „vor der Haustür" gibt. Die Beskidy, eine Mittelgebirgslandschaft,

und die alpine Hohe Tatra sind das Zentrum der polnischen Wintersportaktivitäten. Die „Wintersporthauptstadt" ist Szczyrk, in deren Umgebung sich 60 Kilometer Skipisten, Schlepplifte, Sprungschanzen und vieles mehr für die Winterfreizeit finden. Ski- und Snowboard fahren, Abfahrten mit dem Schlitten und Schlittschuhlaufen auf blankem Eis – das hebt natürlich die Stimmung. „Beeindruckend ist besonders die Sprungschanze in Zakopane, so was kannte ich gar nicht", meint eine Teilnehmerin. Vielleicht bietet sich für die Jugendlichen die Gelegenheit, diese Region noch einmal im Sommer zu besuchen, denn die vier Nationalparks im Süden und Südosten umfassen einzigartige Naturlandschaften.

Auch bei den gemeinsamen „Indoor-Aktivitäten" stellen die Jugendlichen fest, dass sie einen sehr ähnlichen Geschmack haben, z. B. was die internationale Musik betrifft. Die akustischen Spezialitäten des jeweiligen Landes werden vorgestellt, wobei die Deutschen mit der polnischen Popmusik weniger Schwierigkeiten haben als die Polen mit rheinischen Karnevalsliedern.

Zu Besuch in Krakau

Auf dem Programm steht auch ein Besuch Krakaus, einer Stadt, die die Jugendlichen begeistert. Krakau gilt als eine der schönsten Städte Polens und blickt auf eine lange Geschichte zurück. Schon um das Jahr 1000 n. Chr. hatte sie Hauptstadtfunktion und seit dem späten Mittelalter war hier ein Zentrum von Kultur und Wissenschaft. Da die Gebäude der Stadt im 2. Weltkrieg nur wenig zerstört wurden, können heute Bauwerke aus den verschiedensten Epochen besichtigt werden, darunter allein 5 500 alte Bürgerhäuser, über 100 Kirchen und Kapellen und zahlreiche Residenzen und Paläste. 1978 wurde Krakau deshalb als erste europäische Stadt in die Liste des UNESCO-Weltkulturerbes aufgenommen. Der Hauptmarkt, einer der schönsten Plätze Polens, gefällt den Besuchern aus Deutschland besonders. Eine Besichtigung des Schlosses und der Kathedrale runden den Stadtbesuch ab. Am Ende sind sich alle einig: „Krakau ist super und wir hätten lieber noch mehr Zeit gehabt, um uns weiter umzuschauen."

Positive Nebenwirkungen

„Durch die gemeinsame Unterbringung und das abwechslungsreiche Programm können alle Teilnehmer prägende Erfahrungen sammeln. Vorurteile und Ängste werden sowohl bei Deutschen als auch bei Polen abgebaut", sagt Stefan Grimm, der Organisator der Fahrt. Das Programm hat besonders das Miteinander zum Ziel. Aber auch ungeplant gibt es gemeinsame Aktionen. So stellen zum Beispiel ein deutscher und ein polnischer Teilnehmer fest, dass sie beide den Judosport zum Hobby haben, und erarbeiten spontan eine länderübergreifende Vorstellung ihrer Sportart. „Ich fahre das nächste Mal wieder mit", ist sich der 16-jährige Carsten sicher. Gegenbesuche sind bereits geplant.

TERRATraining

Polen – eine Raumanalyse

① Polen und Tschechien im statistischen Vergleich

	Polen	Tschechische Republik
Einwohner (2003)	38,6 Mio.	10,2 Mio.
Bruttoinlandsprodukt (BIP, 2002)	189,0 Mrd. US $	69,5 Mrd. US $
Anteil primärer Sektor	3 %	4 %
Anteil sekundärer Sektor	31 %	40 %
Anteil tertiärer Sektor	66 %	56 %
Erwerbstätige in der Landwirtschaft (2003)	18 %	5 %
Erwerbstätige in der Industrie (2003)	29 %	40 %
Erwerbstätige in Dienstleistungen (2003)	53 %	55 %
Arbeitslosigkeit (2002)	19,8 %	7,3 %
Export (2003)	53,6 Mrd. US $	48,6 Mrd. US $
Import (2003)	68,0 Mrd. US $	51,1 Mrd. US $

1 Topografie
Arbeite mit Karte 2. Bestimme die Staaten, Städte, Gebirge und Landschaften, die Flüsse und das Meer.

2 Richtig oder falsch?
Bewerte die Richtigkeit der Thesen. Begründe deine Antwort mit einer kurzen schriftlichen oder mündlich vorgetragenen Stellungnahme.
a) Die Landwirtschaft in Polen ist überdurchschnittlich produktiv.
b) Für Polens Bauern ist die Zukunft ungewiss.
c) Im Verlauf des Transformationsprozesses ist das Oberschlesische Industriegebiet bedeutungslos geworden.
d) Polen hat beim Umweltschutz Aufholbedarf.
e) Die politische und wirtschaftliche Wende hat sich auf den Fremdenverkehr nicht ausgewirkt.

3 Polen und Tschechien
Analysiere Tabelle 1. Bewerte die wirtschaftliche Lage beider Länder und vergleiche ihre Startvoraussetzungen zur Zeit des Eintritts in die EU.

4 Gesucht: Die deutschen Namen von ...
Die Zahlen in Klammern beziehen sich auf die deutschen Namen und ergeben einen weiteren polnischen Städtenamen.

Katowice	(6)
Kraków	(3)
Opole	(5)
Gdańsk	(1)
Poznań	(4)
Szczecin	(7)
Wrocław	(1)
Warszawa	(8)
Toruń	(4)
Gliwice	(1)

5 Zum Knobeln
a) Warschau war nicht immer Hauptstadt Polens. Welche andere Stadt hatte diese Funktion über lange Zeit?
b) „Pro Europa Viadrina". Was steckt wohl dahinter?
c) Informiere dich über die Vereisung Europas während der Eiszeiten. Zeige mithilfe einer geeigneten Karte, welche Gebiete Polens durch die Vergletscherung geprägt wurden.
d) Nenne einen berühmten polnischen Wintersportort.
Nutze den Atlas und das Internet.

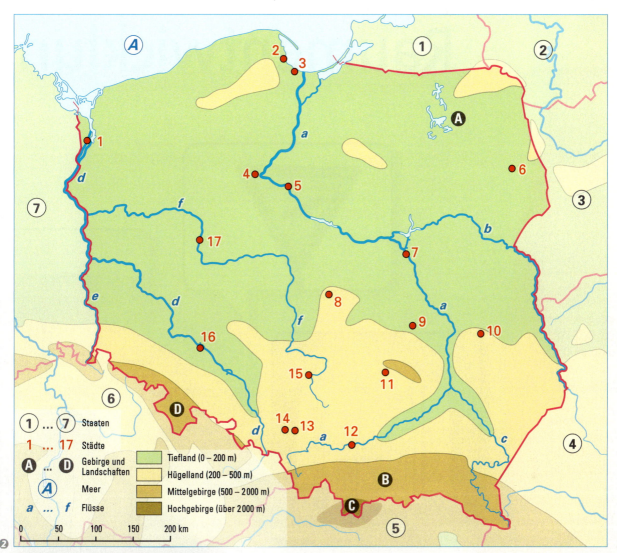

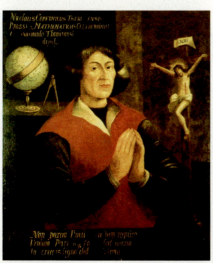

6 Ein Pole von Weltruf

Dieser berühmte polnische Gelehrte brachte ein ganz neues Licht in die Astronomie: Er sah in seinem heliozentrischen Weltbild die Sonne als Mittelpunkt des Planetensystems und löste damit die Vorstellung ab, dass die Erde der Mittelpunkt der Welt sei.
Recherchiere: Wie lautet sein Name? Wann lebte er und in welcher polnischen Stadt kann man sein Geburtshaus besichtigen? An welchem Fluss liegt diese Stadt?

Teste dich selbst
mit den Aufgaben 2 und 4.

Raumentwicklung

Ohne Planung wäre es nicht möglich, die Probleme der Zukunft zu bewältigen. Dies gilt im privaten Umfeld genauso wie für den Staat, der die Schaffung gleicher Lebensbedingungen im ganzen Land als eine seiner wichtigsten Aufgaben betrachtet. Die Raumentwicklung versucht auf sehr unterschiedliche Art und Weise, negative Entwicklungen zu vermeiden und positive zu verstärken.

Raumentwicklung

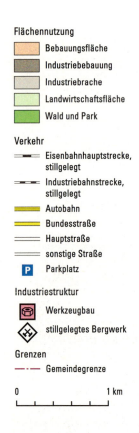
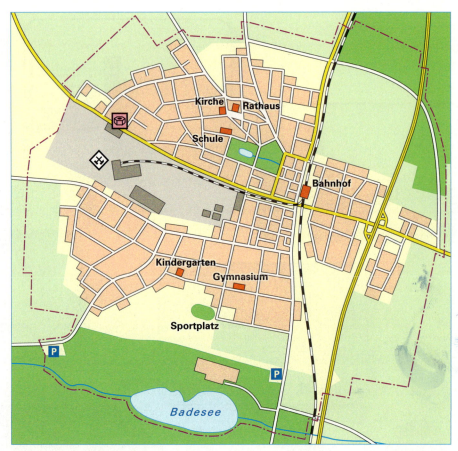

① *Gemeindegebiet von A*

Ein neues Gewerbegebiet entsteht

→ *Bürgerbeteiligung: Seiten 95 und 96*

Für fast alle Gemeinden ist die Schaffung neuer und der Erhalt vorhandener Arbeitsplätze eine der wichtigsten Aufgaben der letzten Jahre. Der Strukturwandel hat traditionelle Branchen vielerorts verschwinden lassen, während an anderer Stelle die Bemühungen der Kommunen um die Ansiedlung neuer Industrie- und Gewerbebetriebe erfolgreich waren. Fast immer müssen neue Flächen bereitgestellt werden, aber auch auf **Industriebrachen**, also auf den Flächen stillgelegter Betriebe, werden Firmen angesiedelt. In politischen Gremien wird beraten, wo zukünftige Industrie- und Gewerbeflächen liegen und welche Flächen der Wohnbebauung, der Erholung usw. vorbehalten bleiben. Das Ergebnis dieser Beratungen stellt der **Flächennutzungsplan** dar.

Bevor dieser seine Gültigkeit erlangt, haben die davon betroffenen Bürger das Recht, sich im Rahmen einer **Bürgerbeteiligung** zu den Planungen zu äußern. Nicht selten gehen ihre Anregungen in den fertigen Plan ein.

In Gemeinde A wird´s ernst
Ausgangssituation Gemeinde A:
– Die Gemeinde ist geprägt von über 100 Jahren Steinkohlenbergbau.
– Das Bergwerk, ursprünglich am Rand gelegen, bildet heute durch Verlagerung der Bebauung das Zentrum der Stadt.
– Die meisten Erwerbstätigen aus A und Umgebung sind vom Bergbau abhängig.
– Die gesamte Infrastruktur der Stadt ist auf einen Arbeitgeber ausgerichtet.
– Das Bergwerk wird geschlossen.

Herr Thielen, Bürgermeister
Vorteile seiner Stadt: gute Verkehrsanbindungen, zwei in Frage kommende Flächen für Gewerbeansiedlung: auf Industriebrache und in Autobahnnähe, Arbeitskräfte mit guter Ausbildung, Nähe zu einer Hochschule; weist auch auf Probleme hin: kaum Freiflächen, Eisenbahn stillgelegt

Frau Wirtz, Landespolitikerin
sagt Förderung des Landes für beide Flächen zu; weist darauf hin, dass in einem **Gewerbegebiet** keine erheblich durch Lärm oder Abgase störenden Betriebe angesiedelt sein dürfen, während dies in einem **Industriegebiet**, in dem jedoch keine Kleinbetriebe zugelassen sind, erlaubt ist; sagt Übernahme der Kosten für die Sanierung verunreinigten Bodens auf der Industriebrache zu

Herr Brandner, Lokalpolitiker
möchte keine Industrieruinen in der Innenstadt haben; möchte etwas für die ortsansässigen Unternehmer tun; möchte aber auch den Großbetrieb ansiedeln, um Arbeitsplätze zu schaffen

Frau Schaffrath, Vertreterin der Handwerker und Kleinbetriebe der Stadt
möchte wegen besserer Kundenkontakte für kleine und mittlere Betriebe Flächen in der Nähe der Innenstadt erschlossen haben; weist darauf hin, dass die Industriebrache ideale Voraussetzungen bietet

Herr Moll, Naturschützer
freie Flächen sind auf dem Gemeindegebiet kaum vorhanden; beste Bodenqualität für Landwirtschaft; dicht besiedelte Region, deshalb keine Ausweitung von Gewerbeflächen; schlägt Gewerbegebiet auf dem ehemaligen Zechengelände vor; regt Reaktivierung der stillgelegten Eisenbahnlinie an

Herr Nakamura, Vertreter des japanischen Großbetriebes
Firma braucht Fläche in der Nähe der Autobahn; bei wirtschaftlichem Erfolg der Ansiedlung werden weitere Flächen benötigt; daher Kaufoption erforderlich; lockt mit 800 Arbeitsplätzen und weist auf Steuereinnahmen der Gemeinde hin

Frau Mertens, Vertreterin einer Bürgerinitiative
Bürger hatten durch den Bergbau lange genug Unannehmlichkeiten; will Industriebrache zu einem Bürgerpark mit Spielplätzen umgestalten; glaubt, dass die Stadt dadurch an Attraktivität gewinnt; schlechtes Image durch die bisher im Stadtzentrum vorhandene Industrie wird verbessert

❷

- Für mehrere Tausend Beschäftigte müssen neue Arbeitsplätze geschaffen werden, meist in völlig anderen Branchen.
- Das Hauptproblem: Im Bergwerk waren die Arbeitsplätze unter Tage, nun müssen neue Flächen für Gewerbe oder industrielle Nutzung ausgewiesen werden.
- Ein japanischer Großbetrieb (Herstellung von Mikrochips) ist an einer Ansiedlung interessiert; Voraussetzung: Autobahnnähe.
- Innerhalb der Stadt werden auch Flächen für kleinere Gewerbebetriebe benötigt.
- Land und Bund sind bereit, Zuschüsse für die Erschließung neuer Gewerbeflächen zu zahlen.
- Der Stadtrat beschließt, wo diese Flächen liegen sollen. Vertreter von Stadt, Firmen, Politik, Naturschützer und Planer kommen in einer Sitzung zu Wort. Am Ende der Sitzung wird ein Beschluss gefasst.

1 Stelle die Notwendigkeit für die Erschließung neuer Industrie- und Gewerbeflächen in der Gemeinde A dar.

2 Beschreibe die Lage der beiden in Frage kommenden Flächen und nenne jeweils die Vor- und Nachteile.

3 Führt mit den vorhandenen Rollenkarten in der Klasse ein Planspiel durch, das zu einer Lösung der Situation führt.

Raumentwicklung

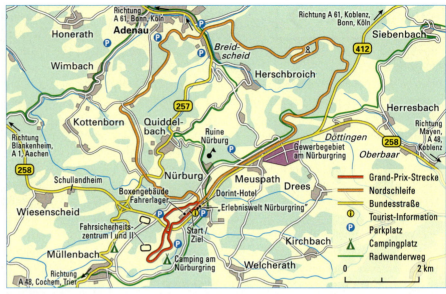

❷ Gelände des Nürburgrings

Arbeitsplätze durch Motorenlärm?

❶ **Gewerbepark am Nürburgring**

Gewerbefläche insgesamt: 20 ha, davon

Gewerbegebiet	14 ha
Industriegebiet	ca. 2 ha
Mischgebiet	ca. 2,5 ha
Sondergebiet	ca. 0,2 ha

– Anbindung an die Rennstrecke
– gute Verkehrsanbindungen
– voll erschlossene Grundstücke
– großes Arbeitskräftepotenzial
– hervorragende Erholungsmöglichkeiten in der schönen Eifellandschaft
– kostenlose umfassende Ansiedlungsbetreuung

Die Eifel mit ihren malerischen Burgen – eine ehemals reiche Region! Doch dieser Mittelgebirgsraum geriet ins Abseits. Arbeitsplätze sind heute rar, die Infrastruktur nur einer ländlichen Umgebung angepasst. Planung tut deshalb Not. Ohne staatliche Förderung würde sich die Strukturschwäche des Raumes weiter verstärken. Das **Raumordnungsgesetz** des Bundes bildet die Grundlage für Maßnahmen, die dies verhindern sollen. Die staatliche Förderung setzt bei den Stärken einer Region an. Dazu gehört ohne Zweifel in der Eifel die Automobilrennstrecke Nürburgring.

Raumplanung als Gemeinschaftsaufgabe

Der Nürburgring bietet ein Beispiel dafür, welches Ergebnis die Zusammenarbeit eines Bundeslandes mit einer Gemeinde haben kann. Rheinland-Pfalz hat als Hauptanteilseigner der Nürburgring GmbH Fördergelder für die Errichtung des Gewerbeparks am Nürburgring bereitgestellt. Bedingung war, dass sich nur Firmen ansiedeln dürfen, die in irgendeiner Form mit der Rennstrecke verbunden sind. Aber was würde passieren, wenn sich eines Tages der Rennsport aus der Eifel zurückzöge?

❸ **Auszüge aus dem Raumordnungsgesetz (ROG) des Bundes**

§ 1 Aufgabe und Leitvorstellung der Raumplanung

(1) Der Gesamtraum der Bundesrepublik Deutschland und seine Teilräume sind durch zusammenfassende, übergeordnete Raumordnungspläne und durch Abstimmung raumbedeutsamer Planungen und Maßnahmen zu entwickeln, zu ordnen und zu sichern.

(2) Leitvorstellung bei der Erfüllung der Aufgabe nach (1) ist eine nachhaltige Raumentwicklung, die die sozialen und wirtschaftlichen Ansprüche an den Raum mit seinen ökologischen Funktionen in Einklang bringt und zu einer dauerhaften, großräumig ausgewogenen Ordnung führt. Dabei sind (...) die natürlichen Lebensgrundlagen zu schützen und zu sichern,

die Standortvoraussetzungen für wirtschaftliche Entwicklungen zu schaffen,

die prägende Vielfalt der Teilräume zu stärken,

gleichwertige Lebensverhältnisse in allen Teilräumen herzustellen (...)

❹ Grüne Hölle kurbelt Wirtschaft an

„‚Der Nürburgring ist für unseren Kreis und darüber hinaus für die gesamte Eifelregion ein Wirtschaftsmotor, auf den wir nicht verzichten können.' Für Landrat Jürgen Pföhler gibt es keinen Zweifel, wenn es um die Bedeutung der bekanntesten Rennstrecke der Welt geht. Der Kreischef gerät geradezu ins Schwärmen.

Die Grüne Hölle entwickele eine enorme wirtschaftliche Power, bringe Millionen von Besuchern und mache den Kreis Ahrweiler weltweit bekannt. (…) Und weiter: ‚Der Kreis steht zum Nürburgring. Wir wissen, was wir an ihm haben.' Heute hält der Kreis einen Anteil von zehn Prozent an der Rennstrecke. 90 Prozent sind im Besitz des Landes Rheinland-Pfalz."

Quelle: Bonner Generalanzeiger, 16.7.2003

1 (Rohbau) Handel und Service von Motorrädern, Gastronomie
2 Halle für Testfahrten der Firma Alfa Romeo
3 Karosserie- und Fahrzeugbau
4 Kfz-Werkstatt für historische Fahrzeuge
5 Kfz-Lackiererei
6 Halle für Testfahrten der Firma Audi
7 Technik-Vermietung, Zeitnahme bei Rennen
8 Halle für Testfahrten der Firma Mercedes
9 Stahl- und Metallbau
10 Herstellung von Dreh- und Frästeilen für den Motorsport

❻ *Gewerbepark am Nürburgring*

❺ Sportwagenhersteller richtet unmittelbar am Eifelkurs ein Test- und Service-Center ein

„Die Firma Jaguar zieht in den Gewerbepark am Nürburgring bei Meuspath. Freilich siedelt der englische Autohersteller in der Eifel keine Produktionsstätten an, aber ein Testzentrum.

‚Denn hier gibt es etwas, das einzigartig auf der ganzen Welt ist: die Nürburgring-Nordschleife. Keine andere Strecke der Welt bietet solche Höhenunterschiede und Kurvenvarianten', schwärmte Jaguar-Testleiter Wolfgang Schuhbauer.

‚Wir werden hier Entwicklungsarbeit für Jaguar, aber auch andere Marken unseres Hauses wie Landrover und Aston Martin betreiben.' Einen Monat nach Jaguar, im April 2003, will auf dem Grundstück gegenüber die Firma Capricorn Eröffnung feiern. Auch das bislang in Mönchengladbach beheimatete Unternehmen aus dem historischen Motorsport will den Nürburgring als Teststrecke nutzen."

Quelle: Rhein-Ruhr Rundschau, 6.11.2002

❼ Von der Rennsport-Arena zum Freizeitzentrum

„Der Nürburgring ist nicht nur Rennstrecke. Mit zwei Fahrsicherheitszentren, der Grand-Prix-Strecke und der Nordschleife verfügt der Nürburgring über eines der weltweit größten Fahrtrainings-Zentren. Darüber hinaus hat sich die Anlage in der Eifel zu einem beliebten Freizeitzentrum gemausert. In dessen Mittelpunkt steht der Freizeitpark ‚Erlebniswelt'. Führungen über die Grand-Prix-Anlage, Touristenfahrten auf der Nordschleife, Rad- und Wanderwege sowie Erlebnisgastronomie runden das Angebot direkt am Ring ab."

Quelle: Tourist Information Bitburger Land

1 Beschreibe die Lage des Nürburgrings und suche nach Hinweisen auf die Strukturschwäche der Region.
2 Erläutere, welche direkten und indirekten Vorteile die Region aus dem Nürburgring zieht.
3 Überprüfe mithilfe des ROG, welche Ziele in der Eifel erreicht werden sollen.

❽ Besucherzahlen 2002 (in Mio.)

Münchener Oktoberfest	5,9
Kirmes Düsseldorf	4,0
Europa-Park Rust	3,6
Kieler Woche	3,0
Cannstadter Volksfest, Stuttgart	3,0
Autostadt Wolfsburg	2,1
Nürburgring	2,0
Christkindlesmarkt Nürnberg	2,0
Phantasialand Brühl	2,0

„Grüne Hölle" = Bezeichnung für den Nürburgring

TERRAMethode

Raumentwicklung

Statistische Angaben zählen zu den wichtigsten Grundlagen für die Informationsbeschaffung im Erdkundeunterricht. Sie sind sehr aufschlussreich, wenn man sie richtig zu lesen versteht. In kurzer Form können sie mehr aussagen als ein viel längerer Text. Allerdings führen sie auch in die Irre, wenn voreilige Schlüsse aus ihnen gezogen werden. Deshalb gilt es, beim Umgang mit Statistiken besonders sorgfältig zu sein.

Eine Statistik auswerten

Statistiken beruhen immer auf Zahlen, die in unterschiedlichen Formen wie z. B. Tabellen, Kurvendiagrammen, Schaubildern usw. dargestellt werden. Amtliche Statistiken sind im Allgemeinen sehr verlässlich. In Deutschland werden sie vom Statistischen Bundesamt und den Statistischen Landesämtern geführt. Sie bilden eine wichtige Grundlage für die Raumplanung.

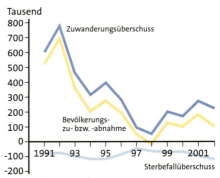

❷ **Bevölkerungsentwicklung in Deutschland 1991 – 2002**

Eine Statistik auswerten

1. Schritt: Inhalt beschreiben
Welcher Sachverhalt ist in der Statistik dargestellt? Meistens erkennt man dies an der Über- oder Unterschrift.

2. Schritt: Darstellungsart beschreiben
In welcher Form wird der Sachverhalt dargestellt (z. B. Kreis- oder Säulendiagramme)? Werden dadurch Vergleiche ermöglicht?

3. Schritt: Zeitraum angeben
Welcher Zeitraum ist dargestellt? Ist eine Entwicklung dargestellt? Wie groß sind die Zeitabschnitte? Sind sie gleich lang?

4. Schritt: Informationen über die Herkunft der Statistik sammeln
Ist die Herkunft der Daten angegeben? Wer hat die Daten ermittelt? Von wem wurden sie veröffentlicht? Sind die Daten verlässlich oder lässt die Herkunft vermuten, dass sie manipuliert sein könnten?

5. Schritt: Statistisches Material analysieren
Welche Angaben lassen sich vergleichen? Welche Besonderheiten treten auf? Gibt es Erklärungen dafür? Lassen sich Prognosen ableiten?

Werte die Statistiken nach den Schritten 1–4 aus. Für Schritt 5 kannst du die folgenden Hilfsfragen nutzen.

1 Grafik 2:
a) Kläre die Begriffe Zuwanderungsüberschuss und Sterbefallüberschuss.
b) Begründe, warum sich die Kurve der Bevölkerungszunahme bzw. -abnahme immer leicht unterhalb der Kurve des Zuwanderungsüberschusses bewegt.
c) Erläutere, was auf Dauer in Deutschland geschehen würde, wenn die Zuwanderung unter etwa 100 000 Personen sinkt.

2 Tabelle 3:
a) Vergleiche die Zahlen der Lebendgeborenen mit denen der Gestorbenen. Was lässt sich aus diesem Vergleich ablesen?
b) Was ergibt insbesondere ein Vergleich zwischen einzelnen Bundesländern, z. B. zwischen Nordrhein-Westfalen und Mecklenburg-Vorpommern?
c) Lässt sich eine Rangfolge feststellen?
d) Setze die Ergebnisse in Bezug zu den Gesamteinwohnerzahlen der Bundesländer.
e) Setze erneut eine Rangfolge fest und vergleiche mit deinen Aussagen in Aufgabe 2b. Beachte auch hier besonders die Bundesländer Nordrhein-Westfalen und Mecklenburg-Vorpommern.

3 Grafik 2 und Tabelle 3:
a) Stelle die Entwicklung der Einwohnerzahlen in Deutschland und in einigen ausgewählten Bundesländern grafisch dar. Versuche, Gemeinsamkeiten und Unterschiede herauszufinden und daraus Gruppen zu bilden.
b) Bilde eine Hypothese zu den Ursachen dieser Entwicklung und suche nach Möglichkeiten, deine Vermutung zu überprüfen.
c) Vergleiche insbesondere die Entwicklung in Berlin und Brandenburg und suche nach einer Erklärung hierfür.
d) Inwiefern ergänzt Grafik 2 die Aussagen über die Veränderung der Bevölkerungszahlen in den Bundesländern?

4 Stelle die Aussagen zu den statistischen Angaben in einem Kurzvortrag zusammen und wähle dafür einen geeigneten Titel.

5 Tabellen 4: Erläutere, inwiefern Statistiken die Realität verfälschen können, wenn die Darstellung nicht die notwendigen Zusammenhänge erfasst.

❸ **Bevölkerung (in 1 000) und Bruttolöhne in Deutschland 2002**

	Einwohner (1991)	Einwohner	Lebendgeborene	Gestorbene	Bruttolöhne und -gehälter, Veränderung zum Vorjahr*
Deutschland	79 984,2	82 474,7	719	842	+0,7
Baden-Württemberg	9 899,2	10 630,9	100	95	+1,1
Bayern	11 526,4	12 355,7	114	120	+1,6
Berlin	3 438,8	3 389,5	29	33	−0,3
Brandenburg	2 562,0	2 586,9	18	26	−0,7
Bremen	682,5	660,7	5	8	+0,3
Hamburg	1 660,7	1 726,0	16	18	+0,3
Hessen	5 795,7	6 083,6	55	60	+0,6
Mecklenburg-Vorpommern	1 907,7	1 753,0	13	17	−0,5
Niedersachsen	7 426,7	7 970,0	73	84	+1,2
Nordrhein-Westfalen	17 423,2	18 060,2	163	188	+0,7
Rheinland-Pfalz	3 788,7	4 049,8	35	43	+0,9
Saarland	1 074,7	1 065,1	8	12	−0,9
Sachsen	4 721,6	4 366,4	32	50	+0,2
Sachsen-Anhalt	2 849,1	2 565,2	18	30	+0,0
Schleswig-Holstein	2 635,8	2 809,5	25	30	+0,5
Thüringen	2 591,4	2 402,3	17	26	−0,4
alte Bundesländer (ohne Berlin)	61 913,6	65 411,6			+0,9
neue Bundesländer (ohne Berlin)	14 631,8	13 673,7			−0,2

*Unter Bruttolohn versteht man das Arbeitsentgelt vor Abzug von Steuern und Sozialversicherungsbeiträgen.

❹ **BSP 2000 (in Mio. US $)**

Luxemburg	18 439
Nigeria	32 705
Singapur	99 404

BSP pro Kopf 2000 (in US $)

Luxemburg	42 060
Nigeria	260
Singapur	24 740

Surftipps
www.destatis.de
(Statistisches Bundesamt)
www.lds.nrw.de
(Landesamt für Datenverarbeitung und Statistik NRW)

Raumentwicklung

❶ Strand von Heiligendamm

❸ Beherbergungsstätten in Meckl.-Vorpommern

	1995	1997	1999	2001
Hotels	362	447	492	515
Pensionen	208	280	330	214
Vermieter von Ferienhäusern und Ferienwohnungen*	324	493	695	1026

* Ein Vermieter kann mehrere Einheiten besitzen.

❹ Herkunft der Gäste 2001 (in 1 000)

Deutschland	4 359,4
Ausland	175,4

In Meck-Pomm tut sich was!

Im Jahre 1793 entstand Heiligendamm als erstes deutsches Seebad und erlebte in den Folgejahren eine Blütezeit. Besonders der Adel schätzte die erholsame Ostseeluft und die wunderbaren Strände. Die „Weiße Stadt am Meer" entwickelte sich zu einer einzigartigen Mischung aus Hotels, Bade- und Gesellschaftshäusern. Nach Jahren des Stillstandes, in denen der noble Badeort zu einer Geisterstadt herabsank, versucht man nun, an diese Tradition anzuknüpfen. 3000 Investoren glauben an die Zukunft Heiligendamms und haben mehr als 200 Mio. Euro in den Bau eines Nobelhotels investiert. Gäste zahlen dort 300 Euro pro Übernachtung. So werden einerseits über 200 Dauerarbeitsplätze geschaffen. Andererseits beklagen Einheimische, dass eine Art Disneyland für Reiche entstanden sei.

Surftipp
www.statistik-mv.de
(Statistisches Landesamt Mecklenburg-Vorpommern)

Raumentwicklung
Die räumliche Struktur der Bundesrepublik Deutschland zeichnet sich durch ein Nebeneinander von Verdichtungsräumen und großen zusammenhängenden ländlichen Räumen aus. Große Teile Mecklenburg-Vorpommerns zählen zu den **strukturschwachen ländlichen Räumen** mit sehr starken Entwicklungsproblemen, in denen die Wirtschaftsstruktur schwach ist und Nachteile der Versorgung mit Waren und Dienstleistungen festzustellen sind. Das Wirtschaftswachstum hängt vom jeweiligen Potenzial des Raumes ab. Dazu gehören eine günstige Lage zu den Verdichtungsräumen, Vorhandensein von Siedlungsfläche, gute Umweltbedingungen, Potenziale für Freizeit und Erholung.
Andere Faktoren können sich entwicklungshemmend auswirken: eine unzureichende technische und soziale Infrastruktur, ein eingeschränktes Angebot im öffentlichen Personennahverkehr, ein unzureichendes wirtschaftliches Wachstum und damit verbunden hohe Arbeitslosigkeit, geringe Investitionstätigkeit, Abwanderung junger und qualifizierter Bevölkerung.

Wirtschaftliche Lage
Wanderungsverluste und Rückgang der Geburten, ein kontinuierlicher Rückgang der Erwerbstätigenzahl und die Zunahme der Arbeitslosigkeit sowie der Zahl der Sozialhilfeempfänger, ein Rückgang des BIP sowie die geringste Industriedichte aller Bundesländer kennzeichnen Mecklenburg-Vorpommern. 83 % der Gewerbeanmeldungen entfielen 2002 auf Handel, Verkehr, Gastgewerbe und andere Dienstleistungen. Im tertiären Sektor nahm die Wirtschaftsleistung 2002 um 2,5 % zu. Während die Erwerbstätigkeit insgesamt zurückging, erhöhte sie sich im Bereich von Handel, Gastgewerbe, Verkehr und sonstigen Dienstleistungen.

❺ Beherbergungsstätten in Ferienregionen 2001

Reisegebiet	Anzahl
Rügen / Hiddensee	640
Vorpommern	825
Mecklenburgische Ostseeküste	518
Westmecklenburg	209
Mecklenburgische Schweiz und Seenplatte	423

❻ Übernachtungen je 1 000 Einwohner

1995	1997	1999	2000	2001
5 435	6 385	8 700	10 229	11 170

Verkehrsplanung als Entwicklungsmotor

Seit 2005 ist der Ostseeküstenraum Mecklenburg-Vorpommerns durch die 323 km lange Autobahn A 20 erschlossen. Damit soll das strukturschwache und dünn besiedelte Bundesland in das europäische Verkehrsnetz eingebunden werden. Geplant ist die Entwicklung neuer Industrie- und Produktionsstandorte entlang dieser Verkehrsachse. Gleichzeitig werden die Ostseehäfen und die Urlaubsinsel Rügen besser an das Hinterland angebunden. Die Raumplaner erwarten entscheidende Impulse für den Tourismus.

Der Müritz-Nationalpark

Der 318 km² umfassende Müritz-Nationalpark ist Teil der Mecklenburgischen Seenplatte, die vor 12 000 Jahren in der Eiszeit entstand. 65 % der Fläche des Nationalparks sind von Wald bedeckt. Die über 100 Seen nehmen 12 %, Moore 8 %, Wiesen und Weiden 6 % und Ackerflächen 3 % ein. Viele vom Aussterben bedrohte Pflanzen und Tiere finden hier ideale Lebensbedingungen.

Neben dem Naturschutz soll der Nationalpark auch zur Erholung und Freizeitgestaltung seiner Besucher dienen. Dazu wurde ein umfangreiches Wander- und Radwegenetz aufgebaut. Auf zwei Gewässerstrecken kann man den Park mit dem Boot durchqueren. Kutschfahrten, naturkundliche Führungen und Exkursionen zu einem der größten Kranichrastplätze Deutschlands bilden vielfältige Möglichkeiten.

❼ Nationalpark in Gefahr

„Auf dem Landesparteitag in Neustrelitz forderte der BUND die Regierungspartei auf, die im Koalitionsvertrag auf Bundesebene vereinbarte Überprüfung des geplanten Bombodroms in der Kyritz-Ruppiner Heide bei der Bundesregierung einzufordern. Verteidigungsminister Struck will noch in diesem Monat die Erlaubnis für die ersten Bombenabwurftrainings geben. Allein im Müritz-Nationalpark brüten 15 Seeadlerbrutpaare, 18 Fischadlerbrutpaare, 60 Kranichbrutpaare. Hinzu kommen ca. 7 000 rastende Kraniche. Der gesamte Nationalpark ist internationales Vogelschutzgebiet. Betroffen sind jedoch auch mehr als 2 050 Dauerarbeitsplätze im einzigen Wachstumssektor der Wirtschaft des Landes: im Tourismus."

Quelle: http://vorort.bund.net

1 Nenne die Faktoren, die Mecklenburg-Vorpommern als strukturschwachen ländlichen Raum kennzeichnen.

2 Beschreibe das naturräumliche Potenzial dieses Raums und seine Eignung für eine touristische Nutzung.

3 Vergleiche die Entwicklung in Heiligendamm mit der im Müritz-Nationalpark.

4 Erläutere die Bedeutung des Tourismus für die Zukunft des Landes Mecklenburg-Vorpommern.

❽ Mecklenburgische Seenplatte

– über 4 Mio. Besucher im Jahr
– zahlreiche gastronomische Einrichtungen
– 26 Hotels, 20 Ferienhaussiedlungen, 33 Campingplätze
– 4 Schifffahrtslinien, 9 Charterunternehmen, 7 Kanureiseunternehmen, 6 Radreiseunternehmen

Raumentwicklung

② *Tagebau Frimmersdorf-Südfeld bei Kaster*

Und alles wegen der Kohle!

Der Bagger kommt! Für viele Menschen bedeutet das den Verlust ihrer Heimat. Etwa 80 Ortschaften und Ortsteile sind in den letzten 60 Jahren im Rheinischen Braunkohlenrevier umgesiedelt worden. Warum? Im Untergrund befindet sich Braunkohle, einer der wichtigsten fossilen Energieträger Deutschlands. 27 000 Menschen mussten bisher dem Tagebau weichen und es werden noch mehr werden. Denn der Braunkohlentagebau wandert. Unaufhörlich fressen sich die Schaufelräder weiter, transportieren Förderbänder den Abraum in die bereits ausgekohlten Gebiete, wo er von Absetzern wieder verfüllt wird und wo nach einigen Jahren eine künstliche Landschaft entstanden sein wird. Ist ein Tagebau ausgekohlt, bleibt allerdings ein Restloch übrig.

Die Kohle wird an Ort und Stelle in Kraftwerken verbrannt, denn ein Transport lohnt wegen des hohen Wassergehalts und des geringen Heizwertes nicht.

Veränderung der Landschaft

Kein anderer Industriezweig führt zu einer solch weit reichenden Veränderung der Landschaft wie die Gewinnung von Braunkohle im Tagebau. Das Wandern der Betriebsfläche stellt die Planer vor verantwortungsvolle Aufgaben. Menschen und Ortschaften müssen umgesiedelt und die ausgekohlten Flächen wieder hergestellt werden. **Rekultivierung** nennt man die land-, forst- und wasserwirtschaftliche Neugestaltung der ehemaligen Tagebaufläche. Meist werden die verschiedenen Formen kombiniert. Eine Landschaft vom Reißbrett entsteht, die oft noch nicht einmal vom Relief her mit der früheren übereinstimmt.

Ortschaften weichen

„Kaster hat Glück gehabt. Im Gegensatz zu uns in Lich-Steinstraß verloren die Bewohner nicht ihre Heimat. Bei uns haben nach und nach Nachbarn, Lebensmittelgeschäfte, die Bäckerei, die Dorfkneipe und schließlich der Pfarrer das Dorf verlassen. Zum Schluss wa-

Kaum zu glauben
Mit einer Fläche von 85 km² und einer Tiefe von 450 m ist der Braunkohlentagebau Hambach bei Jülich „das größte Loch der Welt"!

❸ *Kaster nach der bergbaulichen Nutzung*

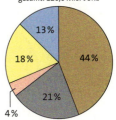

❺ *Anteil der Energieträger in Deutschland 2002 an ...*

a) Primärenergiegewinnung
gesamt: 126,6 Mio. t SKE

- 44 %
- 21 %
- 4 %
- 18 %
- 13 %

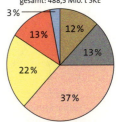

b) Primärenergieverbrauch
gesamt: 488,5 Mio. t SKE

- 12 %
- 13 %
- 37 %
- 22 %
- 13 %
- 3 %

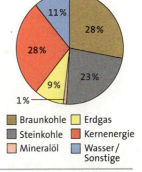

c) Stromerzeugung
gesamt: 581,0 Mrd. kWh

- 28 %
- 23 %
- 9 %
- 28 %
- 11 %
- 1 %

■ Braunkohle ■ Erdgas
■ Steinkohle ■ Kernenergie
■ Mineralöl ■ Wasser/Sonstige

ren nur noch Landwirte übrig, bis auch diese von dem teilweise jahrhundertelang in Familienbesitz befindlichen Grund und Boden Abschied nehmen mussten. Das Dorf wurde an einen neuen Standort umgesiedelt, dessen Name identisch mit dem alten Ortsnamen ist und der als neuer Ortsteil am Rande Jülichs entstand. Schmucke Einfamilienhäuser, Kindergärten, Grundschule – alles vorhanden. Nur nicht die heimatliche Atmosphäre! Die Landwirte erhielten meist zusammenhängende Ackerflächen und einen modernen Hof auf der Rekultivierungsfläche statt wie früher im Ort selbst. Die Umsiedlung verlief auch bei uns nach einem Plan, gegen den man als Betroffener so gut wie machtlos ist!" (Walter Sch., Umsiedler aus Lich-Steinstraß)

❹ **Braunkohlenplanverfahren und Umsiedlung**

Bergbauunternehmen	regionale Planungsbehörde	Bürger / Gemeinde
– stellt Antrag auf Abbau von Braunkohle (Grundlage: Bundesberggesetz von 1980 und Landesplanungsgesetz für NRW von 1989)	– prüft Antrag, stellt Braunkohlenplan auf	– Anregungen und Bedenken, Einsprüche
– Kauf von Flächen	– öffentliche Auslegung des Plans in den betroffenen Gemeinden	– Standortentscheidung für neuen Standort
– Beginn des Abbaus	– Überprüfung der Einsprüche, Bearbeitung der Anregungen und Bedenken	– Bürgerbeteiligung
– Kaufverhandlungen mit Hauseigentümern	– Genehmigung durch die Landesplanungsbehörde	– Ratsbeschluss
– Abbruch verlassener Ortschaften	– stellt Umsiedlungsplan auf	– Wertermittlung und Verkauf des alten Anwesens
	– stellt Bebauungsplan auf	– Neubau, Umzug
	– genehmigt Bebauungsplan	

Raumentwicklung

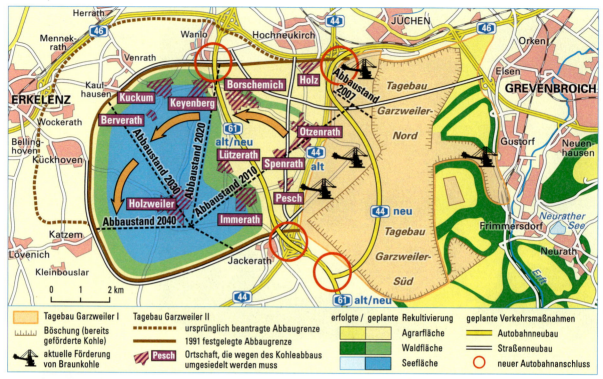

6 *Tagebaue Garzweiler I und II*

7 *Immerrather Windmühle – ein Symbol des Widerstandes*

Garzweiler II – ein Streitfall

In Ostdeutschland wurde der Braunkohlentagebau teilweise eingestellt. Gründe dafür waren veraltete und umweltbelastende Kraftwerke, schwefel- und sandreiche Kohle sowie schwierige Abbaubedingungen. Im dichter besiedelten Rheinischen Braunkohlenrevier hingegen werden weitere Flächen für den Tagebau erschlossen, z. T. gegen den erbitterten Widerstand der Bevölkerung und von Umweltgruppen.

Als Mammutprojekt wird der Braunkohlentagebau Garzweiler II häufig bezeichnet. 1,3 Mrd. t Braunkohle lagern in bis zu 30 m mächtigen Flözen in einer Tiefe von bis zu 210 m. Der Vorrat reicht bis zum Jahr 2045. 6,5 Mrd. m³ Erdmassen müssen abgetragen werden, um an die Lagerstätten heranzukommen. Am Ende soll ein 185 m tiefer Restsee entstehen. Seine Befüllung wird voraussichtlich 40 Jahre dauern.

8 Chronologie

August 1987: Rheinbraun reicht Plan ein: Fläche 65 km², etwa 11 800 Umsiedler
Ende 1989: Naturschutzverbände erhalten einen Sitz im Braunkohleausschuss
September 1991: Reduzierung des Plangebietes um ein Drittel
Sommer 1993: 19 000 Einwendungen von Bürgern gegen den Plan
Dezember 1994: Landesregierung erklärt nach einer Erörterung mit den Beteiligten alle Einwendungen für irrelevant
März 1995: Genehmigung
seitdem: zahlreiche Klagen vor Gerichten, Baubeginn 2006?

Noch nie war der Widerstand gegen einen Tagebau im Rheinischen Braunkohlenrevier so stark wie in diesem Fall. Trotzdem hat die Landesregierung 1995 den Abbauplan genehmigt. Braunkohle sei als sicherer, kostengünstiger, heimischer Energieträger in der Zukunft unverzichtbar.

⑨ Landinanspruchnahme durch Braunkohlentagebau 2002

Revier	Landinanspruchnahme insgesamt in ha	Betriebsfläche (Abraum, Kohle, Kippe) in %	Rekultivierte Fläche in %				
			insgesamt	Land-wirtschaft	Forst-wirtschaft	Wasser-flächen	Sonstiges
Rheinland	28 392,3	31,8	68,2	34,6	26,8	2,8	4,0
Helmstedt	2 625,7	46,2	53,8	22,3	19,5	2,1	9,9
Hessen	3 460,8	2,1	97,9	52,5	20,2	19,2	5,9
Bayern	1 803,0	0,3	99,7	6,6	52,9	37,9	2,4
Lausitz	80 831,0	42,5	57,5	11,5	34,7	4,4	6,8
Mitteldeutschland	47 458,4	31,9	68,1	21,5	24,0	17,1	5,5
Deutschland	164 571,2	36,3	63,7	19,4	29,9	8,4	5,9

⑩ **Gegner**
- Fast 8 000 Menschen müssen umgesiedelt werden, ohne dass ihnen eine begründete Notwendigkeit vermittelt werden kann.
- Das Grundwasser der ganzen Region muss abgesenkt und weiter nördlich wieder eingebracht werden, um Schäden für wertvolle Feuchtbiotope und Ökosysteme zu vermeiden. Enorme ökologische Zerstörungen sind durch die Senkung der gesamten Grundwasservorräte der Region zu erwarten.
- Eine Reihe von Gutachten verweist auf ungelöste soziale, ökologische und wasserwirtschaftliche Probleme. Unter anderem ist nicht klar, woher das Wasser für die Befüllung des Restlochs kommen soll und ob dieses nicht eventuell das Grundwasser der ganzen Region negativ beeinflussen könnte.
- Bei effizienterer Kraftwerksnutzung kann so viel Energie eingespart werden, dass kein neuer Tagebau notwendig ist.

⑪ **Befürworter**
- Noch nie ist ein vergleichbares Vorhaben so umfassend wissenschaftlich untersucht worden. Der Braunkohlenbergbau bringt Probleme mit sich, aber es besteht die Chance zu Lösungen, die auch unter Umwelt- und Sozialaspekten verantwortbar sind.
- Garzweiler II ist kein neuer Tagebau, sondern er ersetzt nur den auslaufenden Tagebau. Es muss Vorsorge getroffen werden für eine zukünftige Energieversorgung.
- Im Rheinland leben 100 000 Menschen vom Industriezweig Braunkohle. 9 000 Arbeitsplätze hängen unmittelbar von der Realisierung von Garzweiler II ab.
- Rheinbraun hat ein Konzept zur Stabilisierung des Grundwasserniveaus in schützenswerten Feuchtgebieten erarbeitet.
- Die neue Landschaft nach Abschluss des Bergbaus wird ökologisch und gestalterisch wertvoll sein …

Surftipp
Materialien zum Referat findest du beim Bundesverband Braunkohle (DEBRIV), www.braunkohle.de

1 Lege eine Tabelle mit Vergleichsaspekten für die beiden Luftbilder von Kaster an.
2 Vorschlag für ein Referat: Braunkohle – Entstehung und Förderung.
3 Beschreibe den Verlauf der 1991 für Garzweiler II festgelegten Abbaugrenzen und vergleiche mit den beantragten Grenzen.
4 Erläutere die Beteiligungsmöglichkeiten der Bürger im Braunkohlenplanverfahren.
5 Suche im Atlas die in Tabelle 9 genannten Braunkohlenreviere und beschreibe deren Auswirkungen auf die Landschaft.
6 Bildet zwei Gruppen. Eine sammelt Argumente für die Seite des Bergbauunternehmens, eine für die der Umsiedler. Diskutiert miteinander und versucht, die jeweils andere Seite von euren Argumenten zu überzeugen.

Raumentwicklung

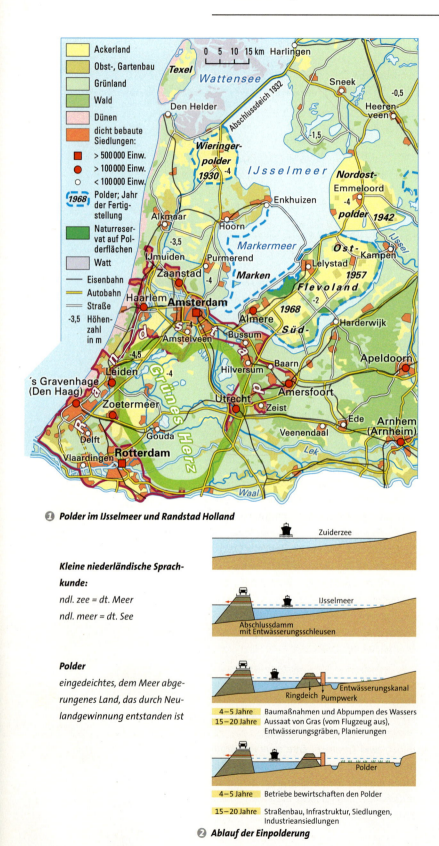

Raumordnung in den Niederlanden

471 Einwohner leben in den Niederlanden auf einem Quadratkilometer. In der sogenannten Randstad Holland, einer halbkreisförmigen Agglomeration mit den Städten Amsterdam, Rotterdam, Den Haag und Utrecht, beträgt die Einwohnerdichte über 1 000 Einwohner je km². Die Randstad umschließt wie ein Ring das „Grüne Herz", ein vorwiegend ländliches Gebiet. Natürlich zieht es viele Menschen aus den Städten aufs Land, so dass dem „Grünen Herzen" die Zersiedlung droht. Doch die niederländische Raumordnung hat sich zur Aufgabe gemacht, das dünn besiedelte Gebiet zu erhalten. Aber wohin mit den Städtern aus Amsterdam und Umgebung? Die Lösung zeichnet sich durch ein gigantisches Planungswerk ab, das die Geographie der Niederlande grundlegend veränderte.

Landgewinnung und Küstenschutz

„Die Götter schufen alle Länder außer Holland – das haben die Holländer selbst gemacht", so die Niederländer. Sie schützen nicht nur durch Deichbau ihr Land vor Sturmfluten, sondern verwirklichen seit Jahrhunderten Pläne, um gleichzeitig Raum und zusätzliche landwirtschaftliche Nutzfläche für die rasch anwachsende Bevölkerung zu schaffen. Dies geschah vor allem durch den Bau von Pol-dern auf ehemaligem Meeresboden.

Der Wasserbauingenieur Cornelis Lely entwickelte konkrete Pläne für das Abriegeln und die Trockenlegung der Zuiderzee, die ab 1927 verwirklicht wurden. Seit der Fertigstellung des Abschlussdeiches heißt die Zuiderzee IJsselmeer. Die so verkürzte Küstenlinie schützt besser vor Sturmfluten. Aber das IJsselmeer verlor seine Verbindung zur Nordsee und damit die Fischer ihre Existenzgrundlage. Wo sie früher ihre Netze auswarfen, pflügen nun Traktoren und grasen Kühe.

Raumplanung im Nordostpolder

Nur selten konnten Planer auf solch großen Flächen wie den Poldern ihre Vorstellungen von idealer Raumplanung umsetzen. Manchmal realisierten sie dabei Modelle, die vorher nur in der Theorie bestanden. Der deutsche Geograph Walter Christaller hatte 1933 in Süddeutschland seine Theorie der Zentralen Orte aufgestellt. Er untersuchte einen besiedelten Raum und stellte dabei fest, dass es in bestimmten Abständen Orte gab, die für den sie umgebenden Raum Güter und Dienstleistungen bereitstellten. Er unterschied zentrale Orte höherer und niedrigerer Stufe, je nach der Exklusivität des Warenangebotes und der Dienstleistungen. Für Güter und Dienstleistungen des täglichen Bedarfs legt ein Verbraucher nur kurze Wege zurück. Daher findet man solche Angebote in den Orten der untersten Zentralitätsstufe, den **Unterzentren**, während die selten nachgefragten nur an wenigen, weiter voneinander entfernten Orten einer höheren Zentralitätsstufe erhältlich sind, den **Mittelzentren** oder den **Oberzentren**.

In den Niederlanden war man überzeugt, dass sich die Erkenntnisse Christallers auch auf einen neu zu planenden Raum anwenden ließen und überzog den Nordostpolder mit einem System von Siedlungen unterschiedlicher Zentralität. Tatsächlich sind die Grundstrukturen der Idee Christallers bis heute erhalten.

Den neu entstandenen Siedlungen allerdings merkt man ihre Entstehung auf dem Reißbrett an. Nichts erinnert an den Charme niederländischer Fischerdörfer. Entfernungen spielen heute eine geringere Rolle als zur Zeit Christallers. Deshalb verlieren die Dörfer im Nordostpolder an Bevölkerung und der Ort Emmeloord hat die geplanten 10 000 Einwohner schon längst überschritten.

Neue Konzepte

Völlig umplanen musste man jedoch Lelys Konzept von der Einpolderung des Markermeer-Polders. Der Deich zwischen Lelystad und Enkhuizen quer über das IJsselmeer, der die Nordostgrenze des geplanten Polders markieren sollte, war bereits gebaut, als eine heftige Diskussion über den wirtschaftlichen und den ökologischen Sinn des Projektes einsetzte. Die niederländische Landwirtschaft erzeugte Überschüsse, die Bevölkerung wuchs nur noch langsam. Aus Gründen des Naturschutzes und der Erhaltung von Wasserflächen für Freizeitsportler wurde der Plan 1991 schließlich aufgegeben.

Auch der zuletzt gebaute Polder Süd-Flevoland wurde umgeplant, allerdings nur seine Nutzung betreffend. Und dadurch ergibt sich nun die Lösung für die Raumnot im nördlichen Teil der Randstad Holland.

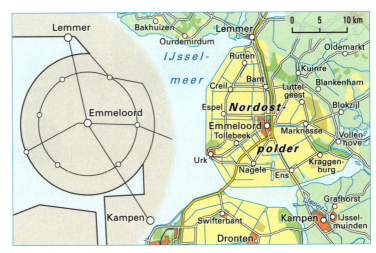

❸ *Modell (nach Christaller) und Karte des Nordostpolders*

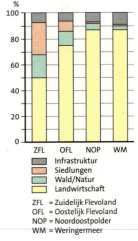

❹ *Poldernutzung*

1 Beschreibe den Ablauf der Einpolderung im IJsselmeer und erläutere die Veränderung in der Nutzung der Polder.
2 Vergleiche das Modell Christallers mit der Karte des Nordostpolders (Material 3).
3 Beschreibe Lösungen für die Probleme des nördlichen Teils der Randstad Holland.
4 Ist die Veränderung von Raumordnungsplänen ein Zeichen für mangelnde Fachkenntnisse? Begründe deine Meinung.

Raumentwicklung

① Anwesen in Sizilien

Italien – zwei Paar Schuhe im Stiefel

Prachtvolle Modemeilen in Mailand, tolle Strände an der Adria, faszinierende Architektur in den Städten, Auto-Edelfabrikate – wer hat nicht solche Vorstellungen von Italien? Dieses einseitige Bild ist jedoch trügerisch, denn der scheinbare Glanz kennt auch eine Kehrseite der Medaille.

Der Geschichte und Natur auf der Spur
Vor allem die Geschichte und die Natur des Landes haben zu unterschiedlichen Entwicklungen zwischen Italiens Norden und dem Süden, dem Mezzogiorno, geführt. Schon mit dem Ende des Römischen Reiches kam es zu einer Spaltung des Landes, die sich über Jahrhunderte zu einem wirtschaftlichen und soziokulturellen Gegensatz zwischen Nord und Süd ausweitete. Nach der Gründung Italiens im Jahre 1860 erfolgte im Norden eine Industrialisierung, während der Süden an seiner für den Mittelmeerraum typischen landwirtschaftlichen Grundausrichtung festhielt. Diese Ungleichheiten zwischen dem Norden und dem Mezzogiorno werden als **regionale Disparitäten** bezeichnet.

Mezzogiorno
(ital. = Mittag)

Im Gegensatz zum recht zentral gelegenen Norden des Landes hatte der Mezzogiorno zweifelsohne immer mit seiner **peripheren Lage**, also der großen Entfernung vom wirtschaftlichen Zentrum des Kontinents, zu kämpfen. Disparitäten zwischen Nord und Süd zeigen sich u. a. hinsichtlich der landwirtschaftlichen Produktionsbedingungen. So wirken sich heiße, trockene Sommer im Süden ebenso erschwerend aus wie der hohe Anteil von Starkregenfällen. Diese Faktoren sowie die Abholzung von Wäldern durch den Menschen führten vielerorts zur Abtragung des Bodens im Mezzogiorno. Nicht zuletzt trugen bestimmte gesellschaftliche Einflüsse, vor allem die Dominanz der Mafia in einigen Bereichen des öffentlichen Lebens, zu fehlgeleiteten Entwicklungen des Südens bei.

„Erste Hilfe" für den Mezzogiorno
Den enormen regionalen Disparitäten zwischen Nord und Süd wurde im 20. Jahrhundert zunehmend Beachtung geschenkt. So wurde im Jahre 1950 vom Staat die Südkasse, die Cassa per il Mezzogiorno, eingerichtet. Mit ihrer Hilfe sollten insbesondere durch die Bereitstellung von Infrastruktur, Investitionszuschüssen und Steuererleichterungen die Produktionsbedingungen im Sü-

② BIP und Arbeitslosigkeit in den Regionen Italiens

den verbessert werden. In den 1960er Jahren wurde mit Unterstützung der Südkasse in Tarent ein staatliches Stahlwerk gebaut. Von hier sollten Entwicklungsimpulse für die ganze Region ausgehen. Das Stahlwerk sorgte zwar tatsächlich für die Ansiedlung einiger Folgeindustrien, dennoch steht das „Projekt Tarent" für eine weitgehend einseitige Ausrichtung auf die Erzeugung von Stahl. Für diesen gab und gibt es jedoch, fernab wirtschaftlicher Zentren und wachsender Metropolen, keinen hinreichend großen Absatzmarkt.

Was bringt die Zukunft?
Für die künftige Entwicklung des Mezzogiorno werden die Erfolge beim Ausbau eines fortschrittlichen Dienstleistungssektors sowie bei der Ansiedlung zukunftsfähiger **footloose-Industrien** von Bedeutung sein. Footloose-Industrien sind deshalb für den Mezzogiorno wichtig, weil sie nicht auf die Verfügbarkeit von Rohstoffen angewiesen sind. In Catania auf Sizilien hat sich bereits ein Mobilfunkanbieter niedergelassen. Die Schere zwischen Nord und Süd klafft jedoch immer noch weit auseinander. Um sie zu schließen, müssen die staatlichen und EU-finanzierten Fördermittel in zukunftsweisende Projekte investiert werden.

1 Skizziere dein typisches Italienbild in Form einer Mindmap.
2 Beschreibe das Ungleichgewicht zwischen Nord und Süd und erkläre vor diesem Hintergrund den Titel der Seite sowie den Buchtitel „Christus kam nur bis Eboli".
3 Vergleiche die Position Italiens in der EU (Strukturdaten im Anhang) mit der Stellung der Regionen innerhalb Italiens.
4 Erstelle ein Wirkungsgefüge zu den Ursachen der Disparitäten in Italien.
5 Bewerte die Fördermaßnahmen für den Mezzogiorno. Erkläre auch, warum das Industrieprojekt von Tarent als „Kathedrale in der Wüste" bezeichnet wird.

Zur Information
Der italienische Autor Carlos Levi schrieb nach dem Zweiten Weltkrieg ein Werk über die Rückständigkeit des italienischen Südens: „Christus kam nur bis Eboli".

→ TERRATraining

Raumentwicklung

Wichtige Begriffe
Bürgerbeteiligung
Flächennutzungsplan
footloose-Industrie
Industriebrache
Mittelzentrum
Oberzentrum
periphere Lage
Raumordnungsgesetz
regionale Disparitäten
Rekultivierung
Statistikauswertung
strukturschwacher
  ländlicher Raum
Unterzentrum

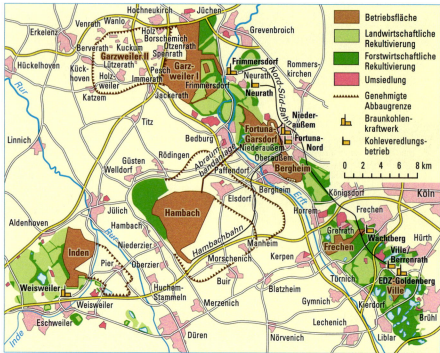

❶ Rheinisches Braunkohlenrevier

1 Braunkohle verändert Landschaft
Arbeite mit Karte 1.
Schreibe zu jedem Braunkohlentagebau auf, welche landschaftsverändernden Prozesse dort im Zusammenhang mit dem Abbau von Braunkohle stattgefunden haben bzw. stattfinden, z. B. Umsiedlungen, Bau von Kraftwerken usw. Unterscheide zwischen ehemaligen und jetzigen Abbaubetrieben.

2 Zum Knobeln
Arbeite mit Karte 1.
a) Verfolge den Verlauf der Autobahnen im Bereich des Tagebaus Hambach und des Tagebaus Garzweiler II und ziehe Rückschlüsse.
b) Verfolge den Verlauf der Erft in der Nähe von Bedburg. Schreibe deine Beobachtungen auf.
c) Begründe, warum eine Abraumbandanlage vom Tagebau Hambach nach Fortuna Garsdorf führt.
d) Finde heraus, welchem Zweck die Nord-Süd-Bahn und die Hambachbahn dienen.
e) Die Einstellung der Bewohner aus Brühl gegenüber dem Braunkohlentagebau hat sich verändert. Begründe.

3 Braunkohle in Ost und West
Beschreibe die Entwicklung der Braunkohlenförderung in Deutschland (Grafik 5). Unterscheide dabei nach den Abbaugebieten und formuliere eine Prognose für die zukünftige Entwicklung.

4 Planung auf allen Ebenen
Ordne die in diesem Kapitel vorgestellten Themen den Ebenen der Raumplanung in Deutschland (Grafik 4) zu.
a) Planung eines Gewerbegebietes
b) Tourismusförderung in Mecklenburg-Vorpommern
c) Gewerbeansiedlung am Nürburgring
d) Umsiedlung und Rekultivierung im Rheinischen Braunkohlenrevier

❷ **Zentrale Orte**
In der Raumordnung unterscheidet man zentrale Orte verschiedener Stufen:
Unterzentren umfassen einen Versorgungsbereich von mindestens 5 000 Einwohnern. Sie verfügen über Gemeindeverwaltung, Post, Bank, Grund- und Hauptschule, Allgemeinarzt, Apotheke, Geschäfte zur Grundversorgung sowie Handwerks- und Dienstleistungsbetriebe für den täglichen Bedarf.
Mittelzentren, meist Kreisstädte, decken den kurz- bis mittelfristigen Bedarf und haben einen Einzugsbereich von 20 000 bis 100 000 Menschen. Dort gibt es Krankenhäuser, höhere Schulen und Berufsschulen, Fachärzte, Notare, Anwälte, Steuerberater, Kinos, kulturelle Angebote, größere Sportanlagen und vielseitige Einkaufsmöglichkeiten.
Oberzentren decken den mittel- bis langfristigen, spezialisierten Bedarf für selten nachgefragte Güter für einen Versorgungsbereich von mehr als 100 000, in der Regel sogar mehr als einer Million Einwohnern. Hier finden sich Theater, Museen, besondere Warenhäuser, Regionalbehörden, Hauptsitze von Banken, Spezialkliniken, Universitäten sowie Fach- und Hochschulen.

❸ **Flächennutzung in Deutschland seit 1950 (Angaben in %)**

	BRD				DDR	Deutschland		
Jahr	1950	1970	1981	1989	1989	1989	1997	2001
Siedlung und Verkehr	7,1	9,3	11,1	12,2	9,9	11,6	11,8	12,4
Landwirtschaft	57,3	55,7	55,2	53,7	57,0	54,7	54,1	53,5
Wald	28,4	28,9	29,5	29,8	27,5	29,1	29,4	29,5
Wasser	1,8	1,8	1,7	1,8	2,9	2,1	2,2	2,3
Sonstiges	5,4	4,3	2,5	2,5	2,7	2,5	2,5	2,3

Bundesraumordnungsprogramm
Seit 1975 Programm für die großräumige Entwicklung des Bundesgebietes.

↓

Landesplanung
Aufstellung von Landesentwicklungsplänen durch die Länder.

↓

Regionalplanung
Pläne, die die Ebene der Landesplanung mit der kommunalen Planung verbinden. Sie bilden die Grundlage für die Verwirklichung von Zielen der Landesplanung.

↓

Ortsplanung/Stadtplanung
Pläne für die Gemeinden und Städte, im Sinne einer Bauleitplanung. Dazu gehören Flächennutzungspläne und Bebauungspläne.

Teste dich selbst mit den Aufgaben 3 und 4.

❹ **Ebenen der Raumplanung in Deutschland**

5 Flächennutzung in Deutschland
Beschreibe die Entwicklung der Flächennutzung in Deutschland (Tabelle 3) und leite daraus Aufgaben für die Raumplanung ab.

6 Zentrale Orte
Nenne Beispiele für zentrale Orte in deiner Schulumgebung und ordne sie den Zentralitätsstufen zu. Nutze Text 2 und den Atlas.

7 Raumplanung in Europa
Formuliere mögliche Ziele der Raumplanung in den Niederlanden (IJsselmeer und Randstad Holland) sowie in Italien (Mezzogiorno).

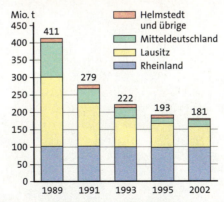

❺ **Braunkohlenförderung in Deutschland**

Städte neu denken

Regensburg mit seinem historischen Stadtkern, der von neueren Stadtvierteln umgeben ist, bietet aus der Vogelperspektive ein schönes Bild. Das Wachstum vieler Städte führte allerdings zu Fehlentwicklungen. Probleme wie Verkehrsbelastung, Wohnungsnot oder -leerstand, Zersiedlung oder zu große Dichte stellen die moderne Stadtplanung vor große Aufgaben. Sollen Städte zukünftigen Anforderungen genügen, heißt es: Städte neu denken!

Städte neu denken

Bebaute Fläche
- Paris Cité (Kernstadt)
- Petite Couronne (Innerer Ring)
- Grande Couronne (Äußerer Ring)

❶ **Paris und sein Umland**

❷ *La Défense*

Entlastung für Paris

„Delouvrier, bringen Sie mir Ordnung in das Chaos!" lautete 1960 der Auftrag des damaligen französischen Staatspräsidenten de Gaulle an seinen Raumordnungsexperten. Der Grund: Paris platzte aus allen Nähten. Denn seit der Französischen Revolution 1789 werden in Paris alle politischen, sozialen, kulturellen und wirtschaftlichen Entscheidungen getroffen und den Departements wird so gut wie keine Entscheidungsfreiheit gelassen. Solch ein **Zentralismus** als Leitprinzip der staatlichen Ordnung wird nirgendwo auf der Welt so gepflegt wie in Frankreich. Und dort, wo die Macht ist, konzentriert sich auch das übrige Leben.

Bis 1960 wurde der Konzentrationsdruck auf das Stadtzentrum so groß, dass Wohnungsnot, unermessliche Mietpreise, Verkehrschaos, Umweltbelastungen und Standortprobleme für Verwaltungen, Industrie und Gewerbe kaum noch zu bewältigen waren. Delouvrier erarbeitete daraufhin zwei Maßnahmen.

La Défense

Eine war die Planung neuer Verwaltungsviertel, um Büro- und Dienstleistungszentren aus der Innenstadt fernzuhalten und am Stadtrand anzusiedeln. La Défense am westlichen Ende der Champs Elysées, der Hauptachse von Paris, ist eins von sieben solcher Zentren. Fast 10 000 Wohnungen und rund 500 Industrie- und Handwerksbetriebe wurden abgerissen und umgesiedelt, um auf etwa 750 ha Fläche das neue Verwaltungsviertel entstehen zu lassen.

Doch das jetzige Areal reicht noch nicht aus. Ein weiterer Büroturm mit 400 m Höhe soll gebaut und das Viertel auf der Hauptachse um 3,3 km nach Westen verlängert werden. Über eine halbe Million Beschäftigte des Staates, die Verwaltungen aller größeren Industriebetriebe und Transportunternehmen, der Handelsgesellschaften, Banken und Versicherungen benötigen Bürofläche.

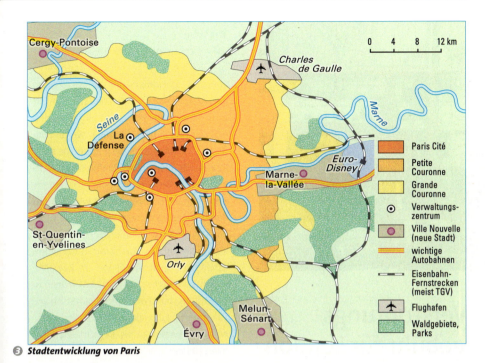

❸ *Stadtentwicklung von Paris*

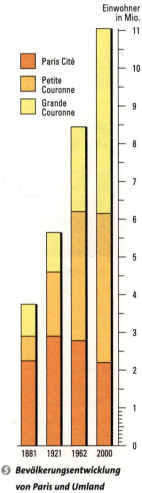

❺ *Bevölkerungsentwicklung von Paris und Umland*

Villes nouvelles

Zum anderen sollte die Bedeutung von Paris abgeschwächt und die Stadt selbst entlastet werden. Dazu wurden in den Außenbereichen der Grande Couronne jeweils an den wichtigen Verkehrs- und Entwicklungsachsen der Île de France fünf so genannte villes nouvelles – **Entlastungsstädte** – gegründet. Ausgestattet mit allen städtischen Funktionen und attraktiven Strukturen wie z.B. Ausbildungsstätten von Kindergärten bis zur Hochschule, Einkaufszentren mit differenziertem Warenangebot oder Freizeiteinrichtungen sollten diese neuen Städte Unternehmen und Bewohner des Zentrums zum Umzug ins Umland bewegen.

Tatsächlich gelang es, in diesen neuen Städten Zuzüge aus anderen Teilen Frankreichs aufzufangen und auch Gewerbebetriebe anzusiedeln. EuroDisney ist mit etwa 20 000 neuen Arbeitsplätzen ein gelungenes Beispiel. Die Hauptstadt konnte auf diese Weise spürbar entlastet werden. Da die villes nouvelles aber innerhalb der Grande Couronne errichtet wurden, führte diese Maßnahme eher zur Stärkung der Metropolregion und damit zur Stärkung des Zentralismus.

❹ *Frankreichs Verkehrsnetz*

1 Erkläre mithilfe des Verkehrsnetzes die zentrale Bedeutung von Paris und den daraus entstandenen Bevölkerungsdruck.

2 Beschreibe die beiden Maßnahmen von Delouvrier und begründe deren Notwendigkeit.

3 Begründe die Lage der neuen Verwaltungszentren und der villes nouvelles.

4 Vergleiche die Erwartungen und die tatsächlichen Folgewirkungen der villes nouvelles. Nutze Grafik 5 und Tabelle 6.

❻ *Entwicklung der villes nouvelles*

	1968	1999
Einwohner	251 800	658 000
Arbeitsplätze	64 900	265 000

ville nouvelle = neue Stadt

Städte neu denken

❶ Unterwegs in London

Verstopfungs- gebühr für London

❷ **Anti-Stau-Prämie**
Eine Studie zeigt, dass in Wien jeder Pendler 240 Stunden pro Jahr im Stau steht. Dies verursacht jährliche Staukosten von 1,84 Mrd. €.
Der Österreichische Verkehrsclub schlägt eine Maut für die Stadteinfahrt nach Wien vor. Ein Teil der Einnahmen soll als Anti-Stau-Prämie an alle gezahlt werden, die den ÖPNV benutzen.

New Towns
Nach dem Zweiten Weltkrieg suchte London einen Weg, mit seinen großstädtischen Problemen fertig zu werden. In einer Entfernung von 40–50 km jenseits des Grüngürtels um London wurden **New Towns** mit folgenden Hauptzielen gegründet: 1. Aufhalten der beginnenden Zersiedlung des Stadtrandgebietes; 2. Auffangen des Londoner Bevölkerungsüberhangs und der Zuwanderungen in den Großraum; 3. Zurückdrängen der beginnenden Verkehrsbelastung.
Dazu wurden die New Towns mit allen städtischen Funktionen für jeweils 50 000 Menschen geplant. Hier kann man wohnen und in Gemeinschaft leben, sich versorgen, arbeiten, Bildungs- und Freizeitangebote finden und Verkehrseinrichtungen nutzen.
Nur: Die City of London mit 324 000 Arbeitsplätzen im Dienstleistungsbereich und Inner London mit weiteren Arbeitsplätzen versorgen auch viele Menschen der New Towns mit Arbeit. Dadurch ist das Verkehrsproblem bis heute so verschärft worden, dass London erneut nach Lösungen suchen muss.

❸ **The Tube**
„Mind the gap! (...) Um halb sechs beleben sich die Schächte und Bahnsteige von 275 Stationen – die älteste U-Bahn der Welt erwacht. Der Londoner Untergrund saugt die Menschen zu Tausenden ein, um sie ein paar Kilometer weiter wieder aus den Waggons zu spucken. Die stählernen Schienenstränge laufen durch weitverzweigte Betonröhren, die größtenteils noch vor 1918 fertiggestellt wurden und denen die U-Bahn ihren Spitznamen ‚Tube' (Röhre) verdankt. Pendlerströme bewegen sich Richtung City, Rushhour in der englischen Metropole: Transport im Zwei-Minuten-Takt, täglich steigen 2,8 Millionen in die Underground und hoffen pünktlich anzukommen. Für viele Londoner ist die Underground ein Ärgernis. Regelmäßig sorgt das 140 Jahre alte Verkehrsmittel für Negativschlagzeilen. Die Tube verfällt. Missmanagement, mangelnde Wartung und veraltete Technik machen die U-Bahn zu einem unzuverlässigen Transportmittel. Ausgefallene Züge und gesperrte Linien sind an der Tagesordnung und verursachen in der Rushhour immer wieder Chaos. (...) Tragischer Höhepunkt der Pannenserie: das große Feuer in Kings Cross, 1987, bei dem 31 Menschen umkamen, weil es an Notausgängen mangelte. Eine weggeworfene Zigarette setzte eine Holzrolltreppe in Brand. Seitdem herrscht Rauchverbot, und erst nach dieser Katastrophe wurde damit begonnen, alle 408 Holzrolltreppen durch sicherere Modelle aus Stahl und Aluminium zu ersetzen. London Underground – die Verwaltung des Mangels.

(...) Während die Öffentlichkeit darüber streitet, wie die U-Bahn vor dem Verfall zu retten ist, rücken jede Nacht Hunderte von Wartungstrupps aus, um das marode System am Laufen zu halten: eine Sisyphusarbeit. (...)"

Quelle: Spiegel online 2003

④ Main mode of travel (in %) and travel time to work (in minutes) 2001

	Central London		Rest of Inner London		Outer London	
	%	min	%	min	%	min
Car & Van	12	51	38	38	68	31
Motorbike	2	42	2	34	1	30
Bicycle	2	32	3	27	2	19
Bus & coach	9	48	13	42	11	37
National Rail	40	71	16	68	4	57
Underground	32	49	17	54	4	53
Walk	3	21	11	15	10	13
Total ø	100	ø57	100	ø43	100	ø31

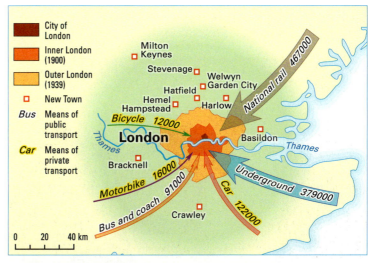

⑥ Morning commuters to Central London, 7:00 – 10:00 (2001)

⑤ What is congestion charging?

„Congestion charging is a way of making sure that those using important and congested road space pay for using the roads. It encourages the use of other types of transport and is also intended to make sure that, for those who have to use the roads, journey times are quicker and more reliable.

The London concept requires drivers to pay £5 per day if they wish to continue driving in central London between 7 a.m. and 6.30 p.m. (...)

The following explains why the Mayor has decided to introduce congestion charging in central London.

– London suffers the worst traffic congestion in the UK and amongst the worst in Europe.
– Drivers in central London spend 50% of their time in queues.
– Every weekday morning, the equivalent of 25 busy motorway lanes of traffic tries to enter central London.
– Experts think that London loses between £2–4 million every week in terms of lost time caused by congestion.

Not surprisingly, Londoners say congestion is one of the biggest problems facing the capital.

Studies have shown that Londoners do not want to see congestion blocking roads, threatening businesses and damaging London´s status as a well-known and growing world city. (...)

Apart from congestion charging, the Major´s Transport strategy will also include other helpful advice with which public transport can be made easier, cheaper and more reliable."

Quelle: www.cclondon.com/whatis.shtml

Congestion charging – 6 month on

„The success of this concept means that the heart of our Capital is now a better place to work and to visit."

Quelle: www.tfl.gov.uk/tfl/press-realeases/2003/october/press-818.shtml

Hard to believe

There used to be beautiful flowers every summer next to the underground track approaching Northfields (Piccadilly Line). This so took the fancy of one young driver that he stopped his train short of the station one evening and collected several of the flowers to take home to his new wife.

congestion charging = Verstopfungsgebühr
reliable = zuverlässig
require = verlangen
queue = Schlange

---

1 Write down the reasons for congestion charging.
2 Bietet der ÖPNV attraktive Alternativen? Nutze Karte und Tabelle.
3 Nenne die Unterschiede zwischen der Verstopfungsgebühr in London und dem Wiener Modell.

TERRAMethode

Städte neu denken

❶

„Des Geographen Anfang und Ende ist und bleibt das Gelände", lautet ein alter Spruch unter Geographiestudenten. Die Erklärung ist einfach: Geographie ist eine Raumwissenschaft. Sie erforscht den Raum, indem Daten und Fakten in Feldarbeit, also vor Ort, erhoben werden. Methoden dazu können z. B. Zählung, Messung, Kartierung oder Befragung sein.

Die Schule öffnen: Feldarbeit

In London wurden die Informationen u. a. durch Zählungen gewonnen, deren Ergebnisse du z. B. in Tabelle 4 auf Seite 89 dargestellt findest. Auch in eurer oder in einer nahe gelegenen Stadt könnt ihr Feldarbeit wie etwa Verkehrszählungen durchführen.

Eine Feldarbeit durchführen
1. Schritt: Problem wahrnehmen und formulieren
Meist nehmt ihr das Problem aufgrund eurer Erfahrungen und Beobachtungen wahr. Formuliert das Problem.

2. Schritt: Hypothese bilden
Die Wahrnehmung und Problemformulierung lässt euch vermuten, warum dies so ist. Bildet daraus eine Hypothese.

3. Schritt: Daten erheben
a) Entscheidet, welche Informationen ihr benötigt, um die Hypothese zu überprüfen.
b) Wählt eine geeignete Methode zur Datenerhebung oder Informationsbeschaffung aus.
c) Erhebt die Daten vor Ort.

4. Schritt: Ergebnisse darstellen und auswerten
Erstellt aus den Daten anschauliche Grafiken, Tabellen, Schaubilder, Berichte o. ä. Wertet sie dann aus.

5. Schritt: Hypothese überprüfen
Anhand der erhobenen und verarbeiteten Daten überprüft ihr, ob die Hypothese angenommen werden kann. Wenn sie falsch ist, müssen zur Erklärung des Problems weitere Hypothesen gebildet und überprüft werden.

6. Schritt: Ergebnis nutzen
Überlegt, ob und wie ihr das gewonnene Ergebnis präsentieren und nutzen könnt (Stadtverwaltung, Presse, Ausstellung ...).

Zeit	Fahrzeug mit 1 Person	2 Personen	3 Personen	4 Personen	Summe
8:00–8:09	|||| |||| |||| ||	/		/	19
8:10–8:19	|||| |||| |||| ||	//		/	20
8:20–8:30	|||| |||| |||| ||||	/	//		23
Summe	54	4	2	2	62
10:30–10:39	|||| ||	//	/	//	12
10:40–10:49	|||| ////	/		/	11
10:50–11:00	|||| |||| /	//	/	/	15
Summe	27	5	2	4	38
15:30–15:39	|||| |||| |||| /	//	/		19
15:40–15:49	|||| |||| ///	/		/	15
15:50–16:00	|||| |||| |||| ///	/	/		20
Summe	47	4	2	1	54
Gesamtsumme	128	13	6	7	154

❷ *Protokoll einer Verkehrszählung*

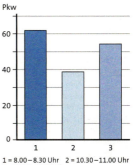

❹ *Pkw in den drei Zeiträumen*

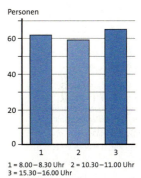

❺ *Beförderte Personen in den drei Zeiträumen*

Anwendung: Verkehrszählung

Stellt zu einem bekannten Verkehrsproblem überprüfbare Hypothesen auf, z. B.:
1. Die Einfallstraßen in unsere Stadt werden am stärksten genutzt zwischen 7:00–9:00 Uhr und 15:00–17:00 Uhr.
2. Die Phase des Einpendelns ist kürzer als die des Auspendelns.
3. An Regentagen ist der Morgenverkehr zu unserer Schule stärker als an Tagen ohne Regen.
4. Es werden weniger Schüler zur Schule gebracht als von der Schule abgeholt.

Um diese Hypothesen überprüfen zu können, nehmt ihr zu bestimmten Tageszeiten Zählungen an einer Straße vor. Die Ergebnisse lassen sich im Allgemeinen auf andere Einfallstraßen übertragen.

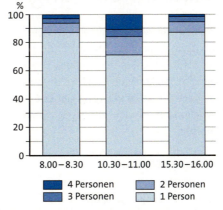

❸ *Personen pro Pkw in den drei Zeiträumen*

Tipp

Lasst euch von der Schule einen Ausweis ausstellen, den ihr vorzeigen könnt, falls sich Passanten nach eurer Arbeit erkundigen.

1 *Überprüft mit den Materialien dieser Seite die erste Hypothese zum Verkehrsproblem.*

Städte neu denken

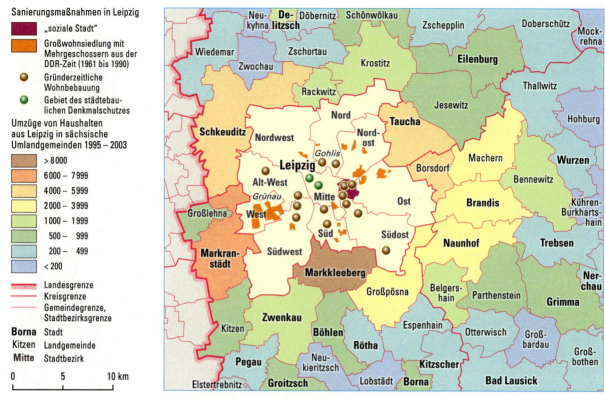

① Leipzig: Umzüge in Umlandgemeinden 1995–2003 und Sanierungsprojekte im Stadtgebiet

Stadterneuerung in Leipzig

② **Gründe für 60 000 leer stehende Wohnungen 2001**
- Geburtenrückgang
- Abwanderung in andere Bundesländer
- schlechter Wohnungszustand in den innerstädtischen Gründerzeitvierteln
- ungeklärte Besitzverhältnisse nach der Wende
- schlechtes Image der Plattenbausiedlungen

Wohnraumnot? Im Gegenteil – zu viele leer stehende Wohnungen stellen für die meisten Städte im Osten Deutschlands eine bisher nicht gekannte und zugleich ungeheure Aufgabe dar. Allein in Leipzig gibt es 60 000 Wohnungen zu viel, die „verschwinden" müssen.

Neubau am Stadtrand

Der Wohnungszustand in Leipzig war nach der Wende 1989 miserabel. Wie zu DDR-Zeiten wurde zuerst an den einfachsten Weg gedacht: Neubau. Um Leipzig wurden unzählige Wohnbauflächen für Einfamilienhäuser und Geschosswohnbau ausgewiesen, der Traum vom Eigenheim oder der Mietwohnung im Grünen war die Triebfeder. Eine Suburbanisierungswelle setzte Anfang der 1990er Jahre rund um Leipzig ein – mit gravierenden Folgen für die Innenstadt.

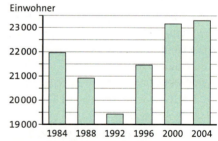

③ *Einwohnerzahlen von Markkleeberg*

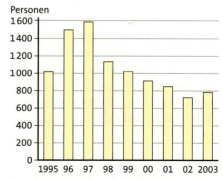

④ *Fortzüge aus Leipzig nach Markkleeberg*

⑤ *Stadtsanierung in Leipzig-Gohlis*

Erneuerung in der Innenstadt

Die schon vor der Wende teilweise entvölkerten, unter mangelndem Komfort leidenden Gründerzeitviertel der Innenstadt wiesen einen Leerstand von bis zu 40 % auf. Die Sozialstruktur verschlechterte sich, weil nur Einkommensschwache blieben, die sich keine komfortablere Wohnung leisten konnten. Die Innenstadt entvölkerte sich und wurde zu einem schrumpfenden Stadtteil. Die Stadt Leipzig sah die **Schrumpfung** jedoch als Chance, die die Stadtentwicklung der kommenden Jahrzehnte bestimmen soll. Die Sanierung von erhaltenswerter Bausubstanz und der Abriss von ruinösen Gebäuden wurden gefördert. So konnten mehr Freiflächen, eine gelockerte Bebauung und Frischluftschneisen geschaffen werden. Diese **Stadtperforation** dient der Verbesserung des Wohnumfeldes.

Wegen der hohen Mieten oder Preise können sich hier nur Angehörige der Ober- und oberen Mittelschicht ansiedeln. Dieser Prozess wird **Gentrifizierung** genannt. Der Leerstand konnte bis 1998 nur auf 20 % gedrückt werden, weil Leute, die sich restaurierte Wohnobjekte aus der Gründerzeit leisten könnten, häufig bereits am Stadtrand oder in den Vororten Eigentum bewohnen. Deswegen wird die weitere Planung auf „einfamilienhausnahes Wohnen" konzentriert.

Die Gründerzeitviertel am Rande der Innenstadt mit ihrer ursprünglichen Arbeiterbevölkerung lassen sich nicht so leicht mit Aussicht auf eine Reduzierung des Leerstandes erhalten. Deswegen plant man, hier nur die Kerne mit Plätzen und Geschäftsstraßen zu sanieren, die den Charakter des Viertels erhalten. Der Rest soll für städtebauliche Experimente freigegeben werden, die das ursprünglich einheitliche Viertelbild wandeln, z. B. könnten Freiflächen und Einfamilienhäuser neben Gewerbeansiedlungen und Geschossmietshäusern existieren.

Gründerzeitviertel

entstanden in der Zeit zwischen 1871 und 1914. Die mehrgeschossigen Gebäude, deren Fassaden zum Teil reich verziert wurden, sind verschiedenen Stilepochen nachgebaut.

⑥ *Bevölkerungsentwicklung Leipzigs 1990–2002*

1990	557 341
1995	519 710
1997	501 794
1999	493 872
2001	493 052
2002	494 795

Surftipp
www.leipzig.de

Erneuerung der Großsiedlungen

Die Wohnungssituation bis Anfang der 1970er Jahre glich vielfach noch der kurz nach dem Zweiten Weltkrieg: Kleine Wohnungen ohne sanitäre Einrichtungen, Toilette im Treppenhaus für mehrere Mietparteien und Ofenheizung prägten das Bild. Die planwirtschaftliche DDR-Regierung schaffte Abhilfe im großen Maßstab: Auf freier Fläche außerhalb der Stadt entstanden Plattenbauten in Einheitsbauweise mit vergleichsweise komfortablen Wohnungen. Viele Menschen folgten diesem Qualitätsgewinn und sind ihm heute noch verbunden. Zwanzig Jahre Stillstand bei der Wohnungserneuerung führten jedoch schon vor der Wende zu geringfügigem Leerstand. Die Überkapazität in den Plattenbauten setzte erst später als in den gründerzeitlichen Vierteln ein, da die Qualität dieser Plattenbauwohnungen trotz allem noch besser war. Viele Angehörige aus gesellschaftlichen Randgruppen und Wohnungsuchende mit geringem Einkommen fanden hier eine günstige Wohnung. Des weiteren wurden Sozialmieter amtlich zugewiesen. Die so entstandenen sozialen Brennpunkte beschleunigten Ende der 1990er Jahre den Leerstand, so dass auch hier akuter Handlungsbedarf bestand.

Verknappung des Angebotes durch **Rückbau** und Vermeidung von Abriss sind Lösungsansätze. Die überwiegend leer stehenden Plattenbauten mit schlechter Bausubstanz werden dennoch abgerissen. Dadurch schafft man Platz für qualitätssteigernde Maßnahmen wie Grünflächen und Spielplätze. Andere Gebäude werden durch aufwändige Sanierungen aufgewertet: Neugestaltung der Fassade, Verringerung der Geschossanzahl, Vergrößerung der Wohnfläche, Steigerung des Komforts, Schaffung von Eigentumswohnungen. Ob der Leerstand durch diese Attraktivitätssteigerung auf Dauer verringert werden kann, wird die Zukunft zeigen.

⑦ Rückbau eines Plattenbaus in Leipzig-Grünau 2004

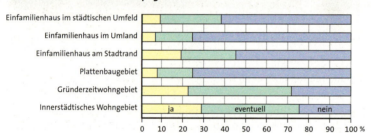

⑧ Umfrage in Leipzig 2002: Wo möchten Sie wohnen?

⑨ **Merkmale des Viertels „Leipziger Osten" (2000)**
- 24 500 Wohnungen; davon etwa 40 % leer stehend
- Bevölkerungsverlust 1990–2000: ca. 30 %
- Anteil der Wohngeldempfänger: 14 %
- Anteil der Sozialhilfeempfänger, Arbeitslosenquote, Kriminalitätsrate und Drogenabhängigkeit Jugendlicher liegen deutlich über dem Leipziger Durchschnitt

⑩ **Vorzüge der Plattenbauten zum Zeitpunkt der Erstellung**
- geräumige Wohnung
- moderner Zuschnitt
- Bad und Fernheizung
- gute Infrastruktur mit: Kindergärten, Schulen, Einkaufszentren, Freizeitangeboten, guter Verkehrsanbindung
- günstige Miete

Integrative Förderprogramme

Das Bund-Länder-Programm **„Soziale Stadt"** hilft Städten bei der Stadterneuerung. Pro Bundesland wurde ein Modellgebiet ausgewählt, z. B. der „Leipziger Osten" für das Land Sachsen, weil hier neben dem Phänomen der Schrumpfung soziale Brennpunkte sehr offensichtlich sind.

⑪ **Eine Mitarbeiterin des Amtes für Stadterneuerung und Wohnungsbauförderung Leipzig erläutert:**

„Im Jahr 2000 haben wir mit den Projekten begonnen. Dabei war uns die Bürgerbeteiligung sehr wichtig, Bewohner und Geschäftsleute des Viertels konnten Sorgen und Probleme einbringen.

Wir haben eine Reihe von Kernprojekten ausgearbeitet, z. B. die ‚Zentrenentwicklung Eisenbahnstraße'. Das ist ein Programm, das (...) für mehr Attraktivität sorgt. Im Kernprojekt ‚Lokale Beschäftigungsentwicklung' werden Programme zur Qualifizierung von Arbeitslosen angeboten und Anreize zur Gründung von neuen Unternehmen gegeben. Ein drittes Beispiel sind die ‚Gemeinwesenorientierten Projekte'. Hier werden Freizeit- und Kulturangebote für den Stadtteil entwickelt und Veranstaltungen für ein gutes soziales Miteinander organisiert, z. B. Straßenfeste. Ziel ist eine Kulturmeile als Treffpunkt für alle Bürger.

Wichtig sind natürlich auch die Maßnahmen zur Wohnumfeldverbesserung, weil das im täglichen Leben am deutlichsten spürbar ist. Hier haben wir ..."

⑫ *Kunstfest in der Hedwigstraße im Leipziger Osten*

⑬ *Infocenter eines Projektes zur Stadterneuerung in Leipzig*

1 Nenne Gründe, die zur Schrumpfung von Städten führen.

2 Informiere dich über Suburbanisierung in deiner Region und vergleiche mit Leipzig.

3 Zeige am Beispiel Leipzigs Gemeinsamkeiten und Unterschiede der Stadterneuerung in der Innenstadt und in Stadtrandsiedlungen auf.

4 Der Quellentext 11 zeigt einige Ziele des Programms „Soziale Stadt". Begründe diesen Namen. Führe die Erläuterungen am Ende der Quelle weiter.

5 Interpretiere Diagramm 8.

⑭ **Andere „Soziale Städte"**

Gelsenkirchen-Bismarck/
Schalke-Nord
Flensburg-Neustadt
Hamburg-Altona-Lurup
Nürnberg-Galgenhof

Surftipp

www.leipziger-osten.de
www.sozialestadt.de

Städte neu denken

❶ Haus SUSI – ein ehemaliges Mannschaftsgebäude

Bürgerbeteiligung

Meinungsbildung
– Wurfsendungen
– Ausstellungen
– Presse, Funk
– Versammlungen, Vorträge
– Ortsbegehung

Pflicht der Stadt
– öffentliche Auslegung
– Anhörung und Erörterung bei Entwicklungsprozessen

Recht der Bürger
– Bürgerbegehren: in politische Gremien eingebracht und dort behandelt
– Bürgerentscheid: kann durch Bürgerbegehren herbeigeführt werden

❸ Formen der Bürgerbeteiligung

❷ Entwicklung der Bürgerbeteiligung
1992 Gründung SUSI
1994 Gründung „Forum Vauban e.V."
1995 Anerkennung als Trägerin der erweiterten Bürgerbeteiligung
1996 Erste Werbung: Wohnen in Vauban
1996 Auswahl als Best-Practice-Beitrag Deutschlands für die UN-Weltsiedlungskonferenz, Best Practice-Preis 2002
1996–1999 Förderung durch das Umweltprogramm LIFE der EU

Quartier Vauban
lies: kartje wobä

Nachhaltige Stadtentwicklung in Freiburg

Am Anfang stand die qualitative wie quantitative Wohnungsnot. Um 1990 gehörte sie zu den dringendsten Problemen Freiburgs. Preistreibende und Profit versprechende Single-Wohnungen verdrängten Wohnungen mit erschwinglichen Mieten. Vor allem Familien verließen Freiburg Richtung Schwarzwald und viele Studenten hatten kaum Aussicht auf günstigen Wohnraum.
So kam der Stadt 1992 die Aufgabe der Kaserne „Quartier Vauban" sehr gelegen. Die Fläche sollte freigelegt und als Neubaugebiet ausgewiesen werden. Studenten jedoch organisierten sich in der selbst organisierten unabhängigen Siedlungsinitiative S.U.S.I. und setzten sich für den Erhalt der Mannschaftsgebäude als Studentenwohnheime und Wohnungen für sozial schwache Mitbürger ein. Im Sommer 1993 besetzten Studenten demonstrativ ein Mannschaftsgebäude, später wurden dieses und drei weitere Gebäude gekauft.

Bürgerbeteiligung
Freiburg löste schon bei anderen Siedlungen mit nachhaltiger Stadtentwicklung die Ziele der Agenda 21 ein. Auch dieses Umwandlungsgebiet wurde als „Nachhaltiger Stadtteil" ausgewiesen. Der Gesetzgeber sieht bei solchen Planungsprojekten eine Bürgerbeteiligung vor. Die Stadt initiierte sie, überließ die Organisation aber den Bürgern. Um juristisch handlungsfähig zu sein, gründeten sie den „Forum Vauban e.V.". Auf der Grundlage des Prinzips der „lernenden Planung" hatte das Forum die Möglichkeit, alle Bürgerbelange zu unterstützen, zu regeln und zu koordinieren. Zehn Mannschaftsgebäude konnten erhalten und saniert werden, auf der übrigen Fläche wurde und wird unter ökologischen Gesichtspunkten neu gebaut. Bis 2006 soll die Umwandlung der Flächennutzung, **Konversion** genannt, abgeschlossen sein.

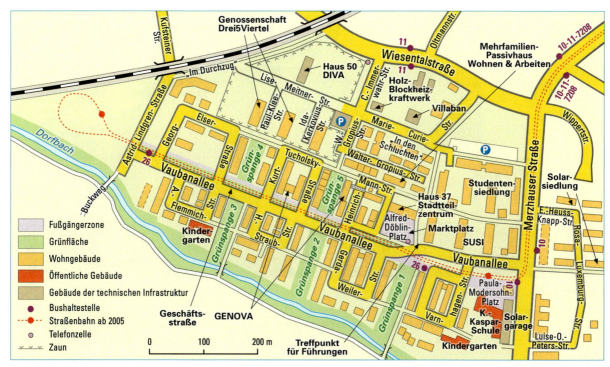

④ *Quartier Vauban*

Teil A: Verkehrskonzept Vauban – umweltbewusste Mobilität

Der Autofreiverein ist eine Organisation der Bürgerbeteiligung im Quartier Vauban. Seine Hauptzielsetzung ist ein Wohnen ohne Auto. Die Rahmenbedingungen dazu sind günstig:

- Stadt der kurzen Wege: Der Stadtteil verfügt seit Sommer 1999 über eine gute Infrastruktur. Dazu zählen eine Grundschule, eine Sporthalle, ein Kindergarten, ein Gemeindezentrum, ein Lebensmittel- und ein Bauernmarkt sowie Geschäfte für den täglichen Bedarf. Die maximale Entfernung von allen Wohnungen beträgt 300 m. Viele der alltäglichen Wege können im Quartier und in der näheren Umgebung zu Fuß erledigt werden.
- Citynahe Lage: etwa 3 km zur Innenstadt
- Erholung: attraktives Naherholungsgebiet in der Nähe

Für ihre persönliche Mobilität wählen die Bewohner zwischen zwei Alternativen:

- Stellplatzfreies Wohnen: Wer ein Auto hat, muss in einer Sammelgarage einen Stellplatz für 18 000 € kaufen und sein Auto dort parken; auf den Grundstücken darf kein Stellplatz errichtet werden.
- Autofreies Wohnen: Wer beim „Autofreiverein" durch einen Vertrag auf ein Auto verzichtet, ist vom Kauf des Stellplatzes befreit.

Für die Mobilität der Bewohner sorgt der ÖPNV mit guten Verbindungen. Ein Mobilitätsbüro organisiert ein Car-Sharing für alle erdenklichen Fahrzeuge und arbeitet eng mit einem Fahrradverleih am Hauptbahnhof zusammen. Mietautos und Taxis können kurzfristig gemietet werden.

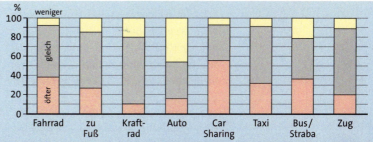

⑤ *Nutzung von Verkehrsmitteln vor und nach Einzug ins Quartier Vauban*

⑥ **Pkw-Bestand pro 1 000 Einwohner (2000)**

Deutschland	540
Freiburg	457
Vauban	ca. 150

Städte neu denken

⑦ Neue Häuserzeile

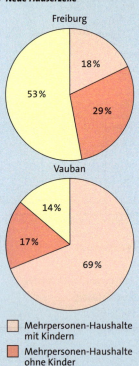

⑧ Haushaltstypen

Teil B: Konzept „Nachhaltiges Bauen, Wohnen und Arbeiten"

Wohnraum für 6 000 Menschen will die Stadt Freiburg im Quartier Vauban bieten. Als ein Mischviertel soll es darüber hinaus durch Ansiedlung von Gewerbe auch 500 Arbeitsplätze schaffen.

Wer ein Grundstück kaufen möchte, muss sich zum nachhaltigen Bauen verpflichten: heimisches Holz als Baustoff verwenden, energieeffizient bauen, Aufträge an lokale Unternehmer und Handwerker vergeben.

Verschiedene Bauprojekte werden vom „Forum Vauban e.V." unterstützt oder getragen. Die Bauwilligen profitieren davon:

– Baugruppen: Mehrere Bauherren kaufen und planen gemeinsam, beauftragen dieselben Architekten und Handwerker und sparen dadurch Geld und Zeit. Baugruppen werden bei der Bauplatzsuche vorrangig behandelt.
– Wohngenossenschaften, z.B. GENOVA (Genossenschaft Vauban e.V.): Das Bauprojekt zeichnet sich durch viel Mitbestimmung, die Möglichkeit der Kapitaleinlage der zukünftigen Bewohner und einen hohen Anteil von Sozialwohnungen aus.
– S.U.S.I. und Studentenwerk Freiburg: Umnutzung der Mannschaftsgebäude und Schaffung von preiswertem Wohnraum

Die Durchmischung des Viertels ist bisher in vielen Teilen gelungen: Alle sozialen Schichten sind vertreten, es gibt Einfamilienhäuser neben Geschosswohnbauten, Umnutzung und Neubau, Freiflächen und bebaute Flächen. Allerdings geht die Gewerbeansiedlung noch schleppend voran. Gute Ansätze dazu sind aber schon vorhanden:

– Geschäfte für die Versorgung der Bewohner
– das Projekt Diva, das in einer ehemaligen Kaserne günstige Fläche für Kleingewerbe hauptsächlich für Menschen aus dem Quartier anbietet
– das Passivhaus Wohnen & Arbeiten, wo in einem Neubau nach ökologischen Gesichtspunkten bereits 35 Personen leben und arbeiten.

Zur Erreichung einer echten Durchmischung muss aber noch viel Überzeugungsarbeit geleistet werden. Andernfalls droht das Quartier Vauban wie viele andere Siedlungen zum reinen Schlafstadtteil zu werden.

⑨ *Blockheizkraftwerk*

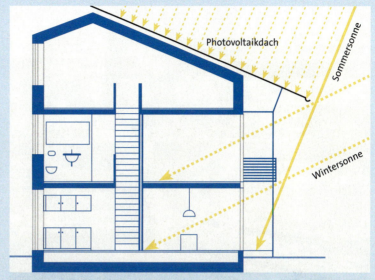

⑩ *Optimale Nutzung der Sonnenenergie in einem Passivhaus*

Teil C: Energiesparkonzept

Die größte Energieeinsparung resultiert aus einer energieeffizienten Bauweise. Hierzu zählen Niedrigenergiehäuser, Plusenergiehäuser und vor allem Passivhäuser. Der „Forum Vauban e.V." unterstützt bei der Auswahl der geeigneten Bauweise, die folgende Elemente aufweisen kann:
- Ausrichtung nach Süden
- ausgefeilte Isolierung
- Solaranlage und Begrünung auf dem Dach
- große spezialverglaste Fensterflächen nach Süden und kleine nach Norden
- Wärmerückgewinnung bei der Lüftung durch Erdwärmetauscher
- Plusenergiehaus: Photovoltaikanlage produziert mehr Strom als verbraucht wird
- Photovoltaikanlagen produzieren 65 % des Stromes im Stadtteil selber

Ein hocheffizientes Blockheizkraftwerk (BHKW) versorgt seit Mai 2002 die Siedlung mit Nahwärme und Strom. Es wird betrieben mit 20 % Erdgas und 80 % Holzhackschnitzeln aus dem nahe gelegenen Schwarzwald. Das BHKW besitzt eine Kraft-Wärme-Kopplungsanlage, die über einen Dampfmotor neben Wärme auch Strom erzeugt.

Wenn das Quartier Vauban ausgebaut ist, soll eine Verringerung des CO_2-Austoßes von 60 % gegenüber einer vergleichbaren, herkömmlichen Siedlung erreicht sein.

⑪ *Energieverbrauch im Vergleich (kWh/m²a)*

Niedrigenergiehaus	65
Passivhaus	15
Konventionelles Haus	80–90

(65 kWh/m²a entsprechen 6,5 l Öl pro m² pro Jahr)

→ *Photovoltaik: Seiten 136/137*

---

1 Bearbeitet in Gruppenarbeit jeweils eines der drei Konzepte A, B oder C.
  a) Untersucht die Voraussetzungen, die das Quartier Vauban zu Beginn des Konzeptes bot.
  b) Beschreibt das von euch untersuchte Konzept und haltet die Ergebnisse stichwortartig fest.
  c) Überprüft, in welchem Umfang die Aspekte Nachhaltigkeit und Bürgerbeteiligung berücksichtigt werden.

2 Präsentiert den anderen Gruppen eure Ergebnisse.

→ *Grafik Nachhaltige Stadtentwicklung: Seite 106*

Städte neu denken

❶ Innenstadt Hamburg

❹ „HafenCity": Planungsmodell für den Umbau eines Speichers aus dem Jahre 1878/1879 zum Museum

Stadtplanung in Hamburg

❷ **Einwohner (in Mio.)**

	Hamburg	Umland
1961	1,83	0,83
1978	1,68	0,90
1987	1,59	1,44
1995	1,71	1,61
2004	1,73	1,39

❸ **Berufspendler 2000 (in 1000)**

nach Hamburg	251,5
aus Hamburg	64,4

Hamburgs Innenstadt – das sind hochrangige Kultureinrichtungen, kommerzielle Büro- und Verwaltungshochhäuser, Firmensitze von Banken und Versicherungen von überregionaler Bedeutung, Fußgängerzonen mit sehr breitem Angebot unter einem Dach mit Kaufhäusern und Passagen, Geschäfte mit Waren des gehobenen Bedarfs, Reklameflächen und endlose Schaufensterfronten auf engstem Raum! Tagsüber wird deutlich: Die **City** ist der Teilraum einer Stadt mit der höchsten Attraktivität und Konzentration von Versorgungseinrichtungen und Arbeitsplätzen des tertiären Sektors und geringer Wohnbevölkerung. Denn zum Wohnen und Schlafen fährt man ins Grüne. Große Pendlerströme bringen daher häufig zur **Rushhour**, also jeweils zur Zeit des Arbeitsbeginns und -endes, den Individualverkehr zum Erliegen. Die ungleiche **Tag- und Nachtbevölkerung** ist ein wesentliches Problem nicht nur Hamburgs.

❺ „Wenn jedes Jahr 22000 Menschen aus Hamburg wegziehen und etwa 15000 aus dem Umland nach Hamburg ziehen, wir (...) also einen jährlichen Verlust von 7000 Menschen haben, dann hat das zur Folge, dass diese 7000 Menschen, die zusätzlich im Umland sind, etwa das Doppelte an Flächenzersiedlung und das Dreifache für Verkehr in Anspruch nehmen, weil Verkehrswege gebaut werden müssen, und gleichzeitig die Stadt pro Person um 6000 DM Steuern sozusagen entreichern. Wir haben in den Jahren 1970 bis 1998 (...) 240000 Menschen an die Umlandgemeinden, an den Speckgürtel verloren (...) In Hamburg haben wir die Situation, dass von den etwa 850000 in der Stadt Beschäftigten 300000 pendeln, das heißt, in der Stadt die Produktion schaffen, aber den Wohlstand als Einkommen mit nach außerhalb nehmen und dort auch versteuern."

(Quelle: Das Parlament. Nr. 26/27, 2000)

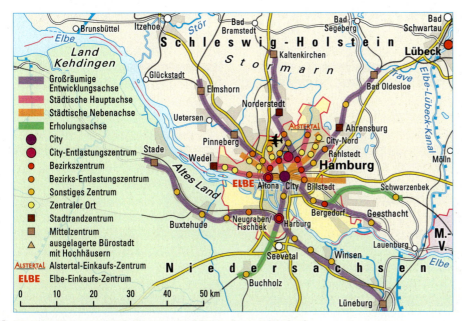

6 Das Achsenkonzept, ein Entwicklungsmodell für Hamburg und Umland

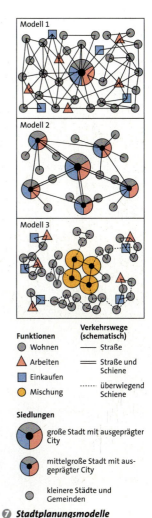

7 Stadtplanungsmodelle der Zukunft

Planung über Ländergrenzen hinweg

Die Metropole am Elbufer macht ähnliche Erfahrungen wie andere Stadtregionen: schrumpfende Einwohnerzahlen in der City, wachsende im Umland. Mit einem Unterschied: Hamburgs Umland liegt in Niedersachsen und in Schleswig-Holstein. Um die ringförmige Erweiterung Hamburgs zu verhindern, musste die Stadtplanung gemeinsam mit Vertretern der benachbarten Bundesländer umgesetzt werden. Grundlage dafür ist das Achsenkonzept: Das Wachstum wird bandartig auf Entwicklungsachsen in Schleswig-Holstein und Niedersachsen gefördert, die sich sternförmig entlang der Schienen des ÖPNVs erstrecken. Mit zunehmender Entfernung vom Kern musste in den Stadtrandzentren, z. B. Norderstedt, das Versorgungs- und Arbeitsplatzangebot ausgebaut werden. Als Entlastungszentrum wurde die City Nord als ein neues Dienstleistungs- und Versorgungszentrum errichtet. Einkaufen können die Hamburger nun auch in zwei großen Einkaufszentren außerhalb der City. Die Achsenendpunkte, z. B. Kaltenkirchen, stellen als eigenständige wirtschaftliche Kräftezentren einen Gegenpol zu Hamburg dar. Die Achsenzwischenräume sollen als unzersiedelte landwirtschaftliche Gebiete auch zur Erholung erhalten bleiben.

Weitere Wege

Mit der „HafenCity" auf ehemaligem Hafengelände entsteht das ehrgeizigste Stadtentwicklungsprojekt Europas. Hamburgs Innenstadt erweitert sich zur Elbe hin um gut 40 Prozent – eine Mischung aus Wohnen, Arbeiten und Freizeitspaß wird auf 165 ha Fläche neu geschaffen.

---

1 Fasse die Merkmale einer City zusammen und erläutere ihre Problematik. Ergänze gegebenenfalls durch weitere Merkmale.

2 Stelle am Beispiel Hamburgs die Probleme dar, die sich aus der funktionalen Trennung von Wohnen und Arbeiten ergeben.

3 Analysiere Karte 6.

4 Informiere dich über die „Hafen City".

5 Beschreibe die Modelle der Zukunft (7) und vergleiche sie mit dem Hamburger Modell.

Surftipp

www.hafencity.com

Der Traum des Scheichs

Sieben Weltwunder kannte man in der Antike: Alle waren von Menschenhand geschaffene Bauten, die die damalige Welt in Erstaunen versetzten. Bis auf die ägyptischen Pyramiden existiert keines dieser Bauwerke mehr.

Mohammed Bin Rashid Al Maktoum, Kronprinz von Dubai, eines kleinen Ölstaates am Persischen Golf, erfüllt sich einen Traum und fügt den bekannten Weltwundern ein achtes hinzu: „The Palm" – die beiden größten künstlichen Inseln der Welt „Jumeirah" und „Jebel Ali", die in Form einer Palme ins Meer vor der Küste Dubais aufgeschüttet werden. Die Palme – das wird nicht mehr und nicht weniger als das größte Ferien- und Freizeitzentrum der Welt! Ein Gebilde, das als drittes Bauwerk aus Menschenhand neben der Chinesischen Mauer und der Mülldeponie von New York aus dem Weltraum zu sehen sein wird.

Allerdings geht es dem Scheich dabei nicht nur darum, seine Träume zu verwirklichen, sondern auch um eine Vorsorge für die Zeit nach dem Öl, der Quelle des Reichtums in diesem winzigen Scheichtum. Denn wenn das Öl in einer Generation einmal ausgeht, wird sich vielleicht niemand mehr für Dubai interessieren. Um das zu verhindern, liegen dort zwei riesige Inseln im Meer, die alles beherbergen, was das Herz reicher Leute begehrt, die es sich leisten können, auf diesen Inseln ein Haus zu kaufen. Diese und noch weitere Attraktionen sollen nach ihrer Fertigstellung im Jahre 2006 bis zu 40 Mio. Touristen und Geschäftsleute pro Jahr nach Dubai locken.

Die Insel Jumeirah, als Wohninsel konzipiert, weist 17 Palmwedel auf sowie einen fünf Kilometer langen Stamm. Umgeben ist das Ganze von einem zwölf Kilometer langen Halbkreis, der als Wellenbrecher dient. Jebel Ali, die Vergnügungsinsel, soll noch einmal um 40 Prozent größer werden. Die Inseln liegen 30 Kilometer voneinander entfernt. 100 Luxushotels in arabischem, asiatischem und lateinamerikanischem Baustil, 5 000 Villen mit Privatstrand und 4 800 Appartements, ausgedehnte Freizeitparks, Vergnügungs- und Einkaufszentren sollen Touristen nach Dubai und auf die Inseln locken. Als Attraktionen werden um die Inseln herum Schiffswracks im Meer versenkt und so künstliche Riffe geschaffen, die später einmal als Tauchgrund dienen sollen.

Nur 30 min. benötigt man mit dem Auto über das Festland und die 300 m langen Brücken vom Flughafen Dubai bis in die neue Einkaufs- und Erlebniswelt. Der Bau hat sich als Mammutprojekt erwiesen. Um die 50 km² großen Eilande zu errichten, waren 196 Mio. m³ Steine und Sand notwendig. Würde man aus dieser Menge Material eine Wand von 6,5 m Höhe und 1,5 m Breite bauen, würde diese einmal rund um die Erde reichen.

Zunächst musste man als Fundament auf dem Meeresboden große Felsen aufschichten, die aus Steinbrüchen in den Vereinigten Arabischen Emiraten herangeholt wurden. Für eine genügend große Stabilität durfte der Neigungswinkel der Außenseiten 45° nicht überschreiten. Das Fundament reicht bis fünf Meter unter den Meeresspiegel. Darauf wurde Sand aufgeschüttet, der mit riesigen Saugbaggern, Spezialschiffen aus Holland, vom Meeresgrund geholt wurde. Sie füllen in einer Stunde ihre Laderäume mit 4 000 bis 6 000 m³ Sand, den sie dann an den vorgesehenen Stellen wieder ausspucken. Saugbagger mit noch größerem Fassungsvermögen holen weiter vor der Küste den Sand aus Tiefen von bis zu 120 m herauf. Um die genauen Außenmaße einzuhalten, wurde das Satelliten-Navigationssystem GPS herangezogen.

Und scheinbar hat der Scheich das Projekt nicht „in den Sand gesetzt". Drei Wochen, nachdem die ersten Villen auf dem Immobilienmarkt angeboten wurden, waren schon 2 000 Villen und Stadthäuser verkauft.

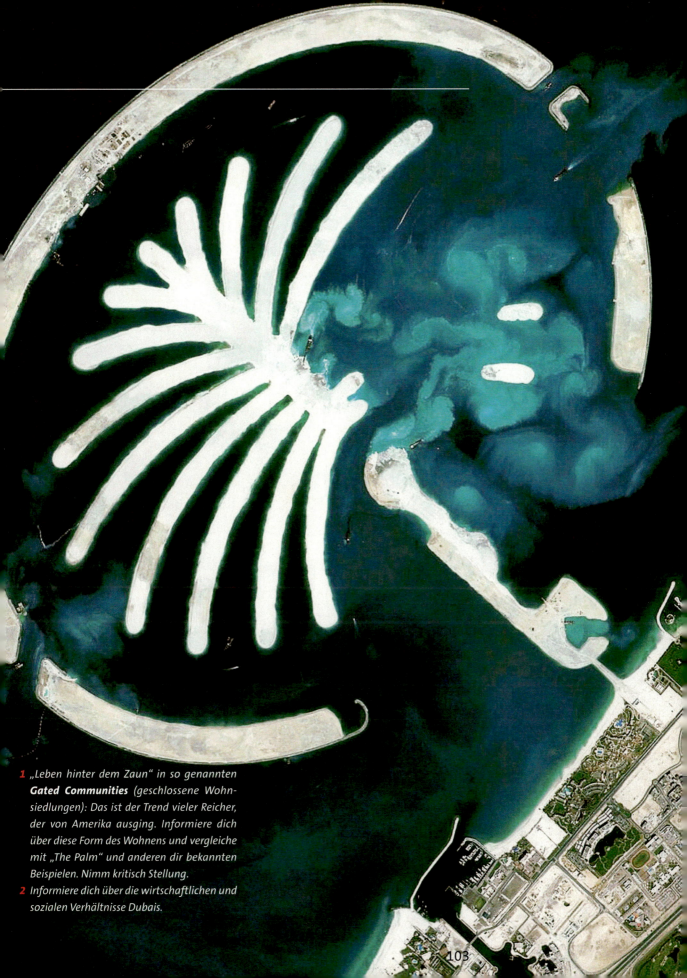

1 „Leben hinter dem Zaun" in so genannten **Gated Communities** (geschlossene Wohnsiedlungen): Das ist der Trend vieler Reicher, der von Amerika ausging. Informiere dich über diese Form des Wohnens und vergleiche mit „The Palm" und anderen dir bekannten Beispielen. Nimm kritisch Stellung.
2 Informiere dich über die wirtschaftlichen und sozialen Verhältnisse Dubais.

TERRAMethode

Städte neu denken

„Das alles und noch viel mehr würd` ich machen, wenn ich König von Deutschland wär!" So wie der Sänger Rio Reiser möchte man manchmal loslegen und mit viel Phantasie verändern, was einem für sein jetziges und zukünftiges Leben nicht gefällt. „Zukunftswerkstatt" heißt die Methode, mit der ihr in Teamarbeit selbstbestimmt und kreativ eure Träume und Vorstellungen für eure Zukunft ausprobieren könnt.

Zukunftswerkstatt:
Für alle, die noch Träume haben

1. Schritt: Vorbereitungen treffen

Wählt zunächst gemeinsam ein Thema für eure Zukunftswerkstatt aus und findet einen Namen, z. B. im Rahmen dieses Themenblocks „Mein Traumstadtteil".
Entscheidet, ob ihr als Klasse ein Thema oder in Gruppen mehrere Themen bearbeiten möchtet.

Baut den Klassenraum so um, dass an verschiedenen Stellen gearbeitet werden kann. Stellt Grundwerkzeuge und -material wie Stifte, Karten, Kleber, Flipchart usw. bereit. Trefft Zeitabsprachen und verteilt die verschiedenen Aufgaben auf die euch zur Verfügung stehende Gesamtzeit.

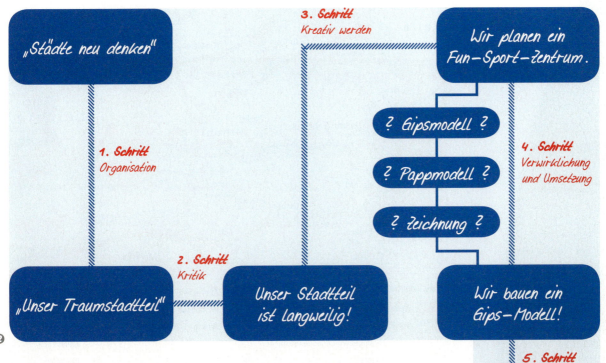

2. Schritt: Kritik vorbringen (Kritikphase)
Zu Beginn der eigentlichen Arbeit formuliert ihr Kritikpunkte am Ist-Zustand, in unserem Beispiel etwa an eurem Stadtteil, in dem ihr lebt. Ein Brainstorming mit Kartenabfrage bietet sich dazu an. Vereinbart Gesprächsregeln wie: Jede Meinung darf gelten, keine darf abgelehnt oder abgewertet werden.

3. Schritt: Phantasievolle Ideen entwickeln (Phantasiephase)
Setzt die Kritikpunkte aus Schritt 2 in Lösungsideen um, z. B. „Wir planen ein Fun-Sport-Zentrum für unseren Stadtteil". Sammelt solche Ideen und notiert sie so lange kommentarlos, bis die Ideenquelle versiegt. Bedenkt, dass oft Probleme nach verrückt oder unlogisch erscheinenden Ideen gelöst werden.

4. Schritt: Ideen auswählen und umsetzen (Verwirklichungsphase)
Überprüft die Ideen auf ihre Durchführbarkeit. Wählt danach eine zur Bearbeitung in der Klasse oder mehrere zur Bearbeitung in Gruppen zur Umsetzung aus, z. B. „Wir bauen ein Modell des Fun-Sport-Zentrums aus Gips."

5. Schritt: Ergebnisse vorstellen
Entscheidet euch für eine geeignete Form der Präsentation, z. B. in einer Museumsphase, und führt eine abschließende Diskussion in der Klasse durch.

6. Schritt: Zukunftsentwürfe mit der Gegenwart verknüpfen
Überlegt, ob eure Zukunftsentwürfe sich mit den tatsächlichen Verhältnissen verknüpfen lassen und plant eventuell weitere Aktionen wie Presseberichte oder Gespräche mit Vertretern des Gemeinderates.

7. Schritt: Methode reflektieren
Diskutiert im Klassengespräch, wie beim nächsten Mal die Methode noch optimiert werden kann.

TERRATraining

Städte neu denken

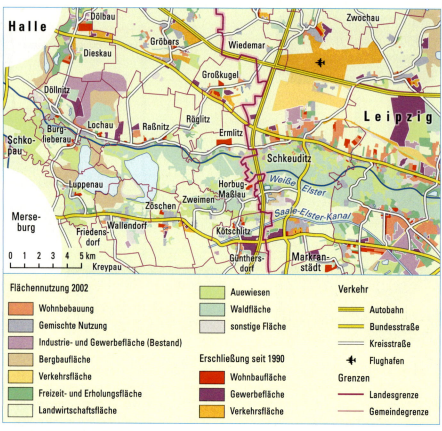

❶ Entwicklungskorridor Halle–Leipzig

Wichtige Begriffe
City
Entlastungsstadt
Feldarbeit
Gated Communities
Gentrifizierung
Konversion
New Town
Rückbau
Schrumpfung
Soziale Stadt
Stadtperforation
Tag- und Nachtbevölkerung
Zentralismus
Zukunftswerkstatt

❷ Nachhaltige Stadtentwicklung

1 Nachhaltige Stadtentwicklung
Erläutere Grafik 2.

2 Zukunft der Plattenbauten
Folgende Vorschläge zur Nutzung von Plattenbauten werden in der Presse beschrieben. Diskutiert über deren Sinn und Nutzen.
a) Luxus einbauen
b) Bauteile für Einfamilienhäuser nutzen
c) Fassaden zu Kletterwänden umfunktionieren
d) zum experimentellen, fantasievollen Umbau nutzen, z. B. Dachgärten, Maisonettewohnungen
e) Betonriesen verkleinern
f) mit technischen Raffinessen ausstatten
g) Bauteile verkaufen, z. B. für Futtersilos in Holland oder Wohnhäuser in Ungarn

3 Gewerbestandorte mit Einfluss
a) Begründe die Anordnung der Gewerbegebiete zwischen Halle und Leipzig in Karte 1.
b) Nenne mögliche Folgen, die sich daraus für die Stadtentwicklung ablesen lassen.
c) Für die Zusammenarbeit zwischen Leipzig und Halle gibt es ein Hindernis. Informiere dich darüber im Atlas.

4 Begriffsquiz für Querdenker
a) ein aus „historischen Tonträgern" hergestelltes Haus
b) wo die Einwohner von Paris ihre Bedrücktheit abladen
c) Durcheinander im Teil des Ganzen
d) durchlöchert wird nicht nur die Küchenrolle
e) erledigt der Landwirt von früh bis spät
f) Wer deswegen zu lange im „Häuschen" sitzen muss, hat beim Toilettengroschen draufzulegen.
g) eine Handwerkerarbeitsstätte, die es noch gar nicht geben dürfte

Tipp: Einen Teil der Lösungen findest du im grünen Bogen.

5 Städte von heute
Grafik 3 zeigt ein Modell einer typischen Stadt von heute. Zeichne mit den gleichen Funktionssymbolen das Modell eines „Nachhaltigen Stadtteils der kurzen Wege" (Beispiel Quartier Vauban) im Gefüge einer Großstadt.

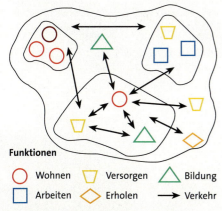

Funktionen
- ○ Wohnen
- ▽ Versorgen
- △ Bildung
- □ Arbeiten
- ◇ Erholen
- → Verkehr

3 Modell einer heutigen Stadt

6 Verkehr bringt Probleme
Erkläre mit den Grafiken 4 und 5 Verkehrsprobleme der Städte. Denke über Lösungen nach und schreibe sie auf.

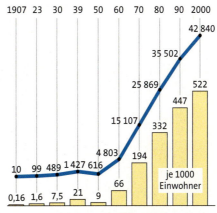

4 Pkw-Bestand in Deutschland (in 1 000)

Teste dich selbst
mit den Aufgaben 4 und 6.

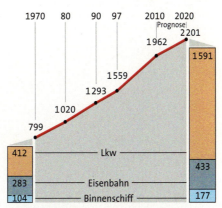

5 Güterverkehr in der EU (in Mrd. Tonnenkilometern)

7 In einer Stadt, in der die Planung versagte ...
Leo (23), Fahrradkurier in Ubiquitania, berichtet: „Wieder einmal Chaos auf den Straßen. Mein Glück, denn ich habe einen fetten Auftrag an Land gezogen. Ich muss mit meinem Rad quer durch die ganze Stadt ins Luxusghetto rüber, um für einen Topmanager der IT-Branche eine Akte zu holen, die er zu Hause vergessen hat ..."

Entwirf eine Fortführung dieser Geschichte. Benutze folgende Begriffe: riesige Fläche, Ver- und Entsorgungsprobleme, Dauerstau im Berufsverkehr, Smog, Lärm, Lichtsmog, entvölkerte Innenstadt, Wolkenkratzer, Suburbs, Landflucht, hohe Wachstumsrate in Slums, Vergnügungsviertel und Luxusghettos der Reichen, Gewerbe- und Industrieviertel.

Globalisierung – Chance und Risiko

Die Welt „schrumpft" und wächst immer weiter zusammen! Globalisierung heißt das aktuelle Schlagwort. Damit ist die Zunahme internationaler Wirtschaftsbeziehungen und das Zusammenwachsen der Märkte über die Grenzen einzelner Staaten hinaus gemeint. Dieser Prozess umfasst industrielle Fertigung, Warenhandel, Dienstleistungen und Kapitalverkehr. Aber welche Ausmaße, Chancen und Risiken sind damit verbunden?

Globalisierung – Chance und Risiko

Produktion von Baumwollfasern 2002 (in 1 000 t)	
VR China	4800
USA	3879
Indien	1700
Pakistan	1700
Usbekistan	1055
Türkei	932
Brasilien	718
Australien	435
Griechenland	355
Syrien	250
Ägypten	245

❶ *Baumwolle produzierende Staaten (Auswahl)*

❷ *Die Levis-Story (sprich li: weiß)*
Loeb Strauss, am 26.2.1829 in Buttenheim/Bayern geboren, wandert nach Amerika aus. 1853 sucht Levi, wie sich Loeb inzwischen nennt, sein Glück im kalifornischen Goldrausch und eröffnet ein Geschäft für Goldgräberbedarf in San Francisco. Der größte Wurf gelingt ihm mit der Produktion einer durch Nieten verstärkten und dadurch enorm strapazierfähigen Baumwollarbeitshose für die Goldgräber.

Eine Hose erobert die Welt

Jeder kennt sie, (fast) jeder trägt sie – Jeans, der heiß geliebte Erfolgsschlager der Textilindustrie! Allein in den USA arbeiten heute etwa 22 000 Menschen für die Firma Levis, die als Erfinder der „Blauen" gilt.

Von der Goldgräberhose ...
Die ersten Hosen fertigte Levis aus braunem Segeltuch an. Von Kalifornien aus startete die Hose ihren Siegeszug in Nordamerika auch bei Cowboys, Holzfällern und Farmern. Der später verwendete blau gefärbte Baumwollstoff kam aus der südfranzösischen Stadt Nimes. Aus dem Namen „Serge de Nimes" wurde im amerikanischen Slang „Denim", die heutige Bezeichnung für Jeansstoff. Die spätere Form der Hose schaute man Schneidern aus Genua ab. So entstand der Name „Genes" oder: Jeans.

... zur weltweit getragenen Hose
Nach Europa kamen die blauen Beinkleider erst nach dem Zweiten Weltkrieg und eroberten später den Weltmarkt. Ihr Erfolg wuchs von der Arbeiterhose über die „Ami-Hose" als Freiheitssymbol bis zur Designerjeans und zum Modeobjekt. Auch in Europa wurden Herstellerfirmen gegründet, in Deutschland z. B. die Firma Mustang.

Made in the World
Bis du deine Jeans anziehst, ist sie heute weltweit durch viele Hände gegangen. Der Modeartikel wurde zum Produkt **internationaler Arbeitsteilung**, einem wichtigen Faktor der Globalisierung. Das heißt, Arbeitsprozesse werden ohne Rücksicht auf nationale Grenzen weltweit in Teilprozesse zerlegt und an Standorten mit günstigsten Bedingungen ausgeführt. Flexible und billige Arbeitskräfte, leichter Zugang zu Rohstoffen und Transportwegen sind wichtige Standortfaktoren. Auf diese Weise minimieren die Hersteller ihre Produktionskosten, nutzen Vergünstigungen des einen Landes und umgehen die Nachteile eines anderen. Die Textil- und Bekleidungsproduktion bleibt trotz vieler Rationalisierungsmaßnahmen ein arbeitsintensiver Produktionsprozess. In der Gewebeherstellung sind Kosteneinsparungen durch Mechanisierung und Automatisierung möglich, in der Konfektion – Zuschneiden, Nähen, Ausarbeiten – ist Handarbeit gefragt.

❸ **Baumwolle**: frostempfindliches, tropisches Malvengewächs; Plantagenanbau in den Tropen und Subtropen zwischen 41°N und 28°S; Monokulturen erfordern gesundheitsschädlichen Pestizid- und Düngemitteleinsatz; weltweit bedeutendste Faserpflanze; gehört zu den wichtigsten **Welthandelsgütern**, also international gehandelten Gütern; gilt als wichtiges cash crop vieler Entwicklungsländer; bedeutendste Importeure: EU-Staaten und ostasiatische Industrie- und Schwellenländer; große Abhängigkeit der Erzeugerländer vom Weltmarkt, da weltweit mehr Baumwolle erzeugt als verbraucht wird
(Stand 2001)

Mode mit Verfallsdatum – und dann?
Jeans sollten so strapazierfähig sein, dass selbst zwei Pferde sie nicht auseinanderreißen können. Das war einmal! „Ständig neu!" heißt heute die Devise und immer neue Modetrends kurbeln den Konsum und damit die Produktion an. Logistik und Produktion sind darauf abgestimmt, einen immer schnelllebigeren Markt mit immer neuen Produkten zu bedienen. So verbraucht im Durchschnitt jeder Deutsche pro Jahr 12 kg Kleidung, eine Menge, mit der man sich komplett neu einkleiden kann.
Wenn der Kleiderschrank überquillt, gibt man Teile in die Altkleidersammlung. Doch in Entwicklungsländern, wo ein Teil der Altkleider angeboten wird, verliert einheimisch produzierte Kleidung ihre Konkurrenzfähigkeit und viele Kleinst- oder Einpersonenbetriebe müssen schließen.

Bildet drei Gruppen und bearbeitet jeweils eine Aufgabe.
1 *Stellt in einem Kurzvortrag die Eroberung des Weltmarktes durch die Jeans dar.*
2 *Zeigt auf, inwiefern man den Begriff der internationalen Arbeitsteilung auf die Produktion von Jeans anwenden kann.*
3 *Stellt jeweils die Rolle der Entwicklungs- und Industrieländer bei der Produktion und Abnahme von Jeans dar.*

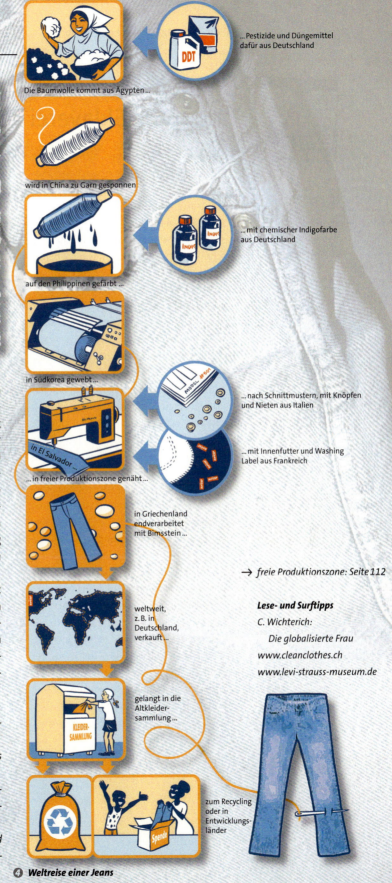

❹ Weltreise einer Jeans

→ *freie Produktionszone: Seite 112*

Lese- und Surftipps
C. Wichterich:
   Die globalisierte Frau
www.cleanclothes.ch
www.levi-strauss-museum.de

Globalisierung – Chance und Risiko

Maquiladoras – moderne Sklaverei

Hunderte von Näherinnen, dicht gedrängt, schweigend vor ihren Nähmaschinen in einer heißen, stickigen Halle fast ohne Fenster – Aufseher kontrollieren ständig, beschimpfen die Frauen und treiben sie zu schnellerer Arbeit an. Für jeden Arbeitsschritt wie etwa das Nähen einer Schulternaht sind Sekundenzahlen bis auf ein Zehntel berechnet vorgegeben. Häufig unbezahlte, aufgezwungene Überstunden, aber auch sexuelle Belästigungen, regelmäßige Schwangerschaftstests, bewachte Toilettengänge – teils nur zweimal täglich erlaubt – Strafen für Zuspätkommen, eine Sechs- bis Siebentagewoche, und das alles für einen Hungerlohn, der die Existenz kaum sichert und sich an der Armutsgrenze bewegt! Wer sich weigert oder protestiert, braucht nicht wiederzukommen. Hier herrschen andere Regeln und Gesetze als im übrigen Staate. Der größte Teil der Beschäftigten sind Frauen im Alter zwischen 14 und 25 Jahren mit jungen, flinken Händen. Wer nichts bringt, erhält besonders belastende Arbeiten und wird herausgegrault. Frauen ab 30 haben keine Chance auf Einstellung; sie sind zu alt, nicht schnell genug... Wohnen nahe der Fabrik in hässlichen, engen Wohnheimen, die nicht für Eltern mit Kindern gedacht sind, in umgebauten Viehpferchen oder in Slums am Rande der Stadt – das alles und noch viel mehr gehört zur Normalität dieser Frauen, die auf ihre Arbeit angewiesen sind.

❶ *Näherinnen in einer Textilfabrik in Birma*

Ein gestelltes Horrorszenario? Keinesfalls! Unter solchen Arbeitsbedingungen werden etwa 80 Prozent unserer Kleidung überwiegend von Frauen hergestellt. Denn die eigentliche Näharbeit stellt im Textilfertigungsprozess den arbeitsintensivsten Teil dar, der deshalb dorthin verlagert wird, wo Arbeitskräfte am billigsten sind: in die Billiglohnländer. In so genannten **„Freien Produktionszonen"** (FPZ), auch „Free Trade Zones", „Sonderwirtschaftszonen" oder „Exportproduktionszonen" genannt, sind Fabriken zusammengeschlossen, die ausschließlich für den Weltmarkt produzieren. In Lateinamerika heißen solche Weltmarktfabriken Maquilas oder Maquiladoras. Die Fabriken sind durch Tore gesichert und von bewaffneten Wächtern kontrolliert. Adidas, C&A, H&M, Karstadt, Levis, Nike lassen in solchen FPZ nähen. So besitzt H&M keine eigenen Produktionsstätten. Laufend neue

sche Konzerne lagern daher ihre Produktion in solche Zonen aus. Der Maquiladora-Sektor boomt!

So wurde Mittelamerika zur Nähstube Nordamerikas. Wegen seiner Nähe zu den USA war Mexiko führend bei der Entwicklung der Maquiladora-Industrie. Ab 1960 wurde hier die Grenzregion zu den USA industrialisiert. Andere Länder Mittelamerikas zogen nach. In El Salvador gibt es mittlerweile über 200 Maquiladoras in sechs FPZ mit explosionsartig ansteigenden Arbeiterinnenzahlen.

Die Tigerstaaten der ersten Generation und später alle anderen süd- und südostasiatischen Staaten nähten für Japan und dann zunehmend für Westeuropa. Zwischen den einzelnen Ländern entwickelt sich ein reger Konkurrenzkampf. Von einem Tag zum anderen kann die nicht sehr maschinenintensive Produktion abgezogen und in ein anderes Land verlagert werden, wenn günstigere Bedingungen locken, nämlich dorthin, wo die Löhne noch tiefer, die Arbeitsrhythmen noch wahnsinniger und die menschlichen Bedingungen noch unmenschlicher sind ...

modische Modelle können jeweils dem flexibelsten und günstigsten Hersteller als Auftrag übergeben werden. Das „Moderad" lässt sich auf diese Weise problemlos unter besten Arbeitgeberbedingungen ankurbeln!

Hinter der Idee zur Gründung von Maquiladoras verbirgt sich das Ziel, dort zu produzieren, wo nicht nur Arbeitskosten niedrig sind, sondern zudem noch weitere Vorteile locken. Nämlich da, wo Zollfreiheit herrscht, keine Steuern wie Gewinn- oder Mehrwertsteuern gezahlt werden müssen, kaum Gewerkschaften zugelassen und die Umweltauflagen gering sind und zudem eine kostenlose Infrastruktur zur Verfügung steht – kurz, wo optimaler Gewinn erzielt werden kann. Regierungen solcher Länder locken mit diesen Angeboten ausländische Investoren ins Land, um die Industrialisierung voranzutreiben. Immer mehr ausländi-

1 *Denk mal: Billige Klamotten um jeden Preis?*

Kaum zu glauben
70–80 % der Beschäftigten in der Textilherstellung sind Frauen – die meisten zwischen 14 und 25 Jahre alt.

Globalisierung – Chance und Risiko

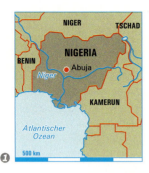

①

② **Weltgrößte Unternehmen 2002**
(Umsatz in Mrd. US $)

Wal-Mart Stores (USA)	247
General Motors (USA)	187
Exxon Mobil (USA)	182
Royal Dutch/Shell (NL/GB)	179
BP (GB)	179
Ford (USA)	164
DaimlerChrysler (D)	141
Toyota (Jap)	132
General Electric (USA)	132
Mitsubishi (Jap)	109
Mitsui (Jap)	109
Allianz (D)	102
Citigroup (USA)	101
Total (F)	97
Chevron Texaco (USA)	92

③ **BSP der OPEC-Staaten 2001**
(in Mrd. US $)

Saudi-Arabien	190
Indonesien	145
Venezuela	117
Iran	109
Verein. Arab. Emirate	70
Algerien	50
Kuwait	37
Nigeria	37
Irak	20
Katar	17
Libyen	14

④ *Erdölfelder in Nigeria*

Erdöl – Schmiermittel der Globalisierung

⑤ **Tod an der Pipeline**

Über 200 Ölunfälle pro Jahr, häufig mit Todesfolge – das gehört zum Alltag im Nigerdelta. Hier, in einem der größten und artenreichsten Feuchtgebiete der Erde, lodern Flammen teilweise nur wenige hundert Meter von Dörfern entfernt 24 Stunden am Tag. Die in Nigeria tätigen Ölkonzerne lassen das bei der Erdölförderung anfallende Gas abfackeln. Ruß belastet die Äcker und vergiftet die Atemluft. Dicht besiedeltes Ackerland wird von über 6 200 km Pipelines zerschnitten. Eine Trinkwasserquelle für 150 000 Menschen wurde durch auslaufendes Öl in Ogdobo im Juni 2001 zerstört.

Das aus ergiebigen Quellen sprudelnde, begehrte nigerianische Erdöl gilt als hochwertiger als die Ölsorten aus dem Mittleren Osten. Leicht und schwefelarm eignet es sich hervorragend für die Verarbeitung zu höherwertigen Produkten wie Kerosin. Hinzu kommt der geographische Vorteil gegenüber dem Öl der Konkurrenten.

Erdöl ist wichtigster und einziger Wirtschaftsfaktor von Nigeria, einem der weltweit größten Ölproduzenten. 90 % der Staatseinnahmen stammen aus Erdöl. Doch trotz der reichen Erdölvorkommen weist das Land eine völlig unzureichende Infrastruktur auf, herrscht Benzinknappheit, leben etwa 65 % der Bevölkerung unter der Armutsgrenze. Nur eine kleine einheimische Elite profitiert von den Gewinnen. Proteste der Bevölkerung gegen die Zerstörung ihres Lebensraumes werden von der Regierung unterdrückt.

Durch den Ölexport flossen viele ausländische Devisen ins Land, mit denen Importe finanziert werden konnten. Vor allem Agrarprodukte konnten billiger eingeführt als in Nigeria selbst produziert werden. Die Importe übertrafen bald die Exporterlöse. So geriet das Land beim Verfall der Ölpreise in eine Schuldenkrise. Die ehemals florierende Landwirtschaft war fast völlig zerstört, die Fixierung auf den Ölexport verhinderte den Aufbau einer eigenen Industrie.

Ohne Schmiermittel läuft nichts! Und das Schmiermittel der globalen Industrieproduktion heißt Erdöl. Täglich braucht man auf der Welt 12 Milliarden Liter. Doch die Industrieländer, die am meisten Erdöl verbrauchen, verfügen nicht über ausreichende eigene Ressourcen. Import ist angesagt. Erdöl wird zum wichtigsten Welthandelsgut.

Erdöl bedeutet Macht

Die Förderländer sind sich der Bedeutung des Erdöls bewusst und versuchen, Einfluss auf die hoch industrialisierten Staaten zu nehmen. So vertreten die Mitgliedstaaten der **OPEC** (Organization of Petroleum Exporting Countries, 1960 gegründet) ihre Interessen gemeinsam durch Absprache von Fördermengen und Verkaufspreisen. Die Mitglieder Algerien, Indonesien, Irak, Iran, Katar, Kuwait, Libyen, Nigeria, Saudi-Arabien, Venezuela und Vereinigte Arabische Emirate vereinigen auf sich rund 79% der sicheren Welterdölreserven. Im Jahre 2000 bezogen die EU-Länder 242 Millionen Tonnen Erdöl von der OPEC, das sind 48% der gesamten Importmenge.

Inzwischen hat der Einfluss der OPEC abgenommen, da andere Länder wie Mexiko, Norwegen und Großbritannien ihre Erdölproduktion steigerten und Energiesparmaßnahmen zu kontrolliertem Verbrauch führten. Doch jede politische Spannung in den Erdölförderländern wirkt sich auf den Rohölpreis auf dem Weltmarkt aus. Auch als politisches Druckmittel kann Erdöl eingesetzt werden. Die Weltwirtschaft bleibt den Preisschwankungen des Rohöls auf dem Weltmarkt ausgeliefert.

Die Macht der Multis

Einen zweiten Machtfaktor im Erdölgeschäft bilden die großen Erdölkonzerne. Sie zählen zu den multinationalen Konzernen, Multis oder auch **Global Player** genannt. Man versteht darunter Unternehmen von großer Wirtschaftskraft, die mit Niederlassungen in vielen Ländern auf verschiedenen Kontinenten weltweit tätig sind. Durch Fusionen erweitern sie ihre Macht. Aufgrund der Kapitalkraft und Größe nehmen sie eine Vorrangstellung auf dem Weltmarkt ein. In den Förderstaaten üben sie einen großen politischen Einfluss aus.

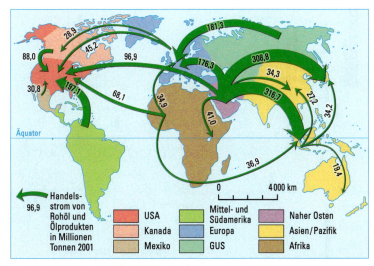

6 Handel mit Erdöl und Erdölprodukten 2001

7 Entwicklung des Ölpreises pro Barrel Rohöl (= 159 Liter)

1 Erläutere die Bedeutung des Erdöls für die Wirtschaft Nigerias und die Folgen der Erdölförderung für Natur und Mensch.

2 Arbeite mit Karte 6.
   a) Lege eine Tabelle zu den Hauptförder- und -verbraucherregionen an und werte sie aus.
   b) Beschreibe die internationalen Handelsströme mit Erdöl.

3 Beurteile Grafik 7.

4 Vergleiche den Umsatz von EXXON Mobil mit dem BSP einiger Erdölförderländer.

5 Fertige eine thematische Karte der weltweit wichtigsten Global Player an. Werte sie aus.

Konzern: Zusammenfassung mehrerer rechtlich selbstständig bleibender Unternehmen zu einer wirtschaftlichen Einheit unter einheitlicher Leitung

Fusion: Verschmelzung mehrerer Unternehmen zu einer Einheit

Kartell: Zusammenschluss weitgehend selbstständiger Unternehmen der gleichen Wirtschaftsstufe, um durch Absprachen den Wettbewerb auf einem Markt teilweise oder ganz auszuschalten

Globalisierung – Chance und Risiko

Vernetzte Welt

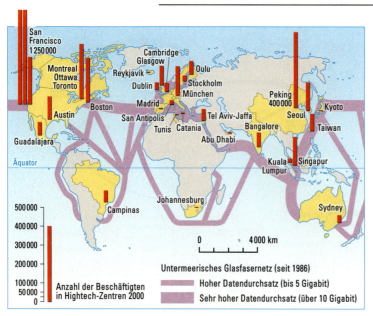

❶ *Hightech-Zentren und Datenautobahnen*

❷ **Stationen der Infotechnik**
1809 Erfindung der elektrischen Telegrafie
1860 erster Fernsprechapparat
1923 1. Hörfunksendung
1932 1. Fernsehsendung
1990 Internet (Erfindung des World Wide Web)
1992 D-Netz für Handys

Glasfasertechnik: *Technische Nutzung einer Lichtleitung zur Übertragung von großen Datenmengen über Glasfasern. Je größer der Durchmesser, desto größer sind die möglichen Datenmengen.*

❸ **Jan, 18 Jahre**
„Da ersteigere ich per Computer neue Inline-Skates! In Online-Versteigerungen verkaufe ich auch meine alten CDs und mache so manches Schnäppchen. Nach Auktionsende kann man E-Cash, also online bezahlen. Die Ware wird dann direkt an die Haustür geliefert."

Dorothea, 35 Jahre
„Von meinem Telearbeitsplatz in unserem Einfamilienhaus im Sauerland aus betreue ich viele Kunden eines großen Softwareunternehmens aus Bochum. Aufträge z. B. für Antivirenprogramme oder Routenplaner einholen, Kunden beraten – das alles geht dank Vernetzung mit meinem Unternehmen von zu Hause aus. PC mit Internetanschluss sowie Telefon sind meine Hauptarbeitsgeräte, dazu noch Fax, Scanner und Kopierer."

E-Business, die elektronische Geschäftsabwicklung, wurde erst durch den ungeheuren Technologieschub der 1990er Jahre möglich. Mit atemberaubender Geschwindigkeit können Aufträge und Informationen aller Art rund um die Erde verbreitet werden. Dank Telefon, Handy, Fernseher, Rundfunk und vor allem Internet wird eine weltweite Vernetzung und damit erst die Globalisierung möglich. Mit jedem neuen Teilnehmer eines Kommunikations- oder Informationssystems wächst der Nutzen für alle anderen. Das enorme Wachstum und die rasante Geschwindigkeit in diesem Bereich bilden nach der industriellen Revolution des 19. Jahrhunderts eine zweite große Umwälzung menschlicher Lebensverhältnisse.

Der Fortschritt der Informations- und Kommunikationstechnik macht sogar das Kapital mobil. Täglich werden auf den Finanzmärkten enorme Geldströme rund um den Erdball per Mausklick verschickt. Die internationalen Kapitalströme sind eine Triebkraft der Globalisierung. Aktienkapital und Investitionen von Firmen im Ausland stiegen zwischen 1985 und 2000 im Jahresdurchschnitt um 16,5 % an, die Warenexporte nur um 8,4 %. Auch Entwicklungs- und vor allem die Schwellenländer Asiens, Lateinamerikas sowie Mittel- und Osteuropas zogen Kapitalströme an.

Dienstleistungen wie Rechtsberatung oder Dienste ums Reisen können dank Vernetzung ebenfalls weltweit angeboten werden.

❹ **Anzahl von Kommunikationsmedien weltweit (in Mio.)**

	1993	1998	2003
Telefonhauptanschlüsse	604	846	1210
Mobiltelefone	34	318	1329
PC	175	375	650
Internetnutzer	10	183	665

EINE Firma?

„Follow the sun!" Nach diesem Prinzip kann heute mithilfe neuer Vernetzungstechniken entwickelt, produziert, gesteuert und vermarktet werden. Mitarbeiter, die sich untereinander nicht kennen, leisten rund um die Uhr und rund um den Globus das, was vorher nur an einem Achtstundentag unter einem Dach möglich war. So können solche vernetzten Firmenverbünde noch zielgerichteter für den Kunden produzieren. Der deutsche Sportschuhhersteller Puma hat nur das „Kerngeschäft" in einer kleinen Unternehmenszentrale in Herzogenaurach belassen. Alles andere ist auf voneinander unabhängige, selbstständige Firmen rund um den Globus verteilt, die durch moderne Kommunikationstechnologie miteinander verbunden sind. Auf diese Weise werden völlig neue Unternehmensformen geschaffen, die dem Kunden wie EINE Firma erscheinen, tatsächlich aber nur virtuell, also scheinbar, existieren. Sie schließen sich für eine Marktaufgabe zusammen und trennen sich beliebig wieder. Man spricht von **virtuellen Unternehmen**.

Auswirkungen der Vernetzung

So können Unternehmen in weiten Bereichen unabhängig von einem bestimmten Standort tätig sein und neue, innovative Produkte mit höchsten Gewinnen schaffen. Dabei muss das Angebot weltweit immer schneller verfügbar sein. Dieser aggressive Wettbewerb verändert den Charakter der Arbeitsplätze. Einfache Tätigkeiten können problemlos in Niedriglohnländer ausgelagert werden. Anspruchsvolle, die hohes Wissen und Flexibilität erfordern, haben in Hochlohnländern weiterhin eine Chance. Traditionelle Vollerwerbsarbeitsplätze mit unbefristetem Arbeitsvertrag müssen vielfach unsicheren befristeten Verträgen weichen. Auch die Kultur unterliegt dem Einfluss der neuen Technologien. Transnationale Konzerne sorgen mit ihrer Werbung für Konsumgewohnheiten über Länder- und Kontinentgrenzen hinweg. Die Vernetzung trägt zu einer kulturellen Globalisierung bei.

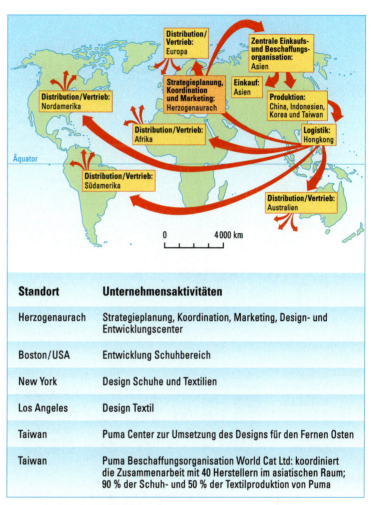

Standort	Unternehmensaktivitäten
Herzogenaurach	Strategieplanung, Koordination, Marketing, Design- und Entwicklungscenter
Boston/USA	Entwicklung Schuhbereich
New York	Design Schuhe und Textilien
Los Angeles	Design Textil
Taiwan	Puma Center zur Umsetzung des Designs für den Fernen Osten
Taiwan	Puma Beschaffungsorganisation World Cat Ltd: koordiniert die Zusammenarbeit mit 40 Herstellern im asiatischen Raum; 90 % der Schuh- und 50 % der Textilproduktion von Puma

❺ *Puma – ein virtuelles Unternehmen*

1 Bewertet mithilfe von Karte 1, welche Regionen der Erde in Bezug auf moderne Technologien bevorzugt bzw. benachteiligt sind.

2 Liste auf, welche Auswirkungen die neuen Technologien auf dein Leben, besonders dein späteres Berufsleben haben.

3 Betrachte das Foto auf Seite 108/109 und notiere deine Gedanken zum Thema „Vernetzte Welt".

4 Arbeitet in Gruppen mit Karte 5. Vollzieht in einem Rollenspiel den Weg eines Turnschuhs von der Entwicklung zur Vermarktung nach.

117

Globalisierung – Chance und Risiko

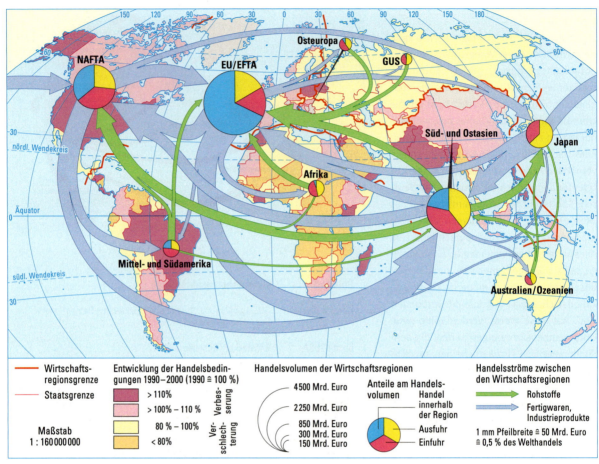

❶ *Welthandelsströme 2000*

Welthandel – total global?

EFTA Europäische Freihandelsassoziation *(European Free Trade Association; Island, Liechtenstein, Norwegen, Schweiz)*

NAFTA Nordamerikanische Freihandelszone *(North American Free Trade Agreement; USA, Kanada, Mexiko)*

Globalisierung macht´s möglich: Die Welt – ein globales Kaufhaus mit weltumspannenden Handelsströmen! Der Prozess der Globalisierung verläuft jedoch keinesfalls flächenhaft global, sondern konzentriert sich auf den Austausch zwischen den aktiven Blöcken Nordamerika, Westeuropa und Japan. Deshalb sprechen viele auch von einer Triadisierung (Triade: griech. Dreieck) der Weltwirtschaft. Der Anteil der neu industrialisierten Tigerstaaten Süd- und Südostasiens nimmt stetig zu. Vor allem China als neuer „Senkrechtstarter" der Weltwirtschaft gewinnt zunehmend Einfluss im Weltwirtschaftsgeschehen.

Strategien der Großen

Durch gegenseitige Absprachen, Verträge und die Bildung von Freihandelszonen schirmen sich die Großen ab und vergrößern die Macht der eigenen Blöcke. Um Ordnung und mehr Gerechtigkeit in das „System Welthandel" zu bringen, wurde 1995 die Welthandelsorganisation **WTO (World Trade Organization)** gegründet, eine Sonderorganisation der UN. Sie hat zum Ziel, die wirtschaftliche Zusammenarbeit und Gestaltung weltweiter Handelsbeziehungen durch bindende Regelungen zu organisieren. Die WTO mit 146 Mitgliedstaaten (2003) ist das entscheidende Instrument der Globalisierung. Durch Handelsabkommen soll der Welthandel überwacht werden. Wichtige

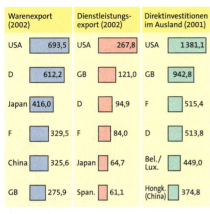

② Führende Länder in der Weltwirtschaft (in Mrd. US $)

Prinzipien sind Gegenseitigkeit, Abbau von Zöllen, Nichtdiskriminierung und Meistbegünstigung. Unter dieser versteht man folgendes: Wird einem Staat z. B. ein Vorteil eingeräumt, muss dieser auch für alle anderen Mitglieder gelten. In Streitfällen kommt es zu Schlichtungsverfahren.

③ Protest gegen die Entwicklung des Welthandels

Und die anderen?

Für viele Entwicklungsländer bleibt die Situation auf dem Weltmarkt schwierig. Sie sind seit der Kolonialzeit fast ausschließlich als Rohstofflieferanten in das internationale Handelsgeschehen einbezogen. Bis heute hat sich an der Struktur nicht viel geändert. Seit den 1980er Jahren verfallen die Rohstoffpreise auf dem Weltmarkt immer mehr. Einnahmen sind nur schwer zu kalkulieren, sinken teilweise drastisch. So können die für den Aufbau der eigenen Wirtschaft benötigten Fertigwaren und Technologieprodukte aus den Industrieländern kaum bezahlt werden. Diese Verschlechterung der Terms of Trade zwingt die Entwicklungsländer, Kredite aufzunehmen. Eine immer stärkere Verschuldung ist die Folge. Das ist auch Thema von so genannten Weltwirtschaftsgipfeln, zu denen sich Staats- und Regierungschefs der acht größten Industrieländer (G 8-Gipfel) jährlich treffen, um in zahlreichen globalen Fragestellungen zusammenzuarbeiten.
1997 einigte man sich, 36 hoch verschuldeten Ländern ihre Schulden zu erlassen.

Wer kontrolliert?

Nichtregierungsorganisationen, die **NGO**s, **(Non Governmental Organization)** wie humanitäre Organisationen arbeiten als „Weltfeuerwehr" vielfach wirkungsvoller als staatliche Organisationen, die sich an politische Spielregeln halten müssen.

1 Gruppenarbeit: Untersucht die einzelnen Wirtschaftsregionen nach folgenden Gesichtspunkten: Handelspartner, Verhältnis von Import und Export (Rohstoffe und Fertigprodukte), Entwicklung der Handelsbedingungen

2 Nenne Beispiele für Länder und Regionen, die vom Welthandel abgekoppelt sind.

3 Untersuche die Beziehungen zwischen den Welthandelsströmen 2000 und Karte 1 auf Seite 116.

4 Beziehe Stellung zu den Aussagen in Material 3. Ergänze Argumente contra, z. B. aus unserer Sicht, und suche auch Argumente pro Globalisierung.

5 Informiere dich im Internet über Ziele und Einsätze einiger NGOs.

Surftipps zu einigen NGOs
www.care.de
www.oxfam.de
www.amnesty.de
www.attac.de
www.misereor.de

TERRAMethode

Globalisierung – Chance und Risiko

Karikaturen sind aus unseren Zeitungen oder Zeitschriften nicht mehr wegzudenken. Die kleinen witzigen Zeichnungen übertreiben und überziehen bewusst, verzerren, heben gezielt bestimmte Aspekte eines politischen oder gesellschaftlichen Sachverhalts oder Problems hervor, um darauf aufmerksam zu machen. Wie du Karikaturen auswertest, erfährst du hier Schritt für Schritt.

❶ Jetzt lassen wir mal mit ´nem Warentermingeschäft in Hongkong den Laden hier hochgehen!

Eine Karikatur auswerten

Karikaturen bieten im Erdkundeunterricht den Vorteil, dass sie einen Sachverhalt durch die zeichnerische Darstellung auflockern, gleichzeitig aber Hintergründe und Zusammenhänge pointiert darstellen und dadurch zum Weiterdenken und zur eigenen Stellungnahme anregen.

Eine Karikatur auswerten
1. Schritt: Unbekanntes klären
*Manche Karikaturen enthalten Wörter, Begriffe oder Zusammenhänge, die dir fremd sind. Kläre deshalb zunächst Unbekanntes. Beispiel Karikatur 1, Begriff „**Warentermingeschäft**": An den Börsen der Welt werden nicht nur Aktien, sondern auch verschiedenste Waren wie Baumwolle oder Kaffee gehandelt. Der Preis für diese Waren wird lange vorher festgelegt, geliefert und bezahlt wird aber erst zu einem späteren genau bestimmten Termin. So macht z. B. ein Händler mit einem Farmer einen zukünftigen Preis für das Fleisch von Tieren aus, die noch nicht einmal geboren sind. Der Farmer muss zum Termin liefern und der Händler die Ware zum vereinbarten Preis abnehmen. Es handelt sich um hoch spekulative Geschäfte, die große Gewinne, aber auch große Verluste bringen können.*

2. Schritt: Karikatur beschreiben
Beschreibe den Inhalt der Karikatur zunächst mit wenigen Sätzen: Was sieht man? Welche Personen in welchen besonderen Situationen erkennst du?
Beispiel: In einem sehr großen, mit vielen Computerarbeitsplätzen ausgestatteten Raum unterhalten sich zwei Frauen. Der Raum ist bis auf die beiden menschenleer. Die eine Frau ist im Begriff, die Tastatur eines PCs zu bedienen.

3. Schritt: Einzelne Bildelemente deuten
Schau dir die Einzelheiten und die handelnden Personen näher an. Werden sie als ein bestimmter Typ dargestellt? Siehst du einen Widerspruch? Welches Problem oder welches Ereignis könnte mit der Darstellung angesprochen werden? Auf welche Bedeutungen und Zusammenhänge lassen die einzelnen

❷ *Globalisierungswalze*

Gegenstände oder Schriftzüge schließen? Füge deine Beobachtungen zu schlussfolgernden Aussagen zusammen.
Beispiel: Kleidung und Putzutensilien weisen die zwei Frauen als Reinigungspersonal aus. Nach Geschäftsschluss oder vor -beginn (Uhr zeigt 7 Uhr) putzen sie in einer großen Bank, der Deutschen Bank („TSCHE BANK" im Hintergrund). Die hell erleuchteten Hochhäuserfronten erinnern an ein Geschäfts- oder Bankenviertel einer Metropole, also eines weltbedeutenden Finanzzentrums. Die Aussage einer der Frauen in der Bildunterschrift zeigt, dass diese Hilfskraft für den Betrachter unerwartet sowohl die Bedienung eines PCs beherrscht als auch Ahnung von hoch spekulativen Bankgeschäften hat.

4. Schritt: Schlussfolgerungen ziehen und Gesamtaussage der Karikatur deuten
Fasse nun deine Ergebnisse in einer Gesamtaussage zusammen.
Beispiel: Der Karikaturist möchte verdeutlichen, dass die Vernetzung mithilfe modernster Technologie zwar Gewinn bringende Geschäfte rund um den Globus zu jeder Zeit erlaubt, aber auch enorme Risiken in sich bergen kann. Die modernen Kommunikationstechnologien ermöglichen einerseits schnellste Informationsübermittlung, sind aber andererseits extrem störanfällig. Selbst das kleinste Rädchen (hier Reinigungspersonal) kann zum unkalkulierbaren Störfaktor von Welthandelsgeschäften werden.

5. Schritt: Eigene Stellungnahme abgeben
Abschließend kannst du deine Meinung zu diesem Thema darlegen und kritisch Stellung zur Aussage des Karikaturisten beziehen. Stimmst du der Aussage zu? Welche Meinung würdest du vertreten? Welche weitergehenden Gedanken lassen sich anschließen?

1 Karikatur 1: Beantworte die Fragen aus Schritt 5.
2 Werte Karikatur 2 aus.

Globalisierung – Chance und Risiko

❶ Beliebte Touristenziele in Australien

Fernweh – (k)ein Thema!

Kaum zu glauben
Mit jährlich 45 Mio. Urlaubern gehören die Deutschen zusammen mit den US-Amerikanern zu den „Reise-Weltmeistern".

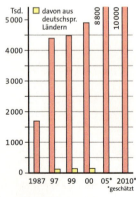

❷ Ausländische Besucher in Australien

❸ „Down Under", „der rote Kontinent", „Koala Country" – all diese Namen beschreiben nur unzutreffend die ungeheure Vielfalt des fünften Kontinents auf der anderen Seite unserer Erdkugel. Mit einer Fläche von fast 8 Mio. km² und einer Küstenlänge, die beinahe den Umfang unseres Globusses ausmacht, bietet Australien Urlaubsparadiese für jeden Geschmack! Australien – Ihr Traum? Wir machen´s möglich!

(Aus einem Reiseprospekt)

Startklar! Die Welt steht offen! Nur der Preis muss stimmen. Waren Reisen und insbesondere Fernreisen früher ausgewählten Bevölkerungsschichten vorbehalten, so sind sie heute für viele Bewohner Europas, Nordamerikas, Australiens, Neuseelands und Japans möglich. Die Tourismusbranche ist mit über 200 Millionen Beschäftigten der weltweit führende Wirtschaftszweig. In Hotels, Verkehrsunternehmen und Freizeiteinrichtungen wurden im Jahr 2000 über 500 Milliarden US Dollar erwirtschaftet.

Die Zahl der Auslandsflugreisen hat zwischen 1950 und 2000 von 30 Mio. auf 700 Mio. zugenommen. Nach Prognosen der Welttourismusorganisation sind 2010 eine Milliarde zu erwarten. Doch der Tourismus überzieht die Welt nicht flächig, sondern konzentriert sich auf bevorzugte Reiseziele. Über 80 % des weltweiten Tourismus gehen von den Großstädten Westeuropas und Nordamerikas aus. Lediglich sechs Großräume werden vorrangig angesteuert: die europäischen Mittelmeerländer (25 %), die Karibik (20 %), West- und Mitteleuropa (20 %), Südostasien (15 %), der amerikanische Nordosten und Kalifornien (15 %.) Die Mehrheit der Touristen wählt nur rund 50 Orte wie die großen Metropolen oder Natur- und Kulturattraktionen, z. B. den Grand Canyon oder die ägyptischen Pyramiden, als Ziel.

Fliegen mit Folgen

Bei weiten Flugreisen durch verschiedene Zeitzonen gerät durch die Zeitverschiebung die innere Uhr des Menschen durcheinander. Jetlag, eine Störung des biologischen Schlaf-Wach-Rhythmus, ist die Folge. Auch können durch den internationalen Flugtourismus Krankheiten wie Grippe, Aids oder die Lungenkrankheit SARS in Windeseile den Globus erfassen.

Zunehmend sind Entwicklungsländer Ziele der Ferntourismusbranche, die dort neue Arbeitsplätze schafft und die mit ihren Deviseneinkünften die einheimische Wirtschaft stärkt. In der Dominikanischen Republik stammen 70 % aller Devisen aus dem Tourismus. Doch nur ein Teil des Reisepreises verbleibt im Zielland. Ein Großteil fließt in Flug- und Reiseleitungskosten. Weiteres Geld muss in die touristische Infrastruktur investiert werden. Dazu sind vielfach Importe wie etwa moderne Klimaanlagen oder westliche Getränke nötig.

Durch die Begegnung unterschiedlicher Kulturen und Traditionen kommt es in den Zielländern zu sozialen Konflikten. Zudem ist Fliegen die energieintensivste Art der menschlichen Fortbewegung und belastet durch intensiven CO_2-Ausstoß die Atmosphäre.

Alternativen gefällig?

Wirtschaftlich soll der Tourismus sein, aber auch umwelt- und sozialverträglich, d. h. die gesellschaftliche Ordnung in den Zielländern und deren eigenständige Entwicklung soll gesichert sein. Deshalb reagierten die australische und die karibische Tourismusbranche auf die 1992 in Rio beschlossene Agenda 21, die noch kein Kapitel Tourismus enthielt, mit dem Green Globe Programm zur Förderung des alternativen Tourismus. Das internationale Markenzeichen zeichnet Unternehmen und Gemeinden aus, die Tradition, Leben der Tiere in freier Wildbahn und natürliche Ressourcen schützen. Mit diesen Maßnahmen soll bei den Verbrauchern ein stärkeres Problembewusstsein geweckt werden.

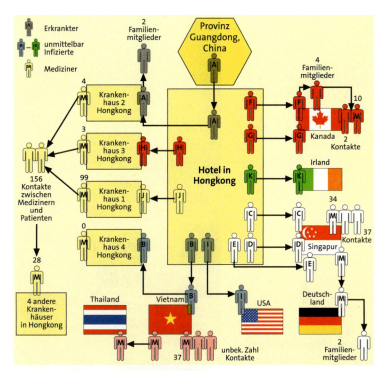

❹ „Globalisierung" einer Krankheit: SARS-Übertragung in Hongkong im Februar 2003

❺

1 Traumziel Australien! Beschaffe entsprechendes Material und bereite zu diesem Thema ein Referat vor, das die einzigartigen Besonderheiten des Kontinents aufzeigt.

2 Gruppenarbeit: Führt eine Diskussion durch zum Thema „Pro und Kontra Fernreisen". Stellt eure Argumente in einer Tabelle gegenüber.

❻ *Zeitzonen*

Nur Orte, die auf demselben Längenhalbkreis liegen, haben zur selben Zeit den mittäglichen Höchststand der Sonne und damit auch gleichzeitig 12 Uhr. Denn durch die Drehung der Erde um ihre eigene Achse (1° in 4 Minuten, also 360° in 24 Stunden) verschiebt sich auch der mittägliche Sonnenhöchststand. Um Verwirrung zu vermeiden, teilte man die Erde 1876 in 24 Zeitzonen mit je 15° Ausdehnung ein. Innerhalb einer Zeitzone gilt eine Zeit.

Lese- und Surftipps

Marlo Morgan: Traumfänger
www.greenglobe.org
www.tourism-watch.de
(Informationsdienst Dritte-Welt-Tourismus)

Globalisierung – Chance und Risiko

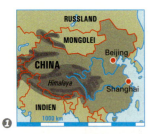

Shang bedeutet „über" und hai bedeutet „Meer"

② Einwohnerzahlen von Shanghai
1900	1 Mio.
1950	8 Mio.
1975	11 Mio.
2000	16 Mio.

③ Zur Geschichte
- Blütezeit in den 1920er und 30er Jahren; Industrialisierung früher als im übrigen China, weil die Stadt französischer und britischer Handelsstützpunkt mit besonderen Vorrechten war
- Nach Gründung der Volksrepublik China 1949 mit kommunistischer Staats- und Wirtschaftsführung und zentral gelenkter Wirtschaftspolitik Bedeutungsverlust als Handelsplatz
- Nach Öffnung Chinas zur Welt in den 1980er Jahren Ausbau der internationalen Bedeutung Shanghais

④ Senkrechtstarter Shanghai

Shanghai – Boomtown Chinas

⑤ Projekt Zukunft
Manchmal verschwinden über Nacht ganze Viertel, morgens erkennst du die Straßen und Plätze nicht wieder, auf denen du gestern noch unterwegs warst! Extrem schnell, extrem hoch und extrem verdichtet – so wirkt Chinas neue boomende Metropole. Etwa vier Millionen Wanderarbeiter, das sind mehr als Berlin Einwohner hat, ziehen die futuristische Skyline hoch. Auf einer Fläche von 30 000 km² – fast so groß wie Belgien – entstehen Hochhäuser und gigantische Verkehrsprojekte auf engstem Raum. Das Tempo der Stadt macht schwindlig.
(Herr Lingh über seine Stadt)

Shanghai bietet mit seiner idealen geographischen Lage, seinen vielfältigen Industrien, seiner guten Infrastruktur und der Vielzahl qualifizierter Arbeitskräfte hervorragende Entwicklungsvoraussetzungen. Die Stadt soll nach Beschluss der chinesischen Regierung Vorbild für das ganze Land sein. China, ein Tiger der dritten Generation, macht wirtschaftlich einen Riesensprung nach vorn. Dabei entfaltet sich Shanghai in der wirtschaftlich explodierenden Küstenregion zur wichtigsten Handels- und Industriestadt Chinas. Sie übt eine gewaltige Sogfunktion auf die übrigen unterentwickelten Inlandprovinzen aus.

Shanghai und die Welt
1991 errichtete die Staatsführung die Sonderwirtschaftszone Pudong. Der neue Stadtteil wird mit gigantischen Verkehrs- und Ver-

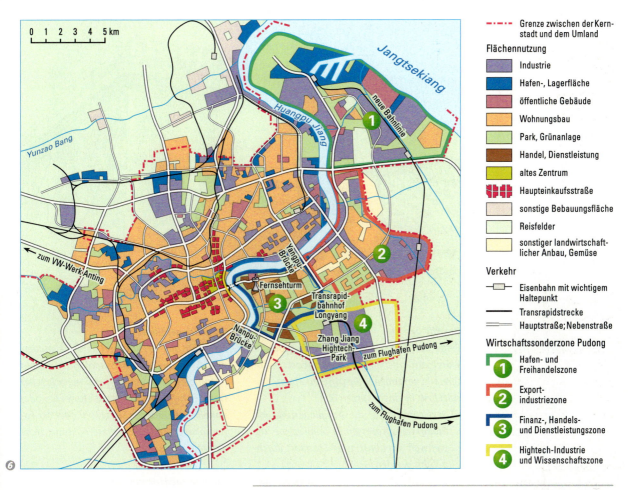

sorgungseinrichtungen ausgestattet. Vom neuen Flughafen Pudong gelangt man seit 2002 mit dem von Siemens und Thyssen-Krupp entwickelten Hochgeschwindigkeitszug Transrapid.

Durch Steuervorteile und günstige Grundstücke lockte man ausländische Investoren nach Pudong. Und da China mit seinen 1,3 Mrd. Menschen der größte Wachstumsmarkt zu Beginn des 21. Jahrhunderts ist, heißt es für alle Industrienationen, in Pudong präsent zu sein. 2000 waren es bereits 6 635 ausländische Firmen wie Siemens, BASF, VW, Bayer, General Motors, Intel und Sony. Während Tokyo an Glanz verliert, wird die chinesische Hafenmetropole Shanghai zur neuen **Global City**, wie man Standorte wirtschaftlicher und politischer Macht- und Entscheidungszentralen von weltweiter Bedeutung nennt.

❼ Global Cities

Bedeutung	Deutschland	übriges Europa	Welt
höchste	Frankfurt	London, Mailand, Paris	New York, Tokyo
hohe		Zürich, Brüssel, Madrid, Moskau	San Francisco, Sidney, Toronto, Mexico-Stadt, Sao Paulo, Seoul
mittlere	Berlin, Düsseldorf, Hamburg, München	Amsterdam, Genf, Prag, Rom, Stockholm, Warschau, Barcelona, Budapest, Kopenhagen, Istanbul	Boston, Caracas, Dallas, Houston, Jakarta, Johannesburg, Melbourne, Osaka, Santiago, Taipeh, Washington, Bangkog, Montreal, Shanghai, Atlanta, Buenos Aires, Kuala Lumpur, Manila, Miami, Minneapolis
untere	weitere 55 Städte, darunter Stuttgart, Köln, Dresden		

1 Bereite einen Kurzvortrag über Shanghais Entwicklung zur neuen Global City vor.
2 Zeige mithilfe der Karte von Shanghai (6) die besondere Bedeutung Pudongs.
3 Wähle je eine Global City aus Deutschland, dem übrigen Europa und der Welt aus und beschreibe ihre besonderen Funktionen.

TERRATraining
Globalisierung – Chance und Risiko

❶

Wichtige Begriffe
E-Business
EFTA
Freie Produktionszone
Global City
Global Player
Globalisierung
Internationale Arbeits-
teilung
Karikatur
Maquiladoras
NAFTA
NGO
OPEC
Virtuelles Unternehmen
Warentermingeschäft
Welthandelsgüter
WTO

1 Begriffe gesucht
Finde die Begriffe a–f. Die Buchstaben in Klammern ergeben ein Lösungswort. Erläutere alle gefundenen Begriffe an einem Beispiel bzw. in einem kurzen Text.
a) Bezeichnung für die Aufgliederung von Produktionsprozessen in Teilprozesse, die weltweit am günstigsten Standort durchgeführt werden (3)
b) weltweit tätige Unternehmen von großer Wirtschaftskraft (12)
c) Firmen, die wie eine tatsächlich existierende Firma erscheinen, aber aus mehreren Firmen bestehen, die sich beliebig für eine Marktaufgabe zusammenschließen oder wieder trennen können (2)
d) Börsengeschäfte mit Handelsgütern (2)
e) Welthandelsgut, das als „Schmiermittel" der Globalisierung bezeichnet wird (3)
f) Abkürzung für die Organisation Erdöl exportierender Länder (3)

2 Verpackung gesucht
„Verpacke" die Kürzel EFTA, NAFTA, WTO, NGO in einen dazu passenden Text.

3 Karikatur
Werte Karikatur 1 nach der auf den Seiten 120/121 vorgestellten Methode aus. Berücksichtige die Überschrift dieses Themenblocks.

4 Vergleich gefällig?!
„Was für uns das Internet und die modernen Kommunikationstechnologien, waren in früheren Zeiten etwa der Durchbruch der Dampfschifffahrt auf den Weltmeeren oder Kanalbauten wie der Suezkanal oder der Panamakanal." Erläutere diese Aussage, ziehe den Atlas hinzu.

5 Auslandsniederlassungen
Ordne Gründe, warum Unternehmen Betriebe im Ausland errichten, in eine Tabelle ein: teure oder fehlende Rohstoffe; hohe Lohnkosten; billige Rohstoffvorräte; großes Arbeitskräfteangebot; große Umweltauflagen; keine oder geringe Umweltauflagen; großes, billiges Arbeitskräfteangebot; Nähe zu Konkurrenten; „strategische" Überlegungen zur Internationalisierung

Push-Faktoren (Deutschland)	Pull-Faktoren (Ausland)
Hohe Steuern	Steuervorteile
...	...

6 Zum Knobeln
a) Erkläre den Spruch: Von Ost nach West halt´s Datum fest, von West nach Ost lass´ Datum los.

b) Beschreibe den Verlauf der Zeitzonen (Atlas) und versuche, eine Begründung zu finden.
c) Gesucht wird im Pazifischen Ozean der Name einer Grenze, die aber keine Staatengrenze ist.

7 Erklärung gesucht
a) „Cocacolisierung der Welt" – was steckt dahinter?
b) Maquiladoras werden auch „Sweatshops" genannt. Findest du eine Begründung?

8 Welthandel
Stelle Tabelle 3 grafisch dar und werte die Grafik aus.

9 www!!!
a) Arbeite mit dem Atlas und Karte 2. Lege eine Tabelle an „Internetkürzel und dazu gehöriger Staat" (20 Beispiele).
b) Beschreibe die weltweiten Unterschiede in der Nutzungsintensität des Internets.

❸ **Führende Welthandelsländer 2000 (in Mrd. US $)**

	Export	Import
USA	782	1258
Deutschland	552	500
Japan	479	380
Frankreich	298	305
GB	280	331
Kanada	277	249
China	249	225
Italien	235	233
Niederlande	212	197
Hongkong	202	214
Belgien	184	171
Südkorea	173	161
Mexiko	166	183
Taiwan	148	140
Singapur	138	135
Spanien	114	154
Russland	105	44
Malaysia	98	82
Schweden	87	73
Saudi-Arabien	84	28

Teste dich selbst
mit den Aufgaben 1 und 6.

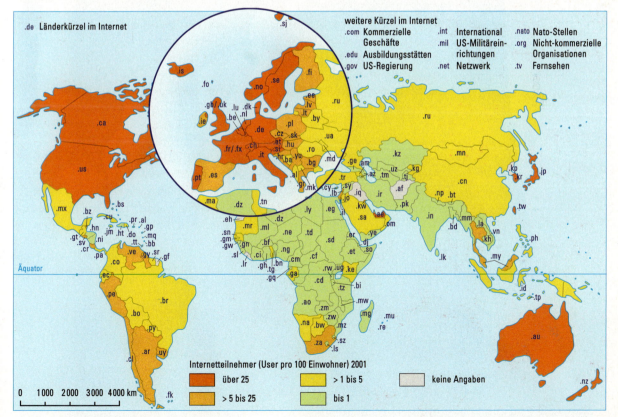

❷ Nutzung des Internets

Die Welt im 21. Jahrhundert

„Die Grenzen des Wachstums" – so lautet der Titel eines 1972 erschienenen Buches, von dem 12 Millionen Exemplare in 37 Sprachen verkauft wurden. Darin wird die These vertreten, dass bis zum Ende des 21. Jahrhunderts unser Planet am Ende seiner Belastbarkeit angekommen sein wird. Für viele ein Schreckensszenario, doch die Zukunft hat längst begonnen!

Alternativprogramm für klimageschädigte Landwirte

❶ Morteratschgletscher in der Schweiz 1860 ...

❷ ... und zu Beginn des 21. Jahrhunderts

Spielt unser Wetter verrückt?

Kaum zu glauben
Das Abschmelzen der Gletscher in den Ötztaler Alpen legte 1991 den „Gletschermann Ötzi" frei, der vor mehr als 5000 Jahren dort verunglückte.

+++ 12. Januar 1993 +++ Im Schwarzwald fällt sintflutartiger Regen von 66 l pro m² +++ In Trier werden Sturmböen von 130 km/h gemessen +++ Sommer 2002: Nach wochenlangen Regenfällen führen einige deutsche Flüsse katastrophales Hochwasser +++ Sommer 2003: In Deutschland klettert die Temperatur wochenlang auf über 33 °C. Der deutsche Hitzrekord wird mit über 40 °C im Saarland aufgestellt +++ Der Rhein weist den niedrigsten Wasserstand seit mehr als 100 Jahren auf +++ Die Nachrichten über derartig extreme Wetterlagen häufen sich.

Das Klima fährt „Achterbahn"
Ende der 1970er Jahre waren die Winter so kalt und schneereich, dass man an den Beginn einer neuen Eiszeit dachte. Demgegenüber gelten die 1990er Jahre als das wärmste Jahrzehnt der letzten tausend Jahre. Auch von 2001 bis 2003 wurden weltweit extrem hohe Temperaturen gemessen. Sind diese Tendenzen der Erwärmung ein Hinweis auf einen **Klimawandel**? Diese Frage kann nicht auf der Grundlage von Einzelbeobachtungen des Wetters beantwortet werden. Aussagekräftiger ist das Klima. Ein Klimawandel kann nur durch lange, wissenschaftlich saubere Messreihen festgestellt werden.

Weltweit wird eine um 0,7 °C höhere Durchschnittstemperatur als vor 100 Jahren gemessen. Deshalb schmelzen an den Polkappen und in den Gebirgen die Gletscher. Das geschmolzene Eis führte zu einem Anstieg des Meeresspiegels um 12 cm. Wärmere Luft kann mehr Wasserdampf aufnehmen als kältere Luft. Dadurch wird der Atmosphäre zusätzliche Energie zugeführt, die häufigere und stärkere Unwetter auslösen kann. Viele Klimaforscher sehen deshalb die zahlreichen Wetterkatastrophen der vergangenen Jahre nicht als zufällige Laune der Natur, sondern als erste Anzeichen eines sich anbahnenden Klimawandels.

Ein Blick in die Klimageschichte zeigt, dass es Veränderungen des Klimas immer gegeben hat. Im frühen Mittelalter wurden zeitweise so hohe Temperaturen erreicht, dass sogar in Schottland Wein angebaut wurde. Während der so genannten „kleinen Eiszeit" am Ende des Mittelalters führten kühle Sommer und strenge Winter in Europa zu Missernten und Hungersnöten. Phasen mit sehr starken Winden wie zu Beginn der 1990er Jahre gab es auch gegen Ende des Mittelalters. Durch

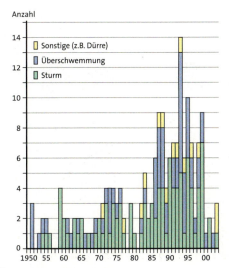

❸ *Große Naturkatastrophen*

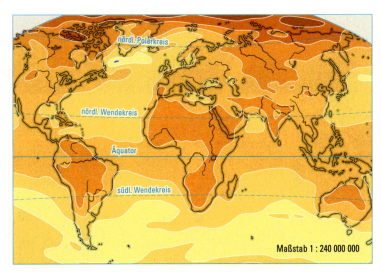

❹ *Temperaturveränderung im Jahr 2050: eine von vielen Prognosen*

Stürme entstanden damals an der Nordsee zwei große Meeresbuchten, der Dollart und der Jadebusen.

Heiße Zukunft?

Wenn Prognosen recht behalten, werden die Temperaturen auf der Erde um 2–3 °C ansteigen. Das ist viel! So reichte in der Eiszeit eine Absenkung der Temperatur um 4–5 °C aus, um die Landschaften und das Leben auf der Erde grundlegend zu verändern. Es wird aber regionale Unterschiede der Erwärmung auf der Erde geben.

Als Ursachen für die Veränderungen des Klimas in der Vergangenheit werden natürliche Schwankungen der Sonnenenergie sowie Veränderungen in der Umlaufbahn der Erde um die Sonne angenommen. Eine andere wissenschaftliche Hypothese geht davon aus, dass sich die Neigung der Erdachse um bis zu 3° verändern kann. Dadurch würde sich die Sonneneinstrahlung und damit die Lage der Temperaturzonen auf der Erde spürbar verändern. Deshalb stellt sich die zentrale Frage: Welchen Anteil hat der Mensch an den Wetterkatastrophen und der Erderwärmung der letzten Jahre? Immerhin hat er seit Beginn der Industrialisierung so viele Schadstoffe in die Atmosphäre abgegeben, dass er für einen Klimawandel verantwortlich sein könnte.

❺ *Veränderung der Neigung der Erdachse*

❻ *Veränderung der Erdumlaufbahn*

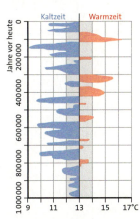

❼ *Temperaturschwankungen auf der Nordhalbkugel*

1 Beschreibe die Fotos 1 und 2 und begründe die Veränderungen. Gehe auf mögliche zukünftige Entwicklungen ein.

2 Analysiere und erkläre die Zahl der Naturkatastrophen in Grafik 3.

3 Erläutere die Auswirkungen auf das Weltklima
 a) bei veränderter Erdumlaufbahn (Grafik 6)
 b) bei veränderter Neigung der Erdachse (Grafik 5)

4 Beschreibe den Verlauf der Durchschnittstemperatur in der Vergangenheit und zeige Auswirkungen der Veränderungen für die Landschaft auf (Diagramm 7).

5 Untersuche die regionalen Auswirkungen einer erwarteten Temperaturveränderung (Karte 4).

Die Welt im 21. Jahrhundert

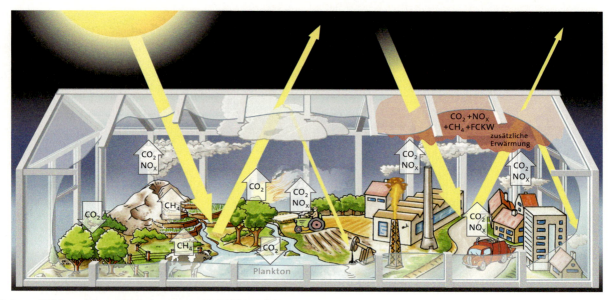

① Der natürliche und der vom Menschen verursachte Treibhauseffekt

„Treibhaus" Erde

② **Für den zusätzlichen Treibhauseffekt verantwortliche Spurengase:**

CO_2	50 %
FCKW	17 %
Methan (CH_4)	13 %
Stickoxide (NOX)	5 %
Ozon	7 %
sonstige Gase	8 %

③ Herkunft zusätzlicher Treibhausgase

„Hungersnöte unter der Treibhausglocke" oder „Klima für Dinosaurier"—solche Schlagzeilen weisen auf mögliche Folgen einer Klimaveränderung hin. Die Atmosphäre, die uns vor der Kälte des Weltraumes schützt, kommt ins Gerede.

Der Treibhauseffekt

Treibhausgase wie Kohlendioxid, Stickoxid und Kohlenwasserstoffe sind lebenswichtig und machen die Erde erst bewohnbar. Sie verursachen den natürlichen **Treibhauseffekt**. Ohne ihre Isolationsschicht um die Erde lägen die durchschnittlichen Temperaturen weltweit bei −18 °C anstatt +15 °C.
Die Treibhausgase in der Atmosphäre wirken wie die Kuppel des Glasdaches eines richtigen Treibhauses: Die Sonnenstrahlen treffen nahezu ungehindert auf die Erdoberfläche. Dort werden sie in Wärmestrahlung umgewandelt, die nur sehr schwer durch das „Treibhausdach" entweichen kann.
Dieser eigentlich normale Vorgang wurde erst zu einem Problem, als mit Beginn der Industrialisierung immer größere Mengen Treibhausgase produziert wurden, die sich in der Atmosphäre anreicherten. Dadurch wird der natürliche Treibhauseffekt verstärkt und immer mehr Wärme an der Erdoberfläche zurückgehalten. Viele Forscher sehen darin die Ursache des Anstiegs der weltweiten Durchschnittstemperaturen in den letzten 100 Jahren. Sollten Prognosen über eine weitere Erwärmung tatsächlich zutreffen, wären die Folgen katastrophal.
Ein weiteres Abschmelzen der Gebirgsgletscher und des Eises an den Polen würde den Meeresspiegel weltweit um bis zu 90 cm ansteigen lassen. Etwa 10 % der Fläche des dicht besiedelten Bangladeschs gingen verloren, da ein Schutz des Tieflandes im Mündungsdelta des Ganges durch Deiche kaum möglich ist.
Niedrig gelegene Inseln im südlichen Pazifik könnten völlig überschwemmt werden.
Des weiteren wird erwartet, dass sich die Klimazonen polwärts verlagern. Dies hätte Folgen für die weltweite Ernährung, da sich auch die Anbaugrenzen für wichtige Nutzpflanzen verändern würden. Die Ausdehnung der Wüstengebiete würde zu einem Verlust von landwirtschaftlicher Nutzfläche führen, Zahl und Stärke der Naturkatastrophen weltweit ansteigen.

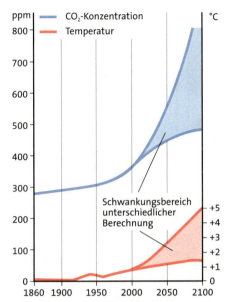

④ *Veränderungen von CO₂-Gehalt und Temperaturen*

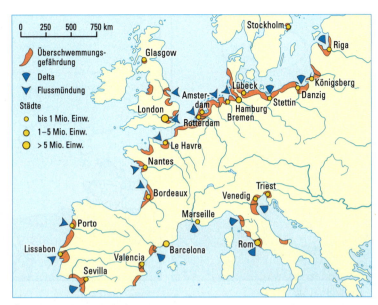

⑤ *Überschwemmungsgefährdete Küsten in Europa bei ansteigendem Meeresspiegel*

Es gibt auch andere Theorien. Die Erwärmung durch den zusätzlichen Treibhauseffekt bewirkt eine höhere Verdunstung und Wolkenbildung. So gelangt weniger Sonnenstrahlung auf den Erdboden, da sie zum Teil von den Wolken reflektiert wird. Demnach würde die Erde nicht zum „Schwitzkasten".
Noch wissen wir nicht genau, wie sich der zusätzliche Treibhauseffekt auswirken wird. Doch wenn wir letzte Klarheit haben, wird es für Gegenmaßnahmen zu spät sein.

Zeit zum Handeln

Eine Maßnahme ist die Umsetzung weltweiter Vereinbarungen, die 1997 auf dem Umweltgipfel von Kyoto beraten wurden. Im „Kyoto-Protokoll" wurde eine Verringerung des Ausstoßes von Treibhausgasen beschlossen. Das ist in erster Linie Aufgabe der Industrieländer. Hier leben nur etwa 22 % der Bevölkerung der Erde, sie verursachen aber 70 % der jährlichen CO_2-Emissionen. Allerdings haben sich die USA der Übereinkunft von Kyoto nicht angeschlossen, obwohl sie der größte CO_2-Verschmutzer sind.
Letztlich muss jeder Mensch etwas tun. Energie zu sparen würde dabei nicht nur den Treibhauseffekt mindern, sondern auch die knappen Rohstoffreserven der Erde schonen.

⑥ *Durchschnittlicher CO₂-Ausstoß einer dreiköpfigen deutschen Familie pro Jahr*

1 Beschreibe die Entstehung des zusätzlichen Treibhauseffektes und erläutere seine Ursachen (Materialien 1–3).

2 Zeige die Auswirkungen eines weiteren Meeresspiegelanstiegs auf (Karte 5).

3 Erläutere und beurteile die Vereinbarungen des Kyoto-Protokolls (Grafik 7). Nutze auch die Internetseite: www.agenda21/thema/kyoto-protokoll.htm.

4 Analysiere die möglichen Auswirkungen steigender CO_2-Konzentration auf die Temperatur mithilfe von Grafik 4.

5 Beschreibe Möglichkeiten, den CO_2-Ausstoß deiner Familie zu verringern (Grafik 6).

⑦ *Vereinbarungen des Kyoto-Protokolls zur Emission von Treibhausgasen*

Die Welt im 21. Jahrhundert

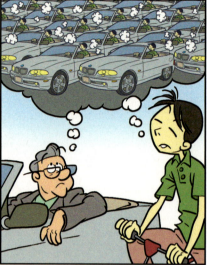

❶

Rohstoffe – die endliche Geschichte

„Weltweite Rohstoffknappheit hält an", „Energiehunger der Welt immer größer" – gehen uns bald die Rohstoffe aus, wie Wissenschaftler gegen Ende des vergangenen Jahrhunderts befürchteten? Ist dadurch sogar die Zukunft der Menschheit in Gefahr? Kann eine wachsende Weltbevölkerung dann überhaupt noch überleben?
Sechs Milliarden Menschen mit den Ansprüchen eines Afrikaners kann die Welt verkraften – sechs Milliarden mit den Ansprüchen eines Deutschen allerdings nicht. Denn ein Deutscher verbraucht 16mal soviel Energie wie ein Afrikaner, sein Lebensstandard und damit sein Energieverbrauch sind um ein Vielfaches höher.

Rohstoffe – Mangel oder Überfluss?
Nach Berechnungen aus dem Jahr 1976 müssten die Vorräte einiger Metalle wie z. B. Zink und Silber bereits aufgebraucht sein. Tatsächlich steigen aber die wirtschaftlich nutzbaren Vorkommen fast aller Rohstoffe, da immer neue Lagerstätten entdeckt werden. Die Rohstoffe reichen noch wesentlich länger, berücksichtigt man alle Reserven.
Weltweit besteht zur Zeit ein ausreichendes Angebot an Rohstoffen, teilweise sogar ein Überangebot. Allerdings ist der Bedarf an Rohstoffen, insbesondere an Energie, beträchtlich und wird weiter ansteigen. Bis zum Jahr 2050 rechnet man damit, dass der weltweite Rohstoffverbrauch gegenüber dem Jahr 2000 um mehr als die Hälfte anwachsen wird. Steigt aufgrund hoher Nachfrage der Preis für einen Rohstoff, können auch ungünstigere Lagerstätten im Meer genutzt werden.
In den 1970er Jahren lohnte sich die Ausbeutung des Nordseeöls. Die Bohrtürme dringen seitdem in immer größere Tiefen von mehr als 900 m vor, so dass auch das Öl der Ozeane gefördert wird. In Zukunft könnte bei deutlich höheren Preisen Erdöl sogar aus den Vorkommen von Ölschiefern und Teersanden gewonnen werden.

❷ *Wächst der Verbrauch wie bisher, reichen die bekannten Energiequellen noch bis ...*

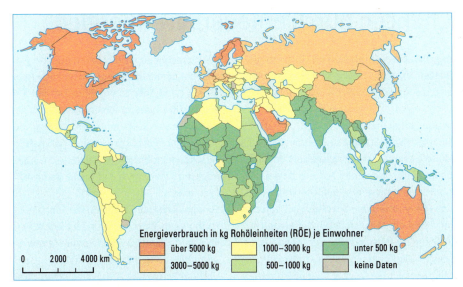

❸ *Energieverbrauch nach Ländern*

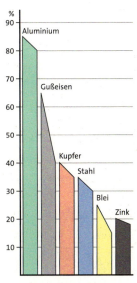

❺ *Recycling im Automobilbau*

❹ **Erdöl, Ölschiefer und Teersande**
Wichtigstes Ausgangsmaterial der Erdölentstehung sind große Mengen an Plankton, die sich an der Oberfläche von Meeren bilden. Nach dem Absterben sinken sie auf den Meeresboden, werden von Sedimenten bedeckt und unter Luftabschluss vor dem Zerfall bewahrt. Ein Fäulnisprozess führt zur Umwandlung zu Kohlenwasserstoffen und Bitumen, Teersande entstehen. Durch den Druck einer wachsenden Sedimentdecke verfestigt sich der Faulschlamm zu Ölschiefern. Entlang von Spalten und Poren wandert ein Teil des Erdöls in poröse Speichergesteine, die von undurchlässigen Schichten abgedeckt sind. Wirtschaftlich rentable Anreicherungen entstehen aber nur an sogenannten Erdölfallen, in denen sich das Öl sammelt.

Maßnahmen gegen Rohstoffverknappung
Durch Recycling können wertvolle Rohstoffe wiedergewonnen werden. In Deutschland sind die Recyclingquoten für verschiedene Materialien sogar gesetzlich vorgeschrieben. Nach anfänglicher Skepsis übertrifft die tatsächliche Wiederverwertung inzwischen bei weitem die Forderungen. Das trägt einerseits zur Schonung der Rohstofflagerstätten bei und verhindert andererseits, dass die Preise ins Unermessliche steigen. Denn je knapper ein Rohstoff ist, desto höher ist sein Preis.
Eine weitere Maßnahme ist die **Substitution**, also der Ersatz knapper und teurer Rohstoffe durch häufiger vorkommende Stoffe. Ein Beispiel dafür ist die Verwendung des Glasfaserkabels anstelle des Kupferkabels.
Mit diesen Maßnahmen entfällt keineswegs die Verpflichtung zum schonenden Umgang mit Rohstoffen. Denn diese sind begrenzt, nicht erneuerbar und gehen durch ihre Nutzung meist unwiederbringlich verloren. Vor allem bei der Nutzung fossiler Energieträger kann durch Einsatz von Energiesparlampen, Kauf von Pkw mit niedrigem Energieverbrauch oder durch effektivere Nutzung von Energie in Haushalt und Industrie dazu beigetragen werden, dass Vorräte länger halten und die Preise langsamer steigen.

1 *Bewerte die Aussage von Comic 1. Nutze die Strukturdaten im Anhang.*
2 *Erarbeite und bewerte die Verteilung des Energieverbrauches auf der Erde (Karte 3).*
3 *Die wirtschaftlich nutzbaren Erdölvorkommen sollen bis zum Jahr 2040 reichen. Und dann?*
4 *Erläutere und beurteile den Recyclinganteil des Autos (Diagramm 5).*

❻ *Recyclingquoten für Verpackungen in Deutschland 2003*

Glas	82 %
Papier	60 %
Weißblech	80 %
Aluminium	83 %

Chancen durch erneuerbare Energien

Regenerative Energiequellen, also Energiequellen, die sich ständig erneuern, könnten eine Lösung der Energieprobleme sein.

Wasser, Wind und Co.

Um elektrische Energie zu erzeugen, nutzen Laufwasserkraftwerke besonders in Süddeutschland und in den Mittelgebirgen das Gefälle der Flüsse und Speicherkräftwerke den Höhenunterschied der Täler. In Deutschland sind die Möglichkeiten der Energieerzeugung aus **Wasserkraft** weitgehend ausgeschöpft. Die für einen Ausbau notwendigen Stauseen würden weitere Täler überfluten. Doch angesichts eines möglichen Energieengpasses wird nach immer neuen Stromerzeugungstechnologien geforscht. Ein Beispiel ist das erste Meereswellenkraftwerk, das 2004 in Schottland ans Netz ging und die in den Wellen vorhandene Energie an der Meeresoberfläche nutzt. Es gilt als zur Zeit noch nicht rentabel, wie auch eine Anlage vor der Küste Cornwalls, die die durch die Gezeiten verursachten Meeresströmungen auszunutzen.

Seit 1966 sorgen Ebbe und Flut an der Mündung des Flusses Rance im Norden der Britagne dafür, dass Turbinen preiswerten Strom erzeugen. Schwimmende Gezeitenkraftwerke bieten theoretisch weitere Möglichkeiten der Energiegewinnung, sind aber wenig realistisch.

Im Aufwind sah man in den 1990er Jahren die Nutzung der **Windenergie**, die durch den Staat gezielt gefördert wurde. Strom aus Windkraftanlagen muss von den Unternehmen der Stromversorgung zu einem festen, hohen Preis abgenommen und in das Stromnetz eingespeist werden. Das führte zu einer Steigerung der Zahl der Windkraftanlagen auf mehr als 11 400 im Jahr 2001. Weil der Wind aber nur unzuverlässig weht, müssen Kraftwerke parallel zu den Windanlagen in Gang gehalten werden, denn auch bei Windstille muss das benötigte Energieangebot bereitstehen. Außerdem hätte man 27 000 Windräder zu errichten, um nur ein einziges Kraftwerk zu ersetzen. Naturschützer sprechen zudem von einer Häufung von „Wind-Monstern", die ganze Landschaften verschandeln. Trotzdem tragen sie dazu bei, Abgase zu verringern und fossile Brennstoffe zu sparen.

Sonnenkollektoren wandeln die Sonneneinstrahlung in Wärme um, indem Wasser erhitzt wird. Dies wird vor allem zur Warmwasseraufbereitung und zur Unterstützung der Heizung verwendet. Die Sonne liefert zwar tagsüber Wärme, aber man benötigt gerade abends oder morgens warmes Wasser. Dieses Problem wird durch den Solarspeicher gelöst, der die **Sonnenenergie** als warmes Wasser bereithält. Über das Rohrsystem des Wärmetauschers wird die gespeicherte Energie abgegeben.

In keinem Land wird die **Erdwärme** so stark genutzt wie in Island. Dort sorgen geothermische Kraftwerke dafür, dass der Anteil der erneuerbaren Energie am Gesamtenergiebedarf bei 63 % liegt.

Große Hoffnungen werden in die **Biomasse** gesetzt, die schon heute zu den wichtigsten erneuerbaren Energien zählt. Organische Stoffe wie Holz, Stroh, aber auch Öl aus Raps werden zunehmend auch in Großanlagen als umweltfreundliche Energielieferanten genutzt. Gülle ist die Grundlage für die Gewinnung von Biogas, das auf Bauernhöfen produziert werden kann. Aus Raps wird Biodiesel hergestellt, mit dem dafür geeignete Autos und Busse fahren können.

Viele Techniken zur Nutzung der erneuerbaren Energiequellen sind immer noch teuer und aufwändig. Doch je mehr Menschen diese Techniken nutzen, desto preiswerter wird die gewonnene Energie. Wurden im Jahr 2000 erst 9 % der Stromversorgung durch erneuerbare Energien gedeckt, soll ihr Anteil im Jahr 2040 auf 40 % der weltweiten Energieversorgung steigen.

① *Gezeitenkraftwerk:* Nutzung des Tidenhubs

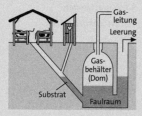

② *Geothermisches Kraftwerk:* Nutzung der Erdwärme

③ *Biomassekraftwerk:* Nutzung organischer Stoffe

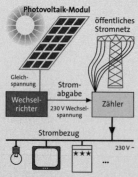

④ *Sonnenenergie:* Photovoltaik wandelt Sonnenlicht um

Autofahren mit Wasser

Als mögliche Energie der Zukunft gilt die **Brennstoffzelle**. Grundlage ist die Knallgasreaktion, in der sich Wasserstoff und Sauerstoff zu Wasser verbinden. Dabei wird Energie ohne Abgase freigesetzt. Nutzt man diese Reaktion in einer Brennstoffzelle, können Autos mit ihr fahren. Allerdings ist die Gewinnung von Wasserstoff aus Wasser technisch und energetisch sehr aufwändig.

❺ **Strom vom Schuldach – Interview mit der Schülerzeitung „Die Lupe" –**

„Die Lupe": „Klasse 10 c und Herr Wink betreuen unsere Photovoltaikanlage. Warum hat die Schule die Anlage angeschafft?"

Tanja: „Öl oder Kohle werden immer teurer und knapper. Die Sonne als saubere Energiequelle wird es aber immer geben."

„Die Lupe": „Verbraucht unsere Anlage denn keine Rohstoffe?"

Sascha: „Die Solarzellen sind aus Silizium. Das ist ein Bestandteil von Sand, den es im Überfluss gibt."

„Die Lupe": „Lohnt sich die Photovoltaikanlage überhaupt?"

Herr Wink: „Die Anlage produziert im Jahr etwa 850 Kilowattstunden. Wenn wir diesen Strom zum Preis von 43 Cent pro Kilowattstunde an das öffentliche Stromnetz verkaufen, erzielen wir einen Gewinn von etwa 365 Euro im Jahr. Natürlich dauert es, bis der Anschaffungspreis von 6 200 Euro erwirtschaftet ist. Aber 3 000 Euro haben wir als Zuschuss vom Forschungsministerium erhalten."

„Die Lupe": „Warum benutzen wir den erzeugten Strom nicht direkt, um die Schule mit Energie zu versorgen?"

Elke: „Die Anlage hat den Nachteil, dass nicht immer oder nur wenig Strom produziert wird. Zum Beispiel im Winter oder in der Nacht."

„Die Lupe": „Und was ist ihr größter Vorteil?"

Elke: „Unsere Photovoltaikanlage spart im Jahr mehr als eine halbe Tonne CO_2! Das entlastet die Umwelt."

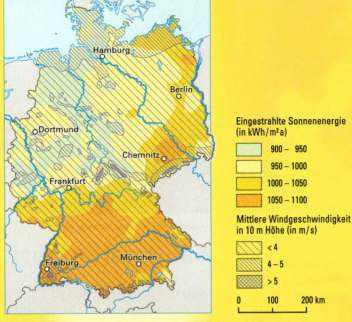

❻ *Eingestrahlte Sonnenenergie und Windgeschwindigkeiten in Deutschland*

1 Nenne die Vor- und Nachteile der einzelnen erneuerbaren Energiearten und bewerte sie.

2 Werte Karte 6 aus.

3 Berechne den täglichen Stromverbrauch deiner Familie mithilfe des Stromzählers. Wie lange dauert es bei der in deinem Wohnort eingestrahlten Sonnenenergie (Karte 6), bis der errechnete Verbrauch mit einer Photovoltaikanlage produziert werden kann?
(Größe der Photovoltaikanlage: $3\,m^2$; 10 % der Einstrahlungsenergie werden in elektrische Energie umgewandelt)

❶ Entsiegelung des Schulhofes

❸ Umgestalteter Schulhof in Hannover

Natur statt Asphalt

Siedlungs- und Verkehrsfläche in m²/Einwohner

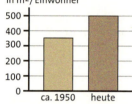

500
400
300
200
100
0
ca. 1950   heute

Wohnfläche in m²/Einwohner

40
30
20
10
0
ca. 1950   heute

❷ Flächenentwicklung in Deutschland

Surftipp
www.gruen-macht-schule.de

❹ **Mehr Grün für unseren Schulhof!**
So sehen Schulhöfe leider oft aus: langweilig, eintönig, asphaltiert! Kaum Grünflächen, keine Spielmöglichkeiten, keine Ruheplätze, kein Platz für Sport. Nicht nur ihr leidet darunter, sondern auch die Natur. Durch die Asphaltierung großer Teile des Bodens, also durch **Versiegelung**, kann das Oberflächenwasser nicht mehr versickern und gelangt in vielen Gemeinden über die Kanalisation in Klärwerke. Das eigentlich saubere Regenwasser wird mit Abwässern gemischt und muss mit hohem Aufwand gereinigt werden. Die Kosten dafür tragen alle Einwohner einer Gemeinde über die Abwassergebühren.
In einer Schule in Hannover machte sich eine Projektgruppe an die Planung und Neugestaltung des Schulhofes. 2000 m² „tote" Asphalt- und Pflasterfläche wurde entfernt, 600 m³ Boden aufgebracht und zu einer abwechslungsreichen Hügellandschaft geformt. Sträucher und Bäume wurden gepflanzt, die verbliebenen Asphaltflächen zu Spiel- und Erlebnisräumen wie Fahrradparcours oder Basketball- und Bolzplatz umgestaltet. Ein Freiluftklassenzimmer lädt im Sommer zum Lernen in grüner Umgebung ein. Ein Einzelfall? Vielleicht, aber nachahmenswert!

Ihr könnt als Klasse die naturnahe Umgestaltung eures Schulhofes mit der Methode der Zukunftswerkstatt in Angriff nehmen. Folgende Anregungen können hilfreich sein:
– Führt auf dem Schulhof eine Bestandsaufnahme durch. Stellt die Größe der versiegelten Schulhoffläche fest. Berechnet, wie viel Niederschlagswasser im Jahr nicht versickern kann. Erkundigt euch dazu, wie hoch der jährliche Niederschlag in eurer Region ausfällt. Messt die Temperatur an einem Sonnentag über der versiegelten Fläche und über einer Grünfläche. Formuliert aus diesen Ergebnissen ein Ziel für eure Entsiegelungsaktion.
– Stellt eine Übersicht über die Nutzungsintensität einzelner Schulhofbereiche auf und überlegt, an welchen Stellen der Schulhof aufgerissen und bepflanzt werden könnte.
– Eine maßstabsgerechte Skizze oder maßstabsgerechte Modelle eures idealen Schulhofes sind hilfreich für eine Präsentation.
– Stellt eure Vorschläge der Schulkonferenz vor. Stimmt sie zu, könnt ihr im Rathaus euer Projekt einreichen und einen Antrag auf Durchführung stellen.

Versiegelung von Landschaft

Der Anteil der versiegelten Fläche in Deutschland steigt ständig. Besonders die zunehmende Motorisierung ist dafür verantwortlich. Sie macht den Bau neuer Straßen, aber auch von Parkplatzflächen vor dem Haus, dem Arbeitsplatz, dem Supermarkt, dem Kino usw. erforderlich.

Dabei gehen wertvoller Naturraum und landwirtschaftliche Nutzflächen verloren. Zusätzlich sorgen Industrie- und Gewerbebetriebe, Einkaufszentren mit riesigen Parkplätzen und neu entstehende Wohngebiete für eine großflächige Versiegelung der Landschaft. In Deutschland werden jede Sekunde etwa 13,5 m² zu Siedlungs-, Gewerbe- und Verkehrsfläche. Das sind 117 ha oder 150 Fußballfelder an jedem Tag, die der Natur verloren gehen.

Maßnahmen gegen Landschaftsverbrauch

Dabei bemühen sich die Planer, das ungeregelte Wachstum von Siedlungsbereichen zu verhindern, denn dieses führt nicht nur zu einer noch stärkeren Versiegelung, sondern auch zu einer fortschreitenden **Zersiedlung** der Landschaft, die von Häusergruppen und Verkehrswegen durchsetzt wird. Genehmigt werden fast nur noch Baugebiete mit einer guten Anbindung an das Netz des ÖPNV, um das Verkehrswegenetz auf ein Mindestmaß zu reduzieren. Schienen für Straßenbahnen benötigen viel weniger Platz als Straßen für den Autoverkehr. Und ein vollbesetzter Bus ersetzt die Fläche von 60 Pkw, in denen meist nur eine Person sitzt.

Stadtteile mit kurzen Wegen und Mehrfamilienhäuser reduzieren weitere Zersiedlung und schonen mehr Fläche als eine unüberschaubare Zahl von frei stehenden Einfamilienhäusern mit den nötigen Zuwegen.

Durch Entsiegelung können auch nicht mehr benötigte Straßen, Industriebrachen oder Teile von Parkplätzen in einen naturnahen Zustand zurückgebracht werden.

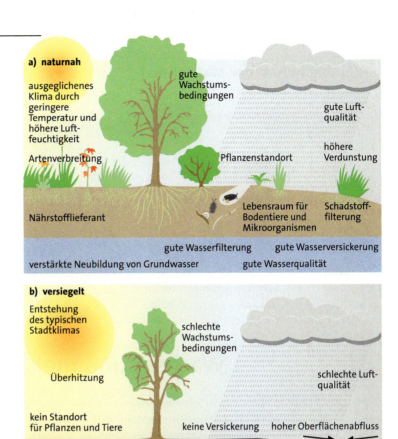

⑤ *Auswirkungen von Versiegelung auf die ökologischen Bedingungen*

1 Zeige in einem Wirkungsschema die Folgen auf, die die Versiegelung der Landschaft hat. Grafik 5 hilft dir dabei.

2 Beschreibe und beurteile ein Beispiel für die Entsiegelung einer Verkehrs- oder Industriefläche in deiner Umgebung.

Kaum zu glauben

0,85 € Versiegelungssteuer müssen in Alsdorf 2004 für jeden Quadratmeter bezahlt werden, auf dem Niederschlagswasser nicht versickern kann. Die Verursacher tragen so zum Bau von Kläranlagen bei, in denen das Oberflächenwasser behandelt wird. Solch eine Steuer gibt es auch in vielen anderen Städten Deutschlands.

Die Welt im 21. Jahrhundert

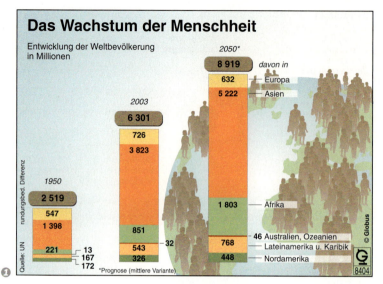

①

③ Viele Kinder – wenige Kinder

„Wachset und mehret euch"

② Prognose der Weltbevölkerung

Geburtenrate (GR)
Anzahl der lebend Geborenen pro 1 000 Einwohner

Sterberate (SR)
Anzahl der Gestorbenen pro 1 000 Einwohner

Jede Sekunde werden statistisch gesehen 2,5 Menschen geboren. Jede Minute kommen 150 Menschen dazu. Das sind etwa 79 Millionen neue Erdbewohner jedes Jahr. Ein Ende des **Bevölkerungswachstums** ist nicht abzusehen. Prognosen sagen Werte von 12,8 Milliarden für das Jahr 2050 voraus, wenn die Geburtenzahl sich nicht verändert.

Die **Wachstumsrate**, also das Verhältnis von Geburtenrate und Sterberate, erreichte ihren bisher höchsten Wert mit 2,5 % im Jahr 1975. Seitdem fällt sie und weist für 2002 den Wert 1,2 % aus. Das weltweite Bevölkerungswachstum wird schwächer. Aber auf absehbare Zeit wird die Weltbevölkerung weiter ansteigen, so wie eine Schaukel, die noch eine Zeit lang weiterschaukelt. Viele Jugendliche kommen nämlich in das Alter, in dem sie Kinder haben.

Bevölkerungsprognosen

Mit einem Computer und geeigneter Software lassen sich Prognosen für einzelne Länder sowie die Welt erstellen, wenn man Kenntnisse über die Bevölkerungsentwicklung anwendet.

Den Bevölkerungsaufbau eines Landes nach Geschlecht und Alter zeigt die **Bevölkerungspyramide**. Verändert sich die Bevölkerung im Verlaufe der Zeit, so wandelt sich auch die Form der Pyramide:

– Die eigentliche Pyramidenform kennzeichnet die wachsende Bevölkerung eines Entwicklungslandes.
– Die Pyramide ähnelt einer Glocke, wenn die Geburtenrate über mehrere Jahre gleich ist, z. B. in Schwellenländern.
– Bei einem Schrumpfen der Bevölkerung entsteht eine Urnenform, die typisch für Industrieländer ist.

So wie heute in den Entwicklungsländern ist die Bevölkerung vor über 100 Jahren auch in den Industrieländern gewachsen. Viele Anzeichen sprechen dafür, dass die Entwicklungsländer eine ähnliche Entwicklung der Bevölkerung nehmen wie die Industrieländer. Man stützt sich bei dieser Aussage auf das **Modell der Bevölkerungsentwicklung**.

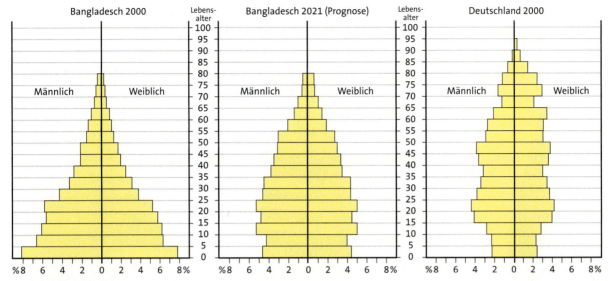

4 *Bevölkerungspyramiden*

1 Vergleiche das Bevölkerungswachstum von Europa mit dem von Asien, Afrika und Lateinamerika und begründe die Unterschiede (Diagramme 1).

2 Erläutere und beurteile Diagramm 2.

3 Arbeite mit den Bevölkerungspyramiden 4.
 a) Analysiere den Bevölkerungsaufbau von Deutschland und Bangladesch im Jahr 2000 und vergleiche. Teile dabei in Altersgruppen ein: 0–14 Jahre, 15–64 Jahre, ab 65 Jahre.
 b) Welche unterschiedlichen Probleme ergeben sich aus der Altersstruktur?
 c) Analysiere die Prognose des Bevölkerungsaufbaus Bangladeschs im Jahre 2021 bei stark sinkender Geburtenrate und vergleiche mit Deutschland.

4 Erläutere und begründe das Modell der Bevölkerungsentwicklung (5).

5 Ordne den einzelnen Phasen des Modells zu:
 a) Deutschland 1900 (GR 3,8 %; SR 2 %), 1980 (GR 0,9 %; SR 0,9 %), 2001 (Strukturdaten im Anhang)
 b) Indien 1901 (GR 4,5 %; SR 4,4 %), 1961 (GR 4,1 %; SR 1,9 %), 1971 (GR 3,6 %; SR 1,4 %), 2000 (Strukturdaten im Anhang)
 c) Wie wird die Bevölkerungsentwicklung in Indien verlaufen, wenn eine weitere wirtschaftliche Entwicklung stattfindet?

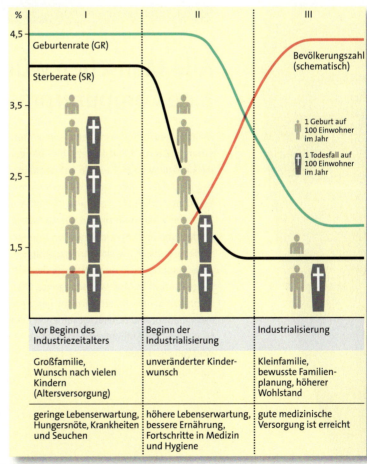

5 *Modell der Bevölkerungsentwicklung*

TERRAMethode

Die Welt im 21. Jahrhundert

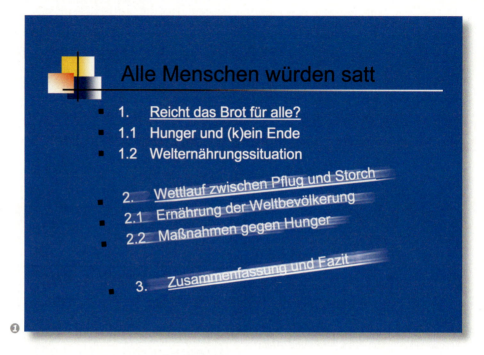

❶

„Wie kann ich meine Ergebnisse optimal präsentieren?" Diese Frage stellt sich häufig, wenn ihr die Resultate einer Gruppenarbeit oder ein Referat den Mitschülern vorstellen wollt.

Ein geeignetes Hilfsmittel ist die Computerpräsentation, mit der man klar, übersichtlich und anschaulich Arbeitsergebnisse vermitteln kann.

Alle Menschen würden satt – Eine Computerpräsentation anfertigen

„Schon wieder zugenommen!" – viele Menschen in Deutschland kennen den bangen Blick auf die Waage. Deshalb hat der Kampf gegen das Übergewicht durch kalorienarmes Essen und Diätpläne bei uns Konjunktur. Doch der Überernährung in den Industrieländern stehen Unterernährung und Hunger in vielen Entwicklungsländern gegenüber. Jeder glaubt es zu kennen: Hunger, das bohrende Gefühl in der Magengegend. Doch wenn Menschen dauerhaft nicht genug zu essen haben, sind Schwäche, fehlende Kraft zum Arbeiten, Anfälligkeit für Krankheiten oder Tod die Folgen.

Eine Computerpräsentation anfertigen
1. Schritt: Vorbereitungen treffen
Die ersten Arbeitsschritte erfolgen wie bei einem Referat.
Scanne ausgewählte Materialien wie Diagramme, Fotos, Karikaturen ein.
Lege die Anzahl und die Reihenfolge der geplanten Folien fest.

2. Schritt: Folien aufbauen und gestalten
Wähle im Präsentationsprogramm eine geeignete Entwurfsvorlage aus. Füge Texte und Materialien ein. Beachte dabei Folgendes:
Jede Folie erhält eine treffende Überschrift. Formuliere den Textinhalt in klaren Stichworten. Beschränke dich auf wesentliche Informationen, denn eine Flut von unwichtigen Mitteilungen lenkt beim Zuhören ab.

Wähle einen ansprechenden Hintergrund der Folien. Achte dabei auf den Kontrast zwischen Text und Hintergrundfarbe. Gut eignen sich z. B. schwarze, blaue oder signalrote Schrift auf einem hellen Hintergrund.
Wähle Schrifttyp und Schriftgröße so, dass sie aus der Entfernung leicht lesbar sind (z. B. für Überschriften: 24 pt, Fließtext: mindestens 18 pt). Durch dezente Hervorhebung (z. B. Markierung oder Farbe) wird jede wichtige Information gekennzeichnet. Aber: Eine zu bunte Präsentation lenkt eher ab.
Außerdem kannst du Animationseffekte und Sounds festlegen. Geh sparsam damit um – sie sind dann sinnvoll, wenn ein schrittweiser Aufbau dem Zuschauer beim Erfassen und Verarbeiten von Informationen hilft.
Entscheide über den Folienübergang: Soll er automatisch oder nach Bedarf durch Mausklick erfolgen?

3. Schritt: Generalprobe durchführen
Übe den kompletten Vortrag mehrmals. Eine „Generalprobe", z. B. vor Freunden, gibt dir Sicherheit im Umgang mit den Medien und im Vortragen.

4. Schritt: Computerpräsentation vortragen
Prüfe vor der Präsentation vor der Klasse, ob die benötigte Technik (Computer, Laptop, CD-ROM, Beamer) funktioniert.
Erläutere deine präsentierten Folien, denn viele Informationen bedürfen einer Erklärung, da sie für die Zuhörer neu sind.
Sprich langsam und möglichst frei. Nutze die Folien als „Spickzettel", um den roten Faden nicht zu verlieren.

5. Schritt: Reflexion
Was hat gut geklappt? Was kannst du das nächste Mal besser machen?

1 Bereite eine Computerpräsentation zum Thema „Möglichkeiten und Probleme der Gentechnik" vor.

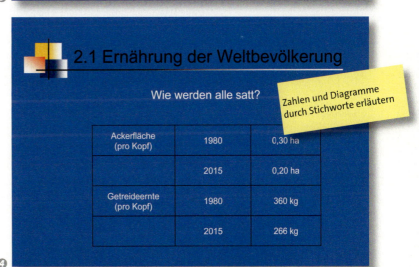

Die Welt im 21. Jahrhundert

Umweltverschmutzung reduzieren

Energieverbrauch drosseln

Rohstoffverbrauch senken

sozial Schwachen helfen

Lebensqualität verbessern

Industrieländer
Ziel: neuer Lebensstil

❶ Zukünftige Aufgaben der Gesellschaft

Unsere Zukunft – was ist zu tun?

Offenbar gibt es verschiedene Ursachen für die Gefährdung der Zukunft unseres Planeten. Als eine der größten Gefahren wird die Bevölkerungsexplosion gesehen. Denn wenn sich die Bevölkerung der Erde in wenigen Jahren verdoppelt, muss die Zahl der Arbeitsplätze vergrößert und die Nahrungsmittelproduktion erhöht werden. Folglich steigen Rohstoffverbrauch, aber auch Umweltbelastungen. Und das alles, damit die Lebensbedingungen für einen Teil der Menschheit erhöht und für den anderen Teil zumindest auf dem gleichen Niveau gehalten werden können.

Das gegenwärtig höchste Bevölkerungswachstum findet in den Entwicklungsländern statt. Ist hier der Grund dafür zu suchen, dass die Erde die Grenze der **Tragfähigkeit**, d. h. der höchstmöglichen Einwohnerzahl, zu überschreiten droht? Teilweise mag das zutreffen, aber die wichtigere Ursache ist das Wohlstandsniveau der Industrieländer, in denen nur etwa ein Fünftel der Weltbevölkerung lebt. Diese besitzen aber 83 % des Reichtums, 80 % aller Autos und verursachen den größten Teil der Luftverschmutzung. Würde unser Lebensstandard auf alle heute lebenden Menschen ausgedehnt, würde dies den sofortigen ökologischen Kollaps bedeuten. Wir haben aber die Erde von unseren Kindern nur geborgt, also sind wir auch zum Handeln verpflichtet!

Agenda 21, Schuldenerlass, Weltklimakonferenz

Nationale Agenda 21, Ökosteuerreform

Regionale Kooperation

Lokale Agenda 21, nachhaltige Stadtentwicklung

Konsum, Lebensstil

❷ Räumliche Ebenen der Agenda 21

Simone B., Büroangestellte
„Kinder bekommen? Kommt für mich auf gar keinen Fall in Frage. Das kann ich doch gar nicht mehr verantworten! Ich mache mir keine Illusionen über die Zukunft. Umweltverschmutzung, soziale Ungerechtigkeit und Kriege werden das Leben auf der Erde kennzeichnen. Überall gibt es Anzeichen dafür!"

Lotte K., Schülerin
„Wir haben schon im Kindergarten beigebracht bekommen, was Umweltschutz heißt. Das Sammeln von Verpackungen und das Sortieren der Abfälle ist bei uns zu Hause zur Normalität geworden. Wir heizen nicht mehr so stark und unsere ganze Familie achtet darauf, dass wir möglichst wenig Rohstoffe verbrauchen. Das schont die Umwelt und spart richtig Geld. Wenn alle so handeln, auch in anderen Ländern, dann brauchen wir uns um die Zukunft keine Sorgen zu machen."

1 Handeln für die Zukunft: Ordnet die Aussagen 3 in zwei Gruppen: Skepsis oder Hoffnung. Begründet eure Entscheidung, indem ihr die Aussagen kommentiert.
2 Ergänzt Aussagen, die euch fehlen.

❸ Vorstellungen von Menschen über ihr zukünftiges Handeln

Entwicklungsländer
Ziel: Befriedigung der Grundbedürfnisse

Umwelt erhalten — Armut bekämpfen — Wirtschaft entwickeln — Menschen beteiligen — Bevölkerungswachstum stoppen

David B., Mitglied einer Umweltgruppe
„Ich sehe das Zukunftsproblem im Moment als nicht so gravierend an. Unsere Umweltgruppe gibt es jetzt seit 25 Jahren und ich war von Anfang an dabei. Zuerst wurden wir belächelt, wenn wir mit unseren Flugblättern in der Fußgängerzone standen. Nun sind wir seit mehreren Jahren im Stadtrat vertreten und können die Umweltpolitik von dort aus mitbestimmen, denn die stärkste Partei ist auf unsere Stimmen angewiesen. Ich bin sicher, dass wir in Deutschland mit gutem Beispiel vorangehen. Wenn wir die anderen Europäer davon überzeugen können, dass alle in der Umweltpolitik am gleichen Strang ziehen müssen, dann hat sich die EU schon gelohnt!"

Tsu Long, Politiker
„Wir müssen es irgendwann schaffen, dass der Welthandel gerechter wird. Es kann doch nicht so weiter gehen, dass wir unsere Rohstoffe zu immer niedrigeren Preisen in die Industrieländer exportieren und dort zu immer höheren Preisen Maschinen kaufen müssen, die wir bei uns nicht produzieren können. Und dann muss die Zollpolitik der EU sich ändern, sonst werden wir es nie schaffen, eine eigene Industrie aufzubauen. Die Ingenieure dafür haben wir zwar ausgebildet, die arbeiten aber inzwischen in den Industrieländern und fehlen uns."

Helmut F., Mechaniker
„Das ist doch alles Quatsch! Soll der Mensch für alles verantwortlich sein? Früher gab es doch auch Eiszeiten, als es noch gar keine Menschen gab. Und heute? Das bisschen, was ein einzelner Mensch anrichten kann, tut doch niemandem weh. Ich will jetzt richtig leben, mir ein PS-starkes Auto leisten und jedes Jahr nach Gran Canaria fliegen können. Und Müll sortieren? Kommt bei mir nicht in die Tüte, denn hinterher wird sowieso alles zusammen verbrannt!"

Horst G., ehemaliger Maschinenbauingenieur
„Ich habe so richtig die Nase voll! Wie oft habe ich neu anfangen müssen, mir immer wieder neue Arbeitsplätze gesucht, wenn meine Firma dicht machte. Immer wieder musste ich umziehen, darüber ist jetzt sogar meine Ehe kaputt gegangen. Ich hau hier ab. Mit dem bisschen, was mir geblieben ist, düse ich in die Karibik und fange neu an. Irgendetwas im Tourismusbereich, denn Reiche wird es immer geben, die dort Urlaub machen. Die werde ich auf einem Motorboot durch die Gegend schippern."

Teresa M., Politikerin
„Seit Jahren kämpfen wir auf unserem Kontinent für die Gleichberechtigung von Mann und Frau. Auf internationalen Kongressen erfahren wir, welche Rechte Frauen beispielsweise in Europa haben. Aber auch diese beklagen sich, weil sie beruflich oft Benachteiligung erfahren und sie nicht die gleichen Chancen haben wie ihre männlichen Kollegen. In Zukunft werden Frauen überall ein Mitspracherecht haben. Vielleicht ändert sich dadurch auch die Weltpolitik. Frauen sehen vieles anders als Männer!"

„Der eine sagt dies, der andere das! Was soll ich denn da noch glauben? Ich denke, dass ..."

→ TERRATraining

Die Welt im 21. Jahrhundert

„He, ihr da im Norden! Licht aus!"

Wichtige Begriffe
Bevölkerungswachstum
Bevölkerungspyramide
Biomasse
Brennstoffzelle
Computerpräsentation
Erdwärme
Klimawandel
Modell der Bevölkerungs-
  entwicklung
Treibhauseffekt
Regenerative Energien
Sonnenenergie
Substitution
Tragfähigkeit
Versiegelung
Wachstumsrate
Wasserkraft
Windenergie
Zersiedlung

1 Sprecht in der Klasse über die Bedeutung dieser Aufforderung und bezieht euch dabei umfangreich auf den Inhalt des letzten Themenblockes.

❶ *Satellitenaufnahme der Erde bei Nacht*

Training

Anhang

TERRA Lexikon

Beschäftigungspolitik: Alle Maßnahmen der Städte, Gemeinden, Länder und Staaten, die Beschäftigung zu fördern und somit Arbeitslosigkeit zu verringern oder zu vermeiden.

Bevölkerungswachstum: Absolute Zunahme der Bevölkerung eines Gebietes. Man unterscheidet ein Wachstum durch Zuwanderung und das natürliche Bevölkerungswachstum, welches sich als Differenz der Geburten und Sterbefälle in einem Jahr ergibt.

Binnenmarkt: Alle Absatzmöglichkeiten innerhalb des eigenen Landes oder innerhalb einer Staatengemeinschaft. Sie hängen regional unterschiedlich von der Bevölkerungsdichte und damit von der Kaufkraft ab. (Gegensatz: Welthandel)

E-Business: Elektronischer Geschäftsverkehr auf allen Gebieten bei Beteiligung, Entwicklung, Fertigung, Marketing und Vertrieb.

EFTA (European Free Trade Association = Europäische Freihandelszone): gegründet 1960. Ihre Mitglieder sind heute entweder der EU beigetreten (Dänemark, Großbritannien, Irland, Österreich, Portugal, Schweden, Finnland) oder mit dieser im EWR (Europäischer Wirtschaftsraum) verbunden (Norwegen, Island). Ziel: Abbau von Handelszöllen und Ausfuhrbeschränkungen zwischen den Mitgliedsstaaten.

Endmoräne: Vor dem Gletscher abgelagertes Feinmaterial und grober Gesteinsschutt. Durch die Form der Gletscherzunge ergeben sich oft bogenförmige Hügelketten, die heute meist bewaldet sind. Die Grundmoräne ist Bestandteil der → glazialen Serie.

Endogene Kräfte: Naturkräfte, die aus dem Erdinnern wirken, z. B. Vulkanismus, Erdbeben und Plattentektonik.

EUREGIO: Zusammengesetzt aus EUropa und REGIOnen. Abkürzung für Regionen an einer innereuropäischen Grenze (sowohl zwischen EU-Staaten als auch zwischen EU- und Nicht-EU-Staaten), in denen auf der Ebene der Gemeinden und Kreise von Menschen und Behörden grenzübergreifend zusammengearbeitet wird.

Europäische Integration: Allmähliches Zusammenwachsen der Staaten Europas mit dem Ziel eines friedlichen Zusammenlebens ohne störende Grenzen.

Europäische Union (EU): Zusammenschluss von 25 (seit Mai 2004) europäischen Staaten zur wirtschaftlichen und politischen Zusammenarbeit. Die EU ging aus der Europäischen Gemeinschaft (EG) hervor.

Exogene Kräfte: Naturkräfte, die an der Erdoberfläche wirken, z. B. Wasser, Wind, Eis, Sonne und Pflanzen. Sie verändern und formen die Erdoberfläche permanent (Verwitterung, Abtragung, Transport, Ablagerung).

Flächennutzungsplan: Entwicklungsplan einer Gemeinde, in dem grob festgelegt ist, wie die Flächen der Gemeinde genutzt werden sollen. Er weist u.a. Wohnbauflächen, Grünflächen und die Flächen für die Land- und Forstwirtschaft aus. Für die im Flächennutzungsplan ausgewiesenen Baugebiete werden außerdem Bebauungspläne aufgestellt.

Footloose-Industrie: Industriezweige, die nicht an bestimmte Standortfaktoren gebunden sind. Sie benötigen beispielsweise keine besonders qualifizierten Arbeitskräfte und die benötigten Rohstoffe sind überall vorhanden.

Gentrifizierung: Beschreibt die soziale Umstrukturierung eines Stadtviertels von anfangs niedriger Wohnqualität und niedrigen Wohnpreisen mit ökonomisch schwacher Bevölkerung (Rentner, Arbeitslose, Migranten). Steigende Mieten nach der Restaurierung von Wohnungen und Häusern ziehen ökonomisch besser gestellte Bevölkerungsschichten an. Der ursprüngliche Charakter des Stadtviertels verändert sich.

Glaziale Serie: Abfolge von Formen, die beim Abschmelzen einer Inlandeismasse entstanden sind. In Süddeutschland gehören dazu: → Grundmoräne, → Endmoräne und Schotterfläche; in Norddeutschland: → Grundmoräne, → Endmoräne, Sander und Urstromtal.

Global Player: Unternehmen, das in vielen Ländern weltweit seine Waren oder Dienste erzeugt und anbietet.

Globalisierung: Bezeichnung für die transnationale Vernetzung der Systeme, Gesellschaften und Märkte. Ziel ist die vollständige Ausbildung eines Weltmarktes, also die weltweite Ausbreitung von Produktion und Absatz von Waren und Dienstleistungen über alle Staatsgrenzen hinweg. Das Kapital hat dabei eine noch nie dagewesene Mobilität. Grundlage sind der weltweite Informationsaustausch (z. B. via Internet) und leistungsfähige Transportmöglichkeiten.

Golfstrom: Meeresströmung, die wärmeres Wasser aus dem Bereich des Golfes von Mexiko über den Atlantik bis an die Küsten West- und Nordeuropas führt. Sie bedingt hier ein milderes Klima als in anderen Gebieten dieser Breitenlage.

Grundmoräne: Ablagerungen am Grunde von Inlandeis oder einem Gletscher, die aus zerkleinertem und lehmigem Material bestehen. Die Grundmoräne ist Bestandteil der → glazialen Serie.

Industriebrache: Fläche, die nach Schließung von Industrieanlagen zunächst nicht genutzt wird, sondern „brach" liegt.

Infrastruktur: Die für die Entwicklung eines Gebietes notwendige Ausstattung mit Einrichtungen, die die Grundlage für das Funktionieren einer Volkswirtschaft bilden. Hierzu gehören u. a. Verkehrsmittel, Verkehrswege, Ver- und Entsorgungseinrichtungen, Kommunikationsnetze, Einrichtungen des Bildungs- und Gesundheitswesens (materielle Infrastruktur).
Im weiteren Sinne gibt es auch die institutionelle (Verwaltung) und die personelle Infrastruktur (Arbeitskräftepotenzial).

Internationale Arbeitsteilung: Zerlegung von komplexen Arbeitsprozessen in Teilprozesse. Diese werden an den weltweit jeweils günstigsten Standorten ausgeführt.

Just in Time: Produktion, bei der die Zulieferung von Einzelteilen erst zum benötigten Zeitpunkt und in der exakt geforderten Reihenfolge des Bedarfs erfolgt. Ziel: Verringerung der Lagerhaltung und Verkürzung der Durchlaufzeiten. Folgen: Firmennahe Verkehrsinfrastruktur muss ausgebaut werden, zusätzliche Belastungen der Zulieferer und des Straßenverkehrs („rollendes Lkw-Lager"), erhöhter Logistikbedarf, hohe Qualitätsanforderung.

Klimawandel: Veränderung wichtiger Klimaelemente über einen sehr langen Zeitraum, z. B. die Erwärmung nach der letzten Eiszeit vor etwa 10 000 Jahren.
Der Einfluss des Menschen auf das Klima der Erde ist nicht abschließend geklärt. Durch die verstärkte Freisetzung von Kohlendioxid und weiteren Treibhausgasen seit Beginn der Industrialisierung trägt der Mensch vermutlich zur Erwärmung der Erdatmosphäre infolge der Verstärkung des natürlichen → Treibhauseffekts bei.
Als Folgen der globalen Erwärmung werden das Abschmelzen der Gletscher, der Anstieg des Meeresspiegels, die Häufung von Stürmen und Hochwasserereignissen, aber auch eine Verschiebung der Klimazonen vorausgesagt.

Kontinentalklima: auch kontinentales Klima oder Landklima. Klima, das in größerer Entfernung der Ozeane im Inneren der Kontinente vorherrscht. Weil die ausgleichende Wirkung des Meeres fehlt, kennzeichnen dieses Klima starke Temperaturschwankungen im Tages- und im Jahresablauf mit oft heißen Sommern und kalten bis sehr kalten Wintern, geringe Luftfeuchtigkeit und geringe Jahresniederschläge.
Im Gegensatz dazu steht das → ozeanische Klima.

Konversion: Übergang, Wechsel; hier: die → Umnutzung ehemals militärisch genutzter Areale in zivil genutzte Flächen.

Landgewinnung: Gewinnung von neuen Bodenflächen aus dem Meer. Dabei macht sich der Mensch den natürlichen Vorgang der Schlickablagerung im Gezeitenbereich der Küsten zu Nutze und beschleunigt diesen Prozess durch die Errichtung von Schlickfängern (Lahnungen). Oder er baut Ringdeiche und pumpt das Wasser aus (vergleiche Einpolderung in den Niederlanden). Die Technik der Landgewinnung hat man an der Nordseeküste über Jahrhunderte entwickelt.

Anhang

Landschaftsverbrauch: Umwandlung von Freiflächen in Siedlungs-, Verkehrs- und Gewerbeflächen. Der Landschaftsverbrauch liegt in Deutschland bei etwa 117 ha pro Tag.

Mittelmeerklima: auch mediterranes Klima. Das Mittelmeerklima herrscht im Mittelmeerraum und gehört zu den subtropischen Klimaten. Milde und verhältnismäßig regenreiche Winter und sehr warme, lange, trockene Sommer begünstigen die Ausbreitung eines artenreichen Pflanzenwuchses. Charakteristisch für die Mittelmeervegetation sind immergrüne Gehölze, die ursprünglich das ganze Mittelmeergebiet bedeckten. Wichtige Vertreter sind Hartlaubgewächse wie Stein- und Korkeichen, Lorbeerbaum und Oleander.

Mittelzentrum: Zentraler Ort mittlerer Rangordnung. Hier deckt die Bevölkerung des Einzugsbereichs vor allem den periodischen bzw. gehobenen Bedarf, kauft also Güter wie z. B. Kleidung.

NAFTA (North American Free Trade Agreement = Nordamerikanisches Freihandelsabkommen): regelt seit 1994 den Wirtschaftszusammenschluss Kanadas, der USA und Mexikos mit dem Ziel, innerhalb von 15 Jahren Zölle und Handelshemmnisse abzubauen. Ist als Gegenpol zum Europäischen Wirtschaftsraum und zur japanischen Wirtschaftsmacht zu betrachten.

New Towns: Völlig neu geplante und in der zweiten Hälfte des 20. Jahrhunderts errichtete Städte. So entstanden in England nach dem Zweiten Weltkrieg mehr als 30 New Towns zur Entlastung bestehender Großstädte mit jeweils eigenen Versorgungseinrichtungen und Gewerbegebieten.

Non Governmental Organization (NGO): deutsch: Nichtregierungsorganisationen (NRO). Nicht-staatliche Organisationen oder Vereine, die Einfluss auf Politik, Wirtschaft und Gesellschaft nehmen, um von ihnen als ungerecht oder falsch empfundene Entwicklungen zu verbessern, z. B. im Umweltschutz, in der Entwicklungshilfe oder bei der Globalisierung. Oft handelt es sich um Zusammenschlüsse, die von öffentlichen Trägern (z. B. Kirchen) geführt oder unterstützt werden.

Oberzentrum: Zentraler Ort höchster Rangordnung mit zentralen Einrichtungen hoher Reichweite. Hier deckt die Bevölkerung des Einzugsbereichs vor allem den episodischen Bedarf, d. h. selten nachgefragte Güter (z. B. Möbel, Elektronikprodukte) werden hier erworben.

OPEC (Organization of Petroleum Exporting Countries): Zusammenschluss Erdöl exportierender Staaten. Derzeitige Mitglieder: Iran, Irak, Kuwait, Saudi-Arabien, Venezuela, Katar, Indonesien, Libyen, Vereinigte Arabische Emirate, Algerien, Nigeria. Die OPEC-Mitgliedstaaten leisten etwa ein Drittel der weltweiten Erdölproduktion und verfügen über 79,4 % der weltweiten Erdölreserven. Durch Festlegung von Fördermengen hat die OPEC bedeutenden Einfluss auf die Preisentwicklung des Rohöls auf dem Weltmarkt.

Outsourcing: Ausgliederung von Funktionen aus dem eigenen Unternehmen an spezialisierte Dienstleister.

Ozeanisches Klima: Auch Seeklima oder maritimes Klima. Von der ausgleichenden Wirkung des Meeres beeinflusstes Klima küstennaher Regionen. Ozeanisches Klima zeichnet sich durch relativ kühle Sommer und milde Winter bei geringen Temperaturunterschieden und erhöhten Niederschlägen aus. Im Gegensatz dazu steht das → Kontinentalklima.

Raumordnungsgesetz des Bundes **(ROG):** 1965 verabschiedete Rahmenvorschrift für alle Landesplanungsbehörden in Deutschland, worin allgemeine Grundsätze und Ziele der Raumordnung formuliert sind. Die wesentlichen Kompetenzen in der Raumordnungspolitik liegen jedoch bei den Bundesländern (Raumplanung).

Regenerative Energiequellen: Energiequellen, die sich unter den heutigen Bedingungen selbst erneuern, z. B. Energie aus Sonne, Wasserkraft, Wind und Biomasse.

Regionale Disparitäten: Entwicklungsunterschiede zwischen Aktiv- und Passivräumen in einem Land führen zu ungleichen Lebensbedingungen. Aufgabe der Raumordnungspolitik ist es, der Entwicklung dieser Disparitäten entgegenzuwirken.

Rekultivierung: Maßnahme zur Wiederherstellung von Landschaftsteilen, die durch wirtschaftliche und technische Tätigkeiten des Menschen verändert oder zerstört wurden. So werden z. B. Bergbaulandschaften nach erfolgtem Braunkohlen- oder Kiesabbau wieder in nutzbares Land zurückverwandelt.

Wo die Braunkohle abgebaut ist, wird der Tagebau mit Abraum gefüllt. Die Oberfläche bedeckt man mit fruchtbarer Erde und wandelt sie wieder in Ackerland oder Grünland um oder forstet sie auf. In einigen Tagebaugebieten werden Seen angelegt und aus Abraumkippen neue Hügel gestaltet. Bis die Rekultivierung abgeschlossen ist, vergehen Jahrzehnte. Rekultivierte Flächen sind häufig Erholungsgebiete für nahe liegende Großstädte.

Schrumpfung: Neues Phänomen der Stadtentwicklung bezüglich Bevölkerungszahl und Wohndichte. Freie Flächen, auch in der Innenstadt, nehmen zu. Gründe für den Bevölkerungsrückgang sind z. B. sinkende Geburtenzahlen, Fortzüge in wirtschaftsstarke Regionen, Attraktivitätsverlust durch Rückgang der Industrie.

Seitenmoräne: Nach Abschmelzen eines Gletschers abgelagertes Schuttmaterial an den Seiten der Gletscherzunge.

Stadtperforation: Lückenhafte und untergenutzte Wohnviertel nach Abriss leer stehenden Wohnraums in schrumpfenden Städten. Frei gewordene Flächen können zur Qualitätssteigerung des Wohnumfeldes genutzt werden, z. B. durch Anlage von Grün- und Freiflächen, Frischluftschneisen, Bau von kleineren und individuelleren Wohneinheiten.

Standortfaktoren: Faktoren, die die Ansiedlung von Unternehmen an einem Ort beeinflussen. Man unterscheidet harte und weiche Standortfaktoren.

Zu den harten Faktoren zählen z. B. die Anbindung an ein leistungsfähiges Verkehrsnetz, günstige Industriefläche und Expansionsmöglichkeiten, die Nähe zum Absatzmarkt, die günstige Versorgung mit Rohstoffen oder Energie, aber auch natürliche Faktoren wie z. B. der geologische Untergrund.

Weiche Faktoren sind z. B. das Vorhandensein von qualifizierten (oder auch billigen) Arbeitskräften, attraktive Erholungs- und Freizeitmöglichkeiten und das Standort-Image. Sind an einem Ort die wichtigsten Standortfaktoren erfüllt, so spricht man von Standortgunst.

Strukturhilfe: In der EU werden aus den gemeinsamen Mitteln aller Mitgliedsstaaten solche Regionen gefördert, die in ihrer Struktur hinter dem EU-Durchschnitt zurückliegen. Unterstützt werden z. B. Verkehrsprojekte, Beschäftigungs- und Ausbildungsprojekte oder Versuche, Unternehmen in den betroffenen Gebieten anzusiedeln.

Strukturschwacher Raum: Raum mit geringer Ausstattung an → Infrastruktur, zentralen Einrichtungen und Arbeitsplätzen. Besonders ländliche, periphere und altindustrialisierte Standorte gelten als strukturschwach.

Strukturwandel: lang dauernde und grundsätzliche Veränderung der Wirtschaftsstruktur. In Regionen wie dem Ruhrgebiet arbeiteten früher viele Menschen im Bergbau und in der Schwerindustrie. Heute lohnt es sich kaum noch, die schwer zugänglichen Rohstoffe abzubauen und weiterzuverarbeiten. Da immer weniger Arbeitsplätze in diesem Wirtschaftszweig zur Verfügung stehen, müssen neue in anderen Bereichen geschaffen werden. Dies wird vor allem im Bereich der Dienstleistungen versucht. Auch das Aussehen des Gebietes ist dann von einem Wandel betroffen.

Darüber hinaus bezeichnet der Begriff generell die Veränderung bestehender Strukturen, so z. B. auch die Veränderung der Betriebsgrößenklassen in der Landwirtschaft.

Suburbanisierung: Prozess der Verlagerung des Städtewachstums in die Vororte (engl. suburbs). Die Stadtrandwanderung der Bevölkerung sowie die Verlagerung von Industrie- und Dienstleistungsunternehmen über die Stadtgrenzen hinaus führt zu einem flä-

Anhang

chenhaften Wachstum der Städte bei gleichzeitiger Entleerung der Innenstädte.
Subvention: Finanzielle Unterstützung von Wirtschaftszweigen durch den Staat oder andere öffentliche Körperschaften meist mit dem Ziel, diese Wirtschaftszweige am Leben zu erhalten. Die Unterstützung kann in Form von Geldzahlungen, Steuerermäßigungen oder Zinszuschüssen geschehen. Hauptempfänger in Deutschland sind Landwirtschaft, Kohlebergbau und Wohnungsbau.
Tragfähigkeit: Möglichkeiten, wie die Gesellschaft zukünftig existieren kann. So beschreibt z. B. die agrare Tragfähigkeit, wie viele Menschen mit der Agrarproduktion auf gleichbleibendem Entwicklungsniveau versorgt werden können. Berechnungsmodelle gehen derzeit von fünf bis 15 Milliarden Menschen aus. Jedoch werden diese Modelle ständig korrigiert durch die Fortschritte in der Agrartechnik bzw. Gentechnik.
Daneben stellt sich in Ballungsräumen die Frage nach der humanen Tragfähigkeit (Wie viel Fläche benötigt ein Mensch zum leben?) bzw. global die Frage nach der ökologischen Tragfähigkeit (Wie viele Menschen kann das Ökosystem Erde tragen?).
Transformation: Umwandlung einer ehemals kommunistischen zu einer demokratischen Gesellschafts- und Wirtschaftsform. Länder, die diesen Prozess durchleben, nennt man Transformationsländer.
Treibhauseffekt: natürlicher Treibhauseffekt: Die Eigenschaft der wasserdampf- und kohlendioxidhaltigen Atmosphäre, die von der Erdoberfläche ausgehende Wärmestrahlung zu reflektieren. Dadurch steht der Erdoberfläche mehr Energie zur Verfügung als durch die reine Strahlungsleistung der Sonne.
Vom Menschen verstärkter (auch anthropogener) Treibhauseffekt: Durch eine erhöhte Menge bestimmter Gase in der Atmosphäre (vor allem Kohlendioxid, Methan, FCKW) wird mehr Wärmestrahlung der Sonne an der Erdoberfläche zurückgehalten. Hauptursachen für die erhöhte Menge der Gase: Abgase aus Kraftwerken und Autos, verstärkte Rinderhaltung, Industrieproduktion von FCKW.

Umnutzung: neue Zweckbestimmung für Gebäude und Flächen mit dem Ziel, die Attraktivität der Gebäude bzw. ganzer Stadtteile zu steigern oder die ortstypische Bausubstanz zu sichern.
Unterzentrum: Zentraler Ort niedriger Rangordnung mit zentralen Einrichtungen geringer Reichweite zur Deckung des qualifizierten Grundbedarfs (Supermärkte, weiterführende Schulen, Banken etc.).
Versiegelung: Abdeckung des natürlichen Bodens im Zuge der Flächennutzung, z. B. mit einer Asphaltdecke, Pflastersteinen, Beton u. ä. Dadurch können Niederschläge und Luft nicht mehr in den Boden eindringen. Auswirkungen auf den Wasserkreislauf sind ein beschleunigter Abfluss des Niederschlagswassers und das Absinken des Grundwasserspiegels.
Virtuelles Unternehmen: Zusammenschluss wirtschaftlich selbstständiger Unternehmen mittels Telekommunikation. Für die einzelnen Funktionen (Entwicklung, Einkauf, Absatz, Finanzierung, Marketing) sind jeweils unterschiedliche Firmen zuständig. Ziele: rasche Reaktion auf Marktveränderungen, Nutzung spezialisierter Unternehmen, Standortunabhängigkeit.
WTO (World Trade Organization = Welthandelsorganisation): arbeitet seit 1995 als Nachfolgerin des GATT (General Agreement on Tariffs and Trade). Sie soll eine zunehmende Liberalisierung des Welthandels erreichen und ein Gesprächsforum zur Vorbereitung von multinationalen Handelsabkommen bieten. Schließlich ist der Welthandel kein freier Warenaustausch, sondern unterliegt verschiedenen nationalen und internationalen Handelsbeschränkungen (z. B. Einfuhrzölle).
Zeitzonen: 24 international festgelegte Meridianstreifen von jeweils 15° Breite, deren Zeitunterschied jeweils eine Stunde beträgt (360° der Erdkugel / 24 Stunden = 15°).
Aus praktischen Gründen erfolgt die Abgrenzung der Zeitzonen jedoch häufig nicht exakt entlang der Meridiane, sondern entlang der Ländergrenzen.

Teste dich selbst – Lösungen

Seiten 30/31

4 a) Klimadiagramm 1; Gründe: Durchschnittstemperatur/feuchte, milde Winter/heiße, trockene Sommer

b) ozeanisch-geprägtes, feucht-gemäßigtes Klima; Gründe: gemäßigte Durchschnittstemperatur von 9,5 °C, Temperatur ganzjährig über 0 °C, geringer Temperaturunterschied in den Jahreszeiten (Ausgleich durch das Meer)

6 Island, Norwegen, Schweiz, Bosnien und Herzegowina, Kroatien, Mazedonien, Serbien und Montenegro (ehem. Jugoslawien), Albanien, Russland, Ukraine, Weißrussland, Moldau (ehem. Moldawien), Bulgarien, Rumänien, Türkei (Stand 2005)

Seiten 48/49

4 a) IT = Information Technology

b) IT = Mobilfunk, Computertechnologie, Netzwerksystem, Satellitentechnik, Chip-Produktion, Softwareentwicklung, Telefonanlagenbau

6

harte Standortfaktoren	weiche Standortfaktoren
staatliche Förderung	Image einer Region
günstige Verkehrslage	Wohnqualität
Rohstoffangebot	Freizeitmöglichkeiten
Arbeitskräfteangebot	Kulturangebot
Fabrikgelände	
Steuerentlastung	
niedrige Lohnkosten	
Nähe zum Absatzmarkt	

Seiten 62/63

2 a) falsch, b) richtig, c) falsch, d) richtig, e) falsch

4 gesuchter Ort: Waldenburg
(Katto**w**itz, Kr**a**kau, Oppe**l**n, **D**anzig, Pos**e**n, Stetti**n**, **B**reslau, Warschau, Thor**n**, **G**leiwitz)

Seiten 82/83

3 Grafik 5 zeigt die Förderung in vier deutschen Braunkohlenrevieren. Zwei liegen in den alten und zwei in den neuen Bundesländern. Insgesamt geht die Braunkohlenförderung in Deutschland seit 1990 um mehr als die Hälfte zurück. Dabei bleibt das Rheinische Revier bei einer konstanten Fördermenge von 100 Mio. Tonnen. Alle anderen Reviere müssen starke Verluste hinnehmen.

In Zukunft wird die Braunkohlenförderung wohl nur im Rheinischen Revier und in der Lausitz eine größere Bedeutung haben, während das Mitteldeutsche Revier und die übrigen Abbaugebiete ihre Förderung einstellen werden. Als Grund können günstigere Lagerungsverhältnisse und weniger Schadstoffe der Braunkohle im Rheinischen Revier angenommen werden.

4 a) Planung eines Gewerbegebietes: Stadtplanung

b) Tourismusförderung in Mecklenburg-Vorpommern: Landesplanung und Bundesraumordnungsprogramm

c) Gewerbeansiedlung am Nürburgring: Regionalplanung

d) Umsiedlung und Rekultivierung: Regionalplanung

Seiten 106/107

4 a) Plattenbau, b) Entlastungsstädte, c) Mischviertel, d) Stadtperforation, e) Feldarbeit, f) Verstopfungsgebühr, g) Zukunftswerkstatt

6 Der Pkw-Bestand in Deutschland betrug im Jahr 2000 ungefähr zwei Personen pro Pkw. Da die meisten Menschen in Städten arbeiten und die Fahrt zur Arbeitsstätte mit dem Pkw erfolgt, ist eine starke Verkehrsbelastung der Städte abzuleiten. Der Güterverkehr wird 2020 zu über 72 % mit Lkws abgefertigt werden. Hauptziel der Lieferungen sind Städte, wo die Verkehrsbelastung steigt. Mögliche Lösungen im Individualverkehr: Verknappung der Verkehrsfläche bei gleichzeitiger Attraktivitätssteigerung des ÖPNV, Vermeidung von unnötigen Wegen im Verkehr durch Nutzungsmischung (vgl. Quartier Vauban).

Seiten 126/127

1 Lösungswort: Triade

6 Die Datumsgrenze liegt im Pazifischen Ozean und trennt das Ende eines Tages vom Beginn des nächsten. Bei der Überschreitung der Datumsgrenze muss man entweder einen Tag doppelt zählen (halt`s Datum fest), wenn man von Osten nach Westen reist, oder einen Tag weglassen (lass` Datum los), wenn man von Westen nach Osten reist.

Klimastationen

		J	F	M	A	M	J	J	A	S	O	N	D	Jahr
Mitteleuropa														
Aachen, 204 m	°C	2	3	5	8	13	15	17	16	14	10	5	3	9
	mm	68	58	61	61	60	75	91	78	70	75	65	78	840
Berlin, 57 m	°C	−1	0	3	8	13	16	18	17	14	8	4	1	8
	mm	49	33	37	42	49	59	80	57	48	43	42	42	581
Breslau (Wrocław), 120 m	°C	−2	−1	3	8	13	16	18	17	14	9	4	0	8
	mm	38	29	38	43	60	62	87	68	46	44	39	38	592
Clausthal-Zellerfeld, 585 m	°C	−2	−2	1	5	10	13	14	14	11	6	2	−1	6
	mm	138	107	102	93	86	98	138	129	104	114	106	134	1349
Essen, 154 m	°C	2	3	5	9	13	16	17	17	14	11	6	3	10
	mm	81	56	75	68	74	96	89	77	73	70	81	90	930
Frankfurt am Main, 103 m	°C	1	2	5	9	14	17	19	18	14	9	5	2	10
	mm	45	35	39	47	60	66	75	71	52	47	43	49	629
Garmisch-Partenkirchen, 715 m	°C	−3	−1	3	7	11	14	15	15	12	7	2	−2	7
	mm	76	55	78	99	123	176	185	162	123	76	63	80	1296
Hamburg, 500 m	°C	0	1	4	8	12	15	17	16	14	9	4	2	9
	mm	59	48	49	52	54	66	85	87	61	65	53	61	740
Kahler Asten, 841 m	°C	−3	−3	0	4	9	12	13	13	10	6	1	−2	5
	mm	148	128	94	112	90	111	131	135	108	128	132	137	1454
Köln, 56 m	°C	0	2	4	7	13	15	18	17	14	9	4	1	9
	mm	44	42	45	61	82	96	70	79	57	45	55	48	724
Magdeburg, 58 m	°C	0	1	4	8	14	17	18	17	14	9	4	1	9
	mm	29	31	38	31	45	51	67	48	43	42	33	34	492
München, 529 m	°C	−2	−1	3	7	12	15	17	16	13	7	3	−1	7
	mm	51	38	50	77	93	117	128	102	89	57	47	55	904
Münster, 65 m	°C	1	2	5	8	13	16	17	16	14	9	5	2	6
	mm	66	49	57	52	56	69	84	79	64	68	60	73	777
Zugspitze, 2962 m	°C	−11	−11	−10	−7	−3	0	2	2	0	−4	−7	−10	−5
	mm	115	112	136	195	234	317	344	310	242	135	111	139	2390
Südeuropa														
Athen, 105 m	°C	9	10	11	15	19	23	27	26	23	19	14	11	17
Griechenland (Küste)	mm	54	46	33	23	20	14	8	14	18	36	79	64	406
Lissabon, 96 m	°C	10	11	13	14	17	19	21	22	20	17	14	11	16
Portugal (Westküste)	mm	86	83	86	78	45	14	4	6	33	61	92	110	698
Madrid, 667 m	°C	5	6	9	11	16	20	23	24	19	13	8	5	13
Zentralspanien	mm	25	46	37	35	40	34	7	5	35	46	57	43	410
Málaga, 34 m	°C	13	13	15	16	19	23	25	26	24	20	16	13	19
Spanien (Süden)	mm	59	49	62	46	25	6	1	3	28	62	63	66	470
Marseille, 75 m	°C	6	7	9	13	16	20	22	22	19	15	10	7	14
Frankreich (Mittelmeerküste)	mm	45	33	41	49	43	29	16	27	52	89	71	53	548
Rom, 46 m	°C	7	8	11	14	18	23	26	26	22	18	13	9	16
Italien	mm	74	87	79	62	57	38	6	23	66	123	121	92	828
Valencia, 59 m	°C	10	12	13	15	18	21	25	26	22	19	14	10	17
Spanien (Ostküste)	mm	34	31	39	39	43	21	12	9	76	84	50	48	486
Nordeuropa, Westeuropa														
Bergen, 21 m	°C	1	1	2	6	9	13	14	14	11	7	4	2	7
Norwegen (Westküste)	mm	224	181	155	112	118	106	142	195	237	233	220	221	2144
Helsinki, 12 m	°C	−6	−6	−3	2	8	13	17	15	10	6	1	−4	4
Finnland (Südküste)	mm	53	51	43	40	47	49	62	82	73	66	69	61	696
London, 36 m	°C	3	4	6	9	12	16	17	17	14	10	6	4	10
Großbritannien	mm	50	37	38	40	48	52	62	58	55	70	56	48	614

		J	F	M	A	M	J	J	A	S	O	N	D	Jahr
Luleå, 6 m	°C	−10	−10	−6	0	7	12	16	14	9	3	−3	−6	2
Schweden (Norrbotten)	mm	37	25	23	28	30	47	50	68	69	48	48	44	517
Narvik, 32 m	°C	−4	−4	−3	1	6	10	14	13	9	4	0	−2	4
Norwegen (Nordküste)	mm	55	49	60	44	43	65	59	84	97	86	58	58	758
Paris, 50 m	°C	2	4	6	10	13	17	18	18	15	10	6	3	10
Frankreich	mm	35	36	39	41	49	56	50	48	49	58	47	44	552
Reykjavik, 5 m	°C	−1	−1	−1	2	6	9	11	10	8	4	1	−1	4
Island (Südwestküste)	mm	98	84	69	62	48	49	48	51	90	87	95	89	870
Shannon, 2 m	°C	5	6	7	9	12	14	16	16	14	11	8	6	10
Irland (Westküste)	mm	94	67	56	53	61	57	77	79	86	86	96	117	929
Stockholm, 44 m	°C	−3	−3	−1	3	9	14	17	15	12	6	2	−2	6
Schweden (Ostseeküste)	mm	36	33	33	38	38	43	61	74	48	46	48	48	546
Osteuropa														
Archangelsk, 4 m	°C	−13	−12	−8	−1	6	12	16	13	8	1	−5	−10	−1
Russland (Weißes Meer)	mm	33	28	28	28	39	59	63	57	66	55	44	39	539
Kiew, 180 m	°C	−6	−5	−1	7	14	18	20	18	14	8	1	−4	7
Ukraine (mittlerer Dnjepr)	mm	30	29	42	44	50	73	81	56	44	47	40	36	572
Moskau, 144 m	°C	−10	−8	−4	4	13	16	19	17	11	4	−2	−7	4
Russland (obere Wolga)	mm	28	23	31	38	48	51	71	74	56	36	41	38	535
St. Petersburg, 10 m	°C	−9	−8	−5	2	9	15	18	16	11	5	−2	−7	4
Russland (Ostseeküste)	mm	27	25	22	30	41	54	59	82	60	46	35	32	513
Warschau, 121 m	°C	−3	−3	1	7	13	17	19	18	13	8	2	−3	7
Polen (mittlere Weichsel)	mm	35	23	20	40	39	57	57	74	56	38	36	35	510
Asien														
Bombay, 11 m	°C	24	25	27	29	30	29	28	27	28	29	28	26	28
Indien (Westküste, Halbinsel)	mm	1	1	1	2	11	579	703	443	269	56	17	7	2090
Djakarta, 8 m	°C	25	25	26	26	26	26	26	26	26	26	26	26	26
Indonesien (Java)	mm	270	241	175	131	139	105	72	65	146	169	183	185	1881
Hongkong, 33 m	°C	16	15	17	21	25	27	28	28	27	24	21	17	22
China (Südküste)	mm	33	46	69	135	305	401	356	371	246	130	43	28	2163
Hyderabad, 542 m	°C	22	25	28	32	33	29	27	26	27	26	23	22	27
Indien (Hochland von Dekkan)	mm	6	9	16	17	40	116	155	163	152	97	29	3	803
Irkutsk, 459 m	°C	−21	−18	−9	1	8	14	18	15	8	1	−11	−18	−1
Russland (Baikalsee)	mm	13	10	8	15	33	56	79	71	43	18	15	15	376
Jakutsk, 100 m	°C	−43	−37	−23	−9	5	15	19	15	6	−9	−30	−40	−11
Russland (Ostsibirien)	mm	6	5	3	6	13	27	34	42	23	12	10	7	188
Jerusalem, 745 m	°C	8	9	13	16	21	23	24	24	23	21	17	11	18
Israel	mm	104	135	28	25	3	0	0	0	0	5	30	74	404
Peking, 38 m	°C	−4	−2	6	13	21	24	27	25	21	13	4	−2	12
China	mm	3	5	5	15	38	36	211	155	64	18	8	3	561
Shanghai, 7 m	°C	3	4	8	13	19	23	27	27	23	17	12	6	15
China (Jangtse-Mündung)	mm	48	58	84	94	94	180	147	142	130	71	51	36	1135
Tokyo, 6 m	°C	4	4	7	13	17	20	24	26	22	16	11	6	14
Japan	mm	56	66	112	132	152	163	140	163	226	191	104	56	1561
Werchojansk, 99 m,	°C	−50	−45	−30	−13	2	12	15	11	2	−14	−37	−47	−16
Russland (Ostsibirien)	mm	4	3	3	4	7	22	27	26	13	8	7	4	128
Wladiwostok, 138 m	°C	−15	−11	−4	4	9	13	18	20	16	9	−1	−11	4
Russland	mm	10	13	20	44	69	88	101	145	126	57	31	17	721
Antarktis														
Mc Murdo, 45 m	°C	−3	−9	−18	−23	−23	−25	−27	−29	−23	−20	−10	−4	−18
US-Station (Küste)	mm	11	4	6	6	13	5	5	11	12	8	6	7	94
Georg von Neumayer, 25 m	°C	−4	−8	−13	−18	−21	−22	−24	−25	−23	−18	−10	−5	−16
Deutsche Forschungsstation	mm	nicht messbar aufgrund heftigen Schneetreibens												

Anhang

		J	F	M	A	M	J	J	A	S	O	N	D	Jahr
Australien														
Darwin, 31 m	°C	29	28	29	29	28	26	25	26	28	29	30	29	28
Nordküste	mm	389	343	244	104	15	3	3	3	13	51	119	249	1536
Perth, 59 m	°C	23	23	22	19	16	14	13	13	14	16	19	22	18
Südwestküste	mm	8	10	20	43	130	180	170	143	86	56	20	15	881
Sydney, 44 m	°C	22	22	21	18	15	13	12	13	15	18	19	21	17
Südostküste	mm	90	114	122	140	127	121	118	73	71	70	71	70	1187
Nördliches Afrika														
Addis Abeba, 2450 m	°C	14	16	17	17	17	16	14	14	15	14	14	13	15
Äthiopien	mm	13	38	66	86	86	135	279	300	191	20	15	5	1234
Algier, 59 m	°C	12	13	15	16	20	23	26	27	25	21	17	14	19
Algerien (Nordküste)	mm	110	83	74	41	46	17	2	4	42	80	128	135	762
Al Kufrah, 381 m	°C	12	15	19	23	28	30	30	31	28	25	19	14	23
Libyen	mm	0	1	0	0	0	0	0	1	0	0	0	0	2
Bilma, 355 m	°C	17	19	24	29	32	33	33	33	31	27	23	18	27
Niger (Sahara)	mm	0	0	0	0	1	1	3	10	5	2	0	0	22
Enugu, 233 m	°C	26	28	29	28	27	26	26	26	26	26	27	26	27
Nigeria	mm	19	15	81	209	195	166	182	190	182	246	53	23	1561
In Salah, 273 m	°C	13	15	20	24	30	34	37	36	33	27	20	14	25
Algerien (Sahara)	mm	3	2	0	0	0	0	0	0	1	0	4	3	13
Kairo, 33 m	°C	12	13	16	20	24	27	27	27	25	22	18	14	20
Ägypten (Nil-Delta)	mm	5	5	5	3	3	0	0	0	0	3	3	5	32
Lagos, 2 m	°C	27	29	29	28	28	27	26	26	26	27	28	28	27
Nigeria (Südküste)	mm	28	41	106	145	268	443	273	63	128	193	75	30	1793
Niamey, 223 m	°C	25	27	31	34	33	31	28	27	28	30	28	25	29
Niger (Sahel)	mm	0	0	3	6	38	71	139	201	94	14	1	0	567
Ouagadougou, 316 m	°C	25	28	31	33	31	29	27	26	27	29	28	26	28
Burkina Faso	mm	0	3	8	19	84	118	193	265	153	37	2	0	882
Tripolis, 22 m	°C	12	13	15	18	20	23	26	26	26	23	19	14	20
Libyen (Mittelmeerküste)	mm	81	46	28	10	5	3	0	0	10	41	66	94	384
Zinder, 506 m	°C	22	25	29	33	34	32	28	27	29	31	27	24	28
Niger (Sahel)	mm	0	0	0	3	27	55	153	232	71	7	0	0	548
Südliches Afrika														
Daressalam, 14 m,	°C	27	28	27	27	26	24	24	24	24	24	26	27	26
Tansania (Küstentiefland)	mm	71	81	142	300	188	28	28	28	36	58	69	79	1108
Durban, 15 m	°C	24	24	24	22	20	18	17	18	19	21	22	23	21
Südafrika (Ostküste)	mm	117	135	152	91	66	46	43	46	71	130	119	132	1148
Harare, 1492 m	°C	21	21	20	19	16	14	14	15	19	22	22	21	19
Simbabwe	mm	184	194	120	26	14	4	1	2	8	29	92	148	822
Johannesburg, 1753 m	°C	20	20	19	16	13	10	10	13	16	18	19	20	16
Südafrika	mm	137	112	99	40	23	6	11	10	23	64	117	127	769
Kapstadt, 12 m	°C	22	22	21	18	16	14	13	13	14	17	19	21	18
Südafrika	mm	18	15	23	48	94	112	91	84	58	41	28	20	632
Kinshasa, 320 m	°C	26	26	27	27	26	24	23	23	25	26	26	26	25
D. R. Kongo	mm	135	146	196	196	157	8	3	3	30	119	221	142	1356
Kisangani, 460 m	°C	26	26	26	26	26	25	25	25	25	25	25	25	25
D. R. Kongo	mm	95	115	152	181	167	115	100	186	174	228	177	114	1804
Lubumbashi, 1274 m	°C	22	22	22	21	19	16	16	18	21	24	23	22	21
D. R. Kongo	mm	247	239	206	51	4	0	0	0	2	26	172	257	1204
Nairobi, 1820 m	°C	18	19	19	19	18	17	16	16	17	18	18	18	18
Kenia	mm	37	62	120	210	160	40	18	24	30	58	110	85	954
Tabora, 1265 m	°C	22	22	22	22	22	21	21	22	23	25	24	22	22
Tansania (Mitte)	mm	125	130	170	130	60	3	0	1	8	15	110	170	922
Walfischbai, 7 m	°C	19	19	19	18	17	16	14	14	14	15	17	18	17
Namibia	mm	0	0	3	3	0	0	0	0	0	0	0	0	6

Nordamerika		J	F	M	A	M	J	J	A	S	O	N	D	Jahr
Barrow, 13 m	°C	−27	−28	−26	−19	−6	2	4	4	−1	−9	−18	−24	−12
USA (Alaska)	mm	8	5	5	8	8	8	28	20	13	20	10	10	143
Goose Bay, 29 m	°C	−17	−15	−9	−2	5	11	16	14	9	3	−4	−13	−2
Kanada (Ostküste)	mm	65	57	69	57	66	101	119	98	91	79	80	78	960
Edmonton, 658 m	°C	−14	−11	−5	4	11	14	16	15	10	5	−4	−10	3
Kanada (Alberta)	mm	21	18	19	23	43	80	82	60	34	18	18	19	435
Eismitte, 3012 m	°C	−42	−47	−39	−31	−20	−15	−11	−18	−22	−36	−43	−39	−30
Grönland	mm													
Fairbanks, 152 m	°C	−25	−18	−12	−2	8	15	16	13	6	−3	−16	−22	−3
USA (Alaska)	mm	19	12	21	7	14	36	47	42	40	19	17	17	291
Inuvik, 15 m	°C	−29	−28	−23	−13	−1	9	14	10	3	−7	−20	−27	−9
Kanada	mm	14	11	10	12	9	19	32	33	27	27	19	13	226
Los Angeles, 103 m	°C	12	13	14	15	17	19	21	21	20	18	16	13	17
USA (Kalifornien)	mm	78	84	70	26	11	2	0	1	4	17	30	66	389
Miami, 2 m	°C	20	20	22	23	25	27	28	28	27	26	23	21	24
USA (Florida)	mm	64	48	58	86	180	188	135	163	226	229	84	43	1504
New York, 96 m	°C	−1	−1	3	9	16	20	23	23	19	13	7	2	11
USA (Ostküste)	mm	91	105	90	83	81	86	106	108	87	88	76	90	1091
New Orleans, 16 m	°C	12	14	17	20	24	27	27	27	26	21	16	13	20
USA (Mississippi-Delta)	mm	108	116	118	135	115	151	159	144	130	82	81	120	1459
St. Louis, 173 m	°C	−1	1	6	13	19	24	26	25	21	14	7	1	13
USA (mittl. Mississippi)	mm	94	86	93	95	92	98	77	76	74	69	94	84	1032
Upernavik, 35 m	°C	−17	−20	−18	−12	−2	3	6	6	1	−3	−7	−13	−6
Grönland	mm	9	11	9	11	11	9	21	24	30	23	17	11	186
Yuma, 42 m	°C	12	15	18	21	25	29	33	32	29	23	17	13	22
USA (unterer Colorado)	mm	11	11	9	2	1	1	5	13	9	7	7	13	89
Mittelamerika, Südamerika														
Antofagasta, 94 m	°C	21	21	20	17	16	14	14	15	15	16	18	20	17
Chile (Atacama-Wüste)	mm	0	0	0	1	0	0	0	0	0	0	0	0	1
Buenos Aires, 25 m	°C	23	23	20	16	13	10	9	11	13	16	19	22	16
Argentinien	mm	78	71	98	122	71	52	54	56	74	85	101	102	964
El Misti, 5850 m	°C	−6	−6	−7	−8	−10	−10	−10	−10	−10	−7	−6	−6	−8
Peru	mm		keine Messungen											
Habana, 19 m	°C	22	22	23	24	26	27	28	28	27	26	24	23	25
Kuba (Nordküste)	mm	76	38	43	43	130	142	109	109	127	178	81	61	1137
La Paz, 3570 m	°C	11	11	11	10	9	7	7	8	9	11	12	11	9
Bolivien (Altiplano)	mm	114	107	66	33	13	8	10	13	28	41	48	91	572
Lima, 158 m	°C	23	24	23	21	19	17	16	16	16	17	19	21	19
Peru (Küstensaum)	mm	0	0	1	1	2	6	9	10	5	3	1		48
Manáus, 44 m	°C	26	26	26	26	26	26	27	27	28	28	27	27	27
Brasilien (Amazonas)	mm	262	249	274	277	201	112	69	38	61	119	155	226	2043
Mexiko-Stadt, 2282 m	°C	13	15	17	18	19	18	17	17	17	16	15	14	16
Mexiko	mm	6	10	12	18	52	117	110	95	130	36	17	8	611
Quito, 2850 m	°C	13	13	13	13	13	13	13	13	13	13	13	13	13
Ecuador	mm	107	109	132	188	127	38	23	38	76	94	97	97	1126
San José, 1135 m	°C	19	19	20	20	21	20	20	20	20	20	20	19	20
Costa Rica	mm	6	4	12	28	254	280	211	268	361	338	124	42	1928
Santiago, 520 m	°C	20	19	17	14	11	8	8	9	12	14	17	19	14
Chile	mm	2	3	4	14	62	85	76	57	29	15	6	4	357
Valdivia, 9 m	°C	17	16	15	12	10	8	8	8	9	12	13	15	12
Chile (Küste)	mm	65	69	115	212	377	414	374	301	214	119	122	107	2489

Sachverzeichnis

Die **fett** gedruckten Begriffe sind im TERRA **Lexikon** erklärt.

Akkulturation	6
Arbeitslosigkeit	24, 45, 47, 72, 81
Baumwolle	110/111
Befragung	22/23
Beschäftigungspolitik	**24**
Bevölkerungsentwicklung	70/71, 93
Bevölkerungspyramide	140/141
Bevölkerungswachstum	**140/141, 144**
Billiglohnland	112
Binnenmarkt	**19, 28**
Biomasse	136
Blaue Banane	45
Braunkohle	74–77, 82/83
Brennstoffzelle	137
Bruttosozialprodukt	24, 71, 114
Bürgerbeteiligung	66, 75, 95, 96
Bürgerinitiative	39
City	100/101
Computerpräsentation	142/143
Congestion charging	89
Devisen	114, 123
E-Business	**116**
EFTA	**118**
Eiszeit	13, 62, 130
Emission	56/57, 133
Endmoräne	**13**
Endogene Kräfte	**13**
Energieträger	74–76, 134–137
Entkolonialisierung	6/7
Entlastungsstadt	87
Entsiegelung	138/139
Erdöl	102, 114/115, 134/135
Erdwärme	136
EUREGIO	**28/29**
Europäische Integration	**19**
Europäische Union (EU)	**18/19, 23–27, 45, 52–55, 81**
Eurotunnel	44/45
Exogene Kräfte	**13**
Feldarbeit	90/91
Flächennutzungsplan	**66**
Flächenrecycling	35
Footloose-Industrie	**81**
Freie Produktionszone	112
Fremdenverkehr	59
Fusion	115
Gated Communities	103
Geburtenrate	141
Gemeinsame Agrarpolitik (GAP)	27
Gentrifizierung	**93**
Gewerbegebiet	67–69
Glaziale Serie	**13**
Global City	125
Global Player	**115**
Globalisierung	**108–127**
Golfstrom	**15, 16/17**
Gründerzeitviertel	93, 94
Grundmoräne	**13**
Grüne Lunge	57
Grünes Herz	78
Hunger	143
Industrialisierung	57, 80, 113, 141
Industriebrache	**66, 139**
Industriegebiet	67
Infrastruktur	**34, 54, 68, 72, 113, 114, 123, 124**
Internationale Arbeitsteilung	**110/111**
IT-Branche	42
Jugendaustausch	60/61
Just in Sequence	41
Just in Time	**41**
Karikatur	120/121, 123
Kartell	115
Kartogramm	20/21, 81
Kohlenkrise	35, 40
Klimaregionen	14/15
Klimawandel	**130/131**
Klimazonen	14/15
Kontinentalklima	**15**
Konversion	**96**
Konzern	115
Kulturelles Erbe	10/11
Küstenschutz	78

Landgewinnung	78/79, 102/103	Substitution	135
Landschaftsverbrauch	39, 139	**Suburbanisierung**	92
Maquiladora	112/113	**Subvention**	27
Mezzogiorno	80/81	Tag- und Nachtbevölkerung	100
Mittelmeerklima	14	Tagebau	74, 76/77
Mittelzentrum	79	Tourismus	36, 45, 57, 58/59, 73, 102, 122/123
Modell der Bevölkerungsentwicklung	140/141	**Tragfähigkeit**	144
Montanindustrie	34–36, 54	**Transformation**	50–59
Nachhaltige Stadtentwicklung	96–99, 106	**Treibhauseffekt**	132/133
NAFTA	118	Triadisierung	118
Nationalpark	57, 58, 73	**Umnutzung**	37
Naturschutz	57, 73, 79	Umsiedlung	75, 86
New Towns	88	Umweltgipfel	133
NGO	119	**Unterzentrum**	79
Oberzentrum	79	Verkehrsgunst	44
OPEC	115	Verkehrszählung	91
Outsourcing	41	**Versiegelung**	139
Ozeanisches Klima	15	Villes nouvelles	87
Periphere Lage	58, 80	**Virtuelles Unternehmen**	117
Polder	78/79	Völkerverständigung	60
Raumanalyse	50–63	Wachstumsrate	140
Raumordnungsgesetz	68	Warentermingeschäft	120
Raumplanung	68, 70, 79, 83	Wasserkraft	136
Recycling	135	Wasserkreislauf	139
Regenerative Energiequellen	136/137	Weltbild	63
Regionale Disparitäten	80	Welthandel	118/119
Rekultivierung	74/75	Welthandelsgut	111, 115
Rohstoffknappheit	134/135	Weltkulturerbe	10, 36, 59, 61
Rostgürtel	48	Weltmarkt	27, 111, 112, 115, 119
Rückbau	94	Wetterkatastrophe	130
Rushhour	100	Windenergie	136/137
Schrumpfung	93	Wirkungsschema	46/47
Seitenmoräne	13	**WTO**	118
Sonnenenergie	99, 131, 136/137	**Zeitzonen**	123
Soziale Stadt	95	Zentrale Orte	79, 83
Sozialverträglich	123	Zentralismus	86
Stadterneuerung	92–95	Zersiedlung	78, 88, 100, 139
Stadtperforation	93	Zukunftswerkstatt	104/105
Stadtplanungsmodell	101	Zungenbeckensee	13
Stadtsanierung	92–94		
Standortfaktoren	37, 40/41, 43, 110		
Statistikauswertung	70/71		
Sterberate	141		
Strukturhilfe	24/25, 81		
Strukturschwacher ländlicher **Raum**	68, 72		
Strukturwandel	34–37, 46, 52, 55, 66		

→ Anhang

Bild- und Grafikernachweis

Titel: MEV, Augsburg

AKG, Berlin: 63.3; Andreas Kaufmann, Leipzig: 95.12, 95.13; AP, Frankfurt/Main: 26.1 (Probst), 4.unten rechts (NYC Office of Emergency Management); Archiv Touristinformation Bad Doberan: 72.1; Astrofoto, Sörth: 146.14; Bähr, Kiel: 27.5B; Brodengeier, Lichtenberg: 5.unten rechts; Buhr, Leer: 138.1, 138.3; CCC/www.c5.net, Pfaffenhofen a. d. Ilm: 120.1, 121.2, 123.5, 126.1, 129.oben, 129.unten, 143.2; Cité Europe, Coquelles : 45.rechts; Commission européenne, Brüssel: 30.3; Comstock, Luxemburg: 50.1; Corbis, Düsseldorf: 6.1 (Taylor), 11.3 (Hornak), 12.5 (Almasy), 59.6 (Lisle); Delleske, Freiburg: 96.1, 96.2, 98.7, 99.9; Deutsche Bahn AG, Frankfurt/Main: 4.Mitte; Deutsche Lufthansa AG, Köln: 4.oben links; eastway, Witten: 58.1 (Jagielak); Eberhard, Verbandsgemeindeverwaltung Adenau: 68.oben links; Enenkel, Erfurt: 5.oben rechts; Ernst Wrba Foto-Design, Sulzbach/Taunus: 12.4; Euregio Maas-Rhein, Maastricht: 28.1; Eurotunnel Information Centre, Folkestone, Kent CT19 4QZ: 44 links, 44.3; Foto Spelda Atelier, Tabarz: 12.3; Fraport, Frankfurt/Main: 32/33, 38.links, 38.1; Geiger, Merzhausen: 4.Mitte; Gesellschaft für ökologische Forschung, München: 130.1+2 (Sammlung Gesellschaft für ökologische Forschung); Getty Images, München: 128/129 (The Image Bank); Getty Images PhotoDisc, Hamburg: 4.unten rechts, 5.unten links; GLOBUS Infografik, Hamburg: 140.1; Greenpeace, Hamburg: 114.4 (Lambon/Greenpeace); Grimm, Köln: 60.1, 61.2; Grohe, Kirchentellinsfurt: 4.unten rechts; Guignard, Paris: 86.2; Hafen Hamburg Marketing e.V.: 4.links; Hotel Papageno, Wien: 12.1; IMA, Bonn: 4.unten, 27.5 links; Kittel, Verbandsgemeindeverwaltung Adenau: 69.6; Klammet, Ohlstadt: 84/85; Kraus, Wäschenbeuren: 5.links; laif, Köln: 56.3 (Hollandse Hoogte), 108/109, 124.4 (Peter Bialobrzeski); Lendl, Gotha: 11.4; Linear, Arnhem: 4.unten links, 5.oben; Martin Thomas, Aachen: 4.oben; Mauritius, Mittenwald: 4.Mitte (Schmied), 4.oben links (Höbel), 80.1 (Pigneter); MCC Smart, Renningen: 40.2, 40.unten, 41.3; MEV, Augsburg: 4.oben rechts, 5.Mitte, 5.unten rechts, 110/111 (Hintergrund); MRLV Architekten, Hamburg: 100.4; NASA, Washington D.C.: 12.6; Nokia GmbH, Bochum: 42.2, 42.4; Ohagen, Köln: 67.3; Palmen, Alsdorf: 28.2, 64/65, 76.7; Picture-Alliance, Frankfurt/Main: 5.oben links (dpa), 58.4 (dpa), 73.7 (ZB), 102/103, 110.1 (dpa-Bildarchiv), 110.2 (Picture Press), 112.1 (dpa), 119.3 (dpa); Picture Finders, Central, Hong Kong: 122.1; Pohlers, Leipzig: 93.5; Rausch, Linsenhofen: 4.unten links; Rother, Schwäbisch-Gmünd: 4.links, 5.Mitte, 5.rechts, 5.unten links; RVR, Essen: 34.4, 36.1; RWE Aktiengesellschaft, Essen: 74.2, 75.3; Schäfer, Stuttgart: 34.2; Schminke, Olpe: 10.1; Seidel, München: 5.links; STUDIO X, Limours: 4.oben links, 130.links (Hinterleitner); Superbild, Unterhaching/München: 15.6 (Gräfenhain); Superstock, Jacksonville: 5.oben rechts; Transit Archiv, Leipzig: 58.8 (Hirth), 94.7 (Zeyen); ullstein bild, Berlin: 88.1 (Joker/Eckenroth), 100.1 (Schwartz); Visum, Hamburg: 4.oben rechts (Meisel); Voigt, Essen: 35.5; von der Ruhren, Aachen: 5.unten; Weissmann, Moskau: 12.2; Wydawnicza Radwan, Warschau: 57.4

Nicht in allen Fällen war es möglich, die Rechteinhaber der Abbildungen ausfindig zu machen. Berechtigte Ansprüche werden selbstverständlich im Rahmen der üblichen Vereinbarungen abgegolten.

Butz, Karlsruhe: 2/3; 8/9; 22; 30.2; 43.6; 46.1; 70.1; 90.1; Graupner, Berlin: 104.1; 111.4; 133.6; 140.3; 144.1; Hungreder, Leinfelden-Echterdingen: 23.1–3; 87.5; 107.4+5; 138.2; Jäckel, Erfurt: 15.2–5; 24.1+2; 30.1+4; 34.3; 42.3; 43.5; 44.2; 45.6; 53.7; 54.2+3; 55.4+5; 58.2+3; 59.9; 70.2; 75.5; 79.4; 83.3; 91.3–5; 92.3+4; 94.8; 97.5; 98.8; 99.10; 101.7; 106.2; 107.3; 115.7; 117.6; 119.2+3; 122.2; 123.4; 131.3+7; 132.3; 133.4+7; 134.2; 135.5; 136.1–4; 139.5; 140.2; 141.4+5; 143.3; Schaar, Stuttgart: 40.1; 42.1; 44.1; 51.1; 72.2; 74.1; 114.1; 124.1; 132.1; Zatko, Basel: 18.1; 134.1

Quellennachweis und Kartengrundlagen

Alle Textquellen sind auf den Inhaltsseiten an der entsprechenden Stelle verzeichnet. Bis auf:

53.6: Gorz, B./Uliszak, R.: Poland´s agriculture faces integration into the European Union. In: Stöber, G.: Polen, Deutschland und die Osterweiterung der EU. Studien zur internationalen Schulbuchforschung, Schriftenreihe des Georg-Eckert-Institutes, Band 108. Hannover 2002, S. 87.

7.2: Atlas der Globalisierung. Berlin 2003, S. 82;
16/17: ALEXANDER Gesamtausgabe. Gotha 2000, S. 144/145;
34.1 und 35.6: Nach Cornelsen Mensch und Raum. Innovationsraum Ruhrgebiet. Berlin 2002;
45.5: Nach: Geographie heute 189/2001;
52.1: ALEXANDER Gesamtausgabe. Gotha 2000, S. 50/51;
56.1+57.5: Nach: Michael, T.: Die „Grünen Lungen" Polens. In: Geographie heute 130/1995.
68.2: Nach: Nürburgring GmbH;
76.6: Nach: Garzweiler II. Informationen über ein Tagebauprojekt. Rheinbraun 1989; Mammutprojekt Garzweiler II. In: AVZ 72/1994; DEBRIV (Hrsg.): Braunkohle in Deutschland 2003. Köln 2004.
78.1+59.3: Nach: De Grote Bosatlas. Eenenvijftigste editie Wolters-Noordhoff Atlasprodukties. Groningen 1995.
81.2: Nach: Instituto Nazionale di Statistica (ISTAT), 2004; Fischer Weltalmanach. Frankfurt 2004;
82.1: Nach: Rheinbraun 2004-10-15;
92.1: Nach: Statistisches Landesamt des Freistaates Sachsen, 2004; www.leipzig.de;
97.4: Nach: Forum Vauban e.V., Freiburg 2004;
101.6: Nach: Möller, I.: Hamburg. Perthes Länderprofile. Gotha 1999;
106.1: Nach: Usbeck GmbH, Leipzig;
115.6: Nach: BP 2001;
116.1: Nach Atlas der Globalisierung. Berlin 2003, S. 10;
117.5: Nach: Focus 5/1996; Puma-Geschäftsbericht 1997;
123.4: Nach: Praxis Geographie 6/2003;
127.2: ALEXANDER KombiAtlas. Gotha 2003, S. 153;
137.6: Nach: www.esowa.de

Ich danke allen Projektbeteiligten für ihre schöpferische Arbeit, insbesondere den Herausgebern und Autoren; Anja Krüger, Katrin Schöbel und Dr. Henry Waldenburger für ihr kartographisches Werk und Michael Hebestreit für seine mediengestalterischen Glanzleistungen. Andrea John

Strukturdaten ausgewählter Länder

Land	Lebenserwartung 2001 in Jahren	Einwohner pro Arzt 2000	Kalorienversorgung je Einwohner und Tag 1998	Analphabeten 2001[2] in Prozent	Energieverbrauch je Einwohner 2000 in kg Öleinheiten[3]	Erwerbstätige in der Industrie 2002[2] in Prozent der Erwerbstätigen insgesamt	Erwerbstätige in der Landwirtschaft 2002[2] in Prozent der Erwerbstätigen insgesamt	Wirtschaftsleistung[1] je Einwohner 2001 in US-$	Pkw je 1 000 Einwohner 2000	Geburtenrate 2001 in Prozent	Sterberate 2001 in Prozent	Jährliches Bevölkerungswachstum Mittel aus 1980 – 2000 in %	Einwohner 2003 in Millionen	Fläche in 1 000 km²
Europa														
Belgien	78	298	3 618	1	5 776	26	2	23 850	452	1,1	1,0	0,2	10,3	31
Bosnien und Herzegowina	74	4 500	2 655	:	1 096	:	6	1 240	31	1,2	0,8	-0,1	4,2	51
Bulgarien	72	300	2 703	2	2 299	34	11	1 650	251	0,9	1,4	-0,4	7,9	111
Dänemark	77	360	3 374	1	3 643	23	3	30 600	346	1,2	1,1	0,2	5,3	43
Deutschland	78	298	3 400	1	4 131	32	3	23 560	540	0,9	1,0	0,2	82,5	357
Estland	71	260	2 947	1	3 303	31	7	3 870	333	0,9	1,4	-0,4	1,3	43
Finnland	78	405	3 100	1	6 409	27	6	23 780	413	1,1	0,9	0,4	5,2	305
Frankreich	79	333	3 528	1	4 366	25	4	22 730	483	1,3	0,9	0,4	60,1	544
Griechenland	78	313	3 588	3	2 635	23	16	11 430	303	1,1	1,1	0,5	11,0	132
Großbritannien	77	611	3 253	1	3 962	24	1	25 120	472	1,1	1,1	0,3	59,3	244
Irland	77	633	3 585	1	3 854	28	7	22 850	359	1,5	0,8	0,5	4,0	70
Italien	79	211	3 561	2	2 974	32	5	19 390	565	0,9	1,0	0,1	57,4	301
Kroatien	74	356	2 611	2	1 775	30	16	4 550	242	0,9	1,1	-0,2	4,4	57
Lettland	70	280	2 932	1	1 541	26	15	3 230	230	0,8	1,4	-0,4	2,3	65
Litauen	73	230	3 107	1	2 032	27	19	3 350	317	0,9	1,2	0,4	3,4	65
Luxemburg	77	469	3 618	0	8 409	20	2	39 840	622	1,2	0,7	1,6	0,4	3
Niederlande	78	398	3 283	1	4 762	19	3	24 330	400	1,3	0,9	0,6	16,1	34
Norwegen	79	309	3 378	1	5 704	22	4	35 630	414	1,3	1,0	0,5	4,5	324
Österreich	78	230	3 538	1	3 524	29	6	23 940	506	0,9	0,9	0,4	8,1	84
Polen	74	436	3 329	1	2 328	29	20	4 230	272	1,0	1,0	0,4	38,6	313
Portugal	76	352	3 665	7	2 459	34	13	10 900	344	1,1	1,0	0,1	10,1	92
Rumänien	70	552	3 280	2	1 619	30	38	1 720	139	1,0	1,2	0,1	22,3	238
Russland	66	220	2 840	1	4 218	30	12	1 750	140	0,9	1,6	0,2	143,2	17 075
Schweden	80	395	3 100	1	5 354	23	3	25 400	450	1,0	1,0	0,3	8,9	411
Schweiz	80	585	3 257	1	3 704	25	4	38 330	506	1,0	0,8	0,6	7,2	41
Serbien und Montenegro	73	502	3 035	7	1 289	:	23	930	176	1,2	1,1	0,4	10,5	102
Slowakei	73	290	2 955	:	3 234	38	7	3 760	236	1,0	1,0	0,4	5,4	49
Slowenien	76	496	2 968	1	3 288	39	10	9 760	437	0,9	0,9	0,2	2,0	20
Spanien	78	262	3 340	2	3 084	31	6	14 300	458	1,0	0,9	0,3	41,1	505
Tschechische Republik	75	270	3 277	:	3 931	40	5	5 310	362	0,9	1,1	0,0	10,2	79
Ukraine	68	224	2 829	1	2 820	28	25	720	106	0,8	1,5	-0,1	48,5	604
Ungarn	72	344	3 350	1	2 448	34	6	4 830	237	1,0	1,3	-0,3	9,9	93
Weißrussland	68	282	3 160	1	2 432	35	16	1 290	142	0,9	1,4	0,2	9,9	208
Amerika														
Argentinien	74	329	3 145	3	1 660	23	1	6 940	137	1,9	0,8	1,4	38,4	2 780
Bolivien	63	2 564	2 204	14	592	28	5	950	37	3,0	0,8	2,2	8,8	1 099
Brasilien	68	847	2 960	14	1 077	20	23	3 070	133	1,9	0,7	1,7	178,5	8 514
Chile	76	943	2 818	4	1 604	23	14	4 590	88	1,7	0,6	1,6	15,8	756
Ecuador	70	671	2 710	8	647	:	28	1 080	26	2,4	0,6	2,3	13,0	272

→ Impressum
Erdkunde 9/10

Herausgeber
Paul Palmen, Alsdorf
Anne Schminke, Olpe

Autoren
Christof Birkendorf, Dortmund
Sabine Bökenbrink, Borken
Rainer Kalla, Spenge
Hans Lammersen, Schieder-Schwalenberg
Martin Landman, Willich
Paul Palmen, Alsdorf
Georg Pinter, Königswinter
Christian Porth, Frechen
Anne Schminke, Olpe

1. Auflage
1 10 9 8 7 6 | 2012 2011 2010 2009 2008

Alle Drucke dieser Auflage können im Unterricht nebeneinander benutzt werden, sie sind untereinander unverändert. Die letzte Zahl bezeichnet das Jahr dieses Druckes.

Das Werk und seine Teile sind urheberrechtlich geschützt. Jede Nutzung in anderen als den gesetzlich zugelassenen Fällen bedarf der vorherigen schriftlichen Einwilligung des Verlages. Hinweis zu § 52 a UrhG: Weder das Werk noch seine Teile dürfen ohne eine solche Einwilligung eingescannt und in ein Netzwerk eingestellt werden. Dies gilt auch für Intranets von Schulen und sonstigen Bildungseinrichtungen.

© Klett-Perthes Verlag GmbH,
Gotha 2005. Alle Rechte vorbehalten.

www.klett.de
ISBN 3-623-25550-5

Redaktion und Produktion
Andrea John, Michael Hebestreit
Einband-Design und Layoutkonzept
pandesign, Büro für visuelle
Kommunikation, Karlsruhe
Karten
Klett-Perthes Gotha,
Katrin Schöbel, Dr. Henry Waldenburger
Collagen und Zeichnungen
Steffen Butz, Karlsruhe
Sven Enenkel, Erfurt
Ulf S. Graupner, Berlin
Diana Jäckel, Erfurt
Wolfgang Schaar, Stuttgart
Boris Zatko, Basel
Satz und Reproduktion
MedienService Gunkel & Creutzburg GmbH,
Friedrichroda
Druck
Firmengruppe APPL, aprinta druck, Wemding

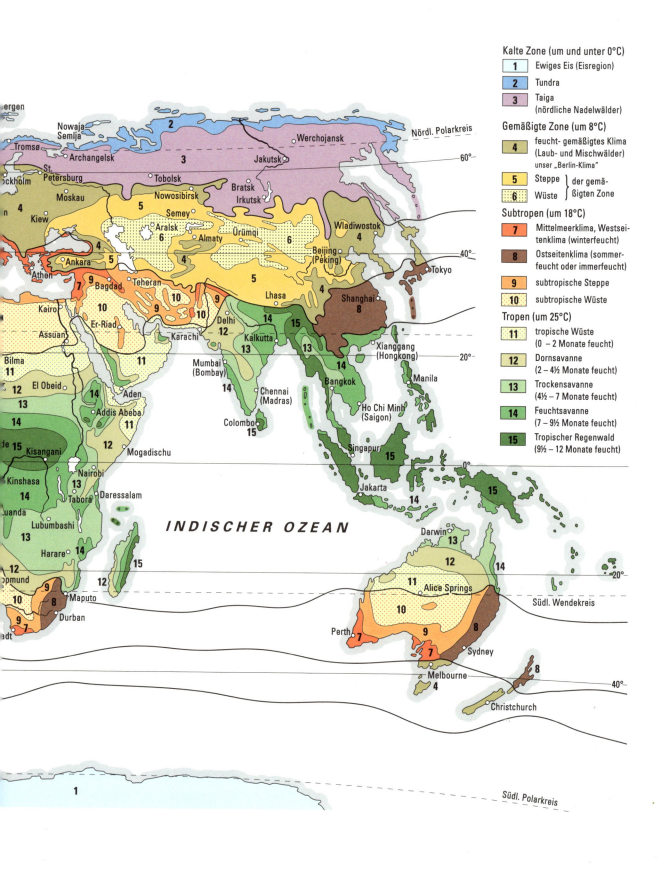